BRICS
E O FUTURO DA ORDEM GLOBAL

OLIVER STUENKEL

BRICS
E O FUTURO DA ORDEM GLOBAL

Tradução
Adriano Scandolara

4ª edição

Paz & Terra
Rio de Janeiro
2025

Traduzido da edição em língua inglesa de *The BRICS and the Future of Global Order*, de Oliver Stuenkel, originalmente publicado por Lexington Book, um selo de The Rowman & Littlefield Publishing Group, Inc., Lanham, MD, EUA. Copyright © 2015 do autor. Traduzido e publicado em língua portuguesa mediante acordo com Rowman & Littlefield Publishing Group, Inc. Todos os direitos reservados.

Nenhuma parte deste livro pode ser reproduzida ou transmitida por qualquer forma ou por qualquer processo, eletrônico ou mecânico, incluindo fotocópia, reimpressão ou por qualquer sistema de armazenamento e de recuperação de informações, sem a permissão escrita de Rowman & Littlefield Publishing Group.

Copyright da tradução © Paz e Terra, 2017

Direitos de tradução da obra em língua portuguesa no Brasil adquiridos pela EDITORA PAZ E TERRA. Todos os direitos reservados. Nenhuma parte desta obra pode ser apropriada e estocada em sistema de bancos de dados ou processo similar, em qualquer forma ou meio, seja eletrônico, de fotocópia, gravação etc., sem a permissão do detentor do copyright.

Editora Paz e Terra Ltda.
Rua Argentina, 171, 3º andar, – São Cristóvão
Rio de Janeiro, RJ – 20921-380
http://www.record.com.br

Seja um leitor preferencial Record.
Cadastre-se e receba informações sobre nossos lançamentos e nossas promoções.

Atendimento e venda direta ao leitor:
sac@record.com.br.

Texto revisado segundo o Acordo Ortográfico da Língua Portuguesa de 1990.

CIP-BRASIL. CATALOGAÇÃO NA FONTE
SINDICATO NACIONAL DOS EDITORES DE LIVROS, RJ

S921b
4ª ed.

Stuenkel, Oliver
BRICS e o futuro da ordem global/Oliver Stuenkel; tradução Adriano Scandolara. – 4ª ed. – Rio de Janeiro: Paz e Terra, 2025.
350 p.: il. ; 23 cm.

Tradução de: The BRICS and The Future of Global Order

ISBN 978-85-7753-360-2

1. Países do BRICS – Relações internacionais. 2. Países do BRICS – Relações econômicas internacionais. 3. Política internacional. 4. Cooperação internacional. 5. Globalização. I. Scandolara, Adriano. II. Título.

16-37652

CDD: 337.1
CDU: 339

Impresso no Brasil
2025

SUMÁRIO

Introdução   7

1. Capturando o espírito de uma década (2001-2006)   15
2. A crise financeira, a contestação da legitimidade e a gênese da cooperação intra-BRICs (2006-2008)   25
3. De Ecaterimburgo a Brasília: o novo epicentro da política mundial? (2009-2010)   45
4. A chegada da África do Sul: dos BRICs ao BRICS (2011)   65
5. O mundo oculto da cooperação intra-BRICS: qual a importância do tipo de regime político?   91
6. Déli, Durban, Fortaleza, Ufá e Goa: o Banco de Desenvolvimento do BRICS e o Arranjo Contingente de Reservas (2012-2016)   143
7. O grupo BRICS no Conselho de Segurança da ONU: o caso da Responsabilidade de Proteger   191
8. O grupo BRICS e o futuro da ordem global   219

Conclusão   245
Apêndice   251
Agradecimentos   265
Referências bibliográficas   267
Notas   301

Introdução

A transformação do acrônimo BRICs,¹ de uma categoria de investimento para um nome familiar da política internacional e, mais recentemente, um grupo político semi-institucionalizado (denominado BRICS, com um "S" maiúsculo, após a inclusão da África do Sul), é um dos desenvolvimentos mais marcantes da política internacional da primeira década do século 21. Porém, por mais que o conceito agora seja utilizado comumente no debate público geral e pela mídia internacional,² ainda não houve uma análise acadêmica abrangente da história do BRICS como um termo e, mais importante, como projeto político institucional. O caminho do BRICS rumo à institucionalização, que começou de fato no ano de 2009, recebeu pouca atenção da comunidade de Relações Internacionais. Essa desatenção é surpreendente, porque é possível enxergar a decisão dos países do grupo BRICS de assumir o termo, organizar reuniões anuais e iniciar uma variedade relativamente ampla de gestos cooperativos intragovernamentais como uma das inovações mais significativas na governança global em quase duas décadas – e uma das mais surpreendentes também, considerando o quanto os países do BRICS, à primeira vista, têm pouquíssimo em comum.

Nos últimos anos, a maioria dos observadores na Europa e nos Estados Unidos vem argumentando que, apesar dos atrativos do acrônimo e de sua capacidade de oferecer um modo fácil de se referir a uma nova distribuição de poder global, a categoria era inadequada para uma análise mais rigorosa, dado que as diferenças entre os membros do grupo BRICS de longe contrabalanceavam o que eles tinham em comum.³ Por exemplo, aponta-se com frequência que, em termos econômicos, a Rússia e o Brasil são, em sua maior parte, exportadores de commodities, ao passo que a China é uma grande importadora. O Brasil defende a Rodada de Doha, vista com ceticismo pela Índia. Segundo críticos, essas diferenças são importantes, pois fazem com que cada membro do BRICS obtenha vantagens econômicas de formas diferentes e muitas vezes opostas. Por exemplo, uma alta nos preços de energia beneficia a Rússia, que exporta essas commodities, enquanto impacta negativamente a Índia, que é uma grande importadora.⁴

De uma perspectiva política, as democracias vibrantes do Brasil e da Índia certamente contrastam com os governos autoritários da China e da Rússia.⁵ O Brasil não é uma potência nuclear, enquanto os outros três possuem armas nucleares, e a Índia não é signatária do Tratado de Não Proliferação de Armas Nucleares (TNP).

De forma semelhante, desde o começo, a maioria dos analistas viu pouco potencial no grupo para que ele se transformasse numa entidade significativa comparável ao G7.⁶ Eles argumentaram que o BRICS não era um grupo coerente, já que suas posições na ordem política global apresentam diferenças imensas. Individualmente, os membros do BRICS podem ser os líderes do amanhã destinados a moldar a política global.⁷ No entanto, apesar de o Brasil e a Índia pressionarem para que haja uma redistribuição mais fundamental dos poderes institucionais nas estruturas de governança global de hoje, a Rússia e a China – ambos membros permanentes do Conselho de Segurança da ONU – são essencialmente potências do *status quo* relutantes em alterar um sistema que lhes vem servindo bem ao longo das últimas décadas. Um fato ainda mais importante é que há um conflito territorial não resolvido entre a Índia e a China, bem como esferas de interesse no Oceano Índico que se sobrepõem, e esses fatos são citados como provas de que o BRICS é uma aliança impossível. Como escreveu em 2012 o repórter Jim Yardley para o *New York Times*, os países do BRICS "sofrem de contradições e rivalidades internas que enfraqueceram a capacidade do grupo de tomar qualquer atitude significativa rumo a um objetivo primário: reformar as instituições financeiras dominadas pelo Ocidente".[8] Do mesmo modo, Martin Wolf argumentou:

> O BRICS não é um grupo. O BRICS foi inventado por Jim O'Neill [da Goldman Sachs, em 2001]. Eles acrescentaram a África do Sul aos BRICs [...], que não estava lá originalmente, para dar alguma representatividade à África. Esses países basicamente não têm nada em comum, exceto sua grande importância e o fato de serem chamados de BRICS. No entanto, em relação a todos os outros aspectos – seus interesses e valores, sistemas políticos e objetivos –, divergem de maneira substancial. Por isso, não há motivo para esperar que eles possam concordar em qualquer coisa de substancial no mundo, exceto que as potências dominantes existentes devem ceder parte de sua influência e poder. Essa é a única coisa que eles possuem em comum.[9]

Por fim, as relações bilaterais entre alguns dos países do BRICS – por exemplo, entre a Rússia e o Brasil – eram, em sua maior parte, insignificantes. Em resumo, o grupo que compõe o BRICS, para a maioria dos observadores, era díspar demais para formar uma categoria significativa – na mídia internacional, já era rotineiro ser descrito como "um quarteto díspar",[10] um "bando misto"[11] ou um "grupo estranho".[12] A ideia dos BRICs como um bloco, segundo esse discurso, era profundamente falha, e os países-membros dos BRICs eram diversos demais para poderem algum dia formar um grupo coerente.[13]

Contudo, apesar de muitos criticarem o grupo do BRICS por sua suposta incoerência, havia um detalhe que com frequência era ignorado: contrariando todas as expectativas da dissolução iminente do grupo, os países-membros do BRICS vêm trabalhando para fortalecer sua cooperação. O objetivo deste livro é procurar compreender essa contradição.

Por que os países que compõem o BRICS decidiram adotar esse conceito? O que eles têm em comum? Uma possível resposta pode ser o fato de todos os quatro países-membros originários (anteriores à entrada da África do Sul, em dezembro de 2010) terem ambições globais – um projeto global frequentemente anunciado, embora vagamente definido. Neste ponto, o grupo do BRICS é de fato uma categoria política interessante – não há, por exemplo, potências emergentes fora dele com envolvimento sistemático no Conselho de Segurança da ONU, sejam como membros permanentes ou como candidatos compromissados. Conforme afirmou Celso Amorim antes da 5ª Reunião do BRICS em 2013, "chegou a hora de começar a reorganizar o mundo em direção ao que a esmagadora maioria da humanidade espera e precisa".[14] Para ele, os países do BRICS deveriam ter papel crucial nesse processo.

Mais recentemente, os países do BRICS assumiram uma posição unificada que surpreendeu muita gente quando, durante uma reunião em março de 2014, à margem da Cúpula de Segurança Nuclear em Haia, na Holanda, os ministros exteriores do grupo se opuseram às restrições quanto à participação do presidente da Rússia, Vladimir Putin, na Cúpula do G20, que ocorreria em novembro de 2014, na Austrália.

Em sua declaração, os países do BRICS declararam-se "preocupados" com o comentário da ministra australiana das Relações Exteriores, Julie Bishop, de que a participação de Putin na Cúpula do G20 poderia ser barrada em novembro. "A custódia do G20 pertence a todos os Estados-Membros igualmente, e nenhum Estado-Membro pode determinar de forma unilateral sua natureza e caráter", segundo nota do BRICS.[15] Sua crítica à ameaça australiana de excluir a Rússia do G20 era um sinal claro de que o Ocidente não conseguiria alinhar toda a comunidade internacional em sua tentativa de isolar a Rússia. As consequências da anexação da Crimeia por parte da Rússia deram ao grupo do BRICS uma conotação geopolítica que poucos haviam esperado.

Vários meses mais tarde, cinco anos após a 1ª Cúpula presidencial em Ecaterimburgo, o grupo do BRICS deu os primeiros passos rumo à sua institucionalização, quando os líderes anunciaram a criação do Banco de Desenvolvimento do BRICS e do Arranjo Contingente de Reservas (ACR – acrônimo em português de Contingency Reserve Agreement – CRA) do BRICS, durante a 6ª Cúpula do BRICS, realizada em Fortaleza, no Brasil. Esse passo parecia sublinhar o comprometimento de seus cinco membros em fortalecer a cooperação intragrupo a longo prazo.

Este livro visa a oferecer uma história definitiva de referência do BRICS como termo e instituição – uma narrativa cronológica, com enfoque nos fatos, e um relato analítico do conceito do BRICS desde a sua concepção em 2001 até hoje. Para ajudar a orientar o leitor, os capítulos serão complementados com informações cronológicas sobre atividades intra-BRICS, como reuniões ministeriais e cúpulas presidenciais. Isso faz deste livro o primeiro tratamento detalhado e de fôlego da história do termo BRICS. O livro, portanto, fornece uma análise empiricamente minuciosa da cooperação dos países que compõem o BRICS – contando a história das origens do termo até se tornar o grupo político potencialmente formador de identidade que é hoje, que serve de plataforma para as reuniões frequentes voltadas à discussão de políticas e envolvimentos em nível empresarial, cultural e acadêmico. Em resumo, o livro fornece uma "biografia histórica" do conceito BRICS.[16]

Dado o seu caráter empírico, o livro também visa servir de base para que outros possam conduzir suas pesquisas teóricas e explicar como é possível compreender a ascensão do termo BRICS. Ele foi, portanto, pensado como uma referência primária da história da ideia do BRICS, tanto para especialistas como para o público geral. Seguindo uma ordem cronológica, ele avalia os porquês de o termo BRICS ter sido bem-sucedido em se estabelecer no léxico das relações internacionais (Capítulo 1), os encontros iniciais desde 2006 e as cúpulas anuais do BRICS, que, tendo começado em

2009, servem de pilares para a história de sua institucionalização (Capítulos 2 e 3).

O Capítulo 4 descreve a inclusão da África do Sul como membro do BRICS, o que, para muitos, simbolizou o amadurecimento do grupo. No Capítulo 5, a análise cobre várias áreas de cooperação, que vão de educação, pesquisa e sistema de saúde até defesa, e avalia o que há por trás da retórica da cooperação. O Capítulo 6 lida com as iniciativas mais recentes do grupo – o Arranjo Contingente de Reservas do BRICS e o Banco de Desenvolvimento do BRICS. O Capítulo 7 analisa as posições dos países do BRICS sobre soberania e intervenção humanitária, com um enfoque em particular dado para as crises na Líbia e na Síria, numa tentativa de avaliar a influência do BRICS sobre as normas globais. O Capítulo 8 inclui reflexões mais amplas sobre o BRICS e o futuro da ordem global, avaliando as posições do BRICS após a anexação da Crimeia por parte da Rússia, que aumentou de forma significativa o interesse global na 6º Cúpula do BRICS em Fortaleza, ocorrida em julho de 2014.

Essa pesquisa faz parte de uma tendência crescente no estudo das potências emergentes. A posição dominante que as potências estabelecidas vieram mantendo desde a década de 1990 nas relações internacionais está diminuindo aos poucos.[17] O grupo dos países que detêm o poder para fazer a diferença internacionalmente, para o bem ou para o mal, está mudando. Conforme novas potências – principalmente a China e a Índia – chegam à liderança, a elite mundial responsável por tomar decisões está se tornando menos ocidentalizada, tem menos interesses em comum e é mais diversificada ideologicamente,[18] o que cria a necessidade de compreender as perspectivas das potências emergentes.[19] Porém, em muitas questões importantes das relações internacionais, há uma incerteza quanto às ideias e perspectivas que informam as potências emergentes, conforme elas vêm procurando maior visibilidade e a capacidade de influenciar a agenda global.[20] Enquanto as chamadas "relações econômicas da cooperação Sul-Sul" vêm recebendo atenção cada vez maior – ao se estudar, por exemplo, a presença crescente da China na África e na América Latina[21] –, é notável a escassez de pesquisas voltadas a revelar as tentativas das potências emergentes de institucionalizar suas relações na forma do BRICS. Apesar de o termo BRICS ser usado com frequência, poucos são capazes de explicar, de forma satisfatória, sua origem, seu uso atual e a cooperação intrabloco. No entanto, compreender o grupo do BRICS é um elemento importante para se discutir o mundo cada vez mais multipolarizado de hoje.

1.
CAPTURANDO O ESPÍRITO DE UMA DÉCADA (2001-2006)

Em 2001, Jim O'Neill, à época recém-indicado para o cargo de chefe de pesquisa econômica global da Goldman Sachs,[1] procurou criar uma categoria na qual pudesse inserir os países de grande território e em rápido desenvolvimento que ele considerou que seriam instrumentais para a atual transformação econômica global. Como economista, O'Neill não levou muitos aspectos políticos em consideração e elaborou um grupo com base em indicadores econômicos, centrado nas taxas de crescimento do PIB, PIB *per capita* e tamanho populacional. Buscando atrair investidores, em seu Goldman Sachs Global Economics Paper N° 66, "Building Better Global Economic BRICs", publicado em 2001, O'Neill previu que, "ao longo dos próximos 10 anos, deverá haver um crescimento do peso dos BRICs, sobretudo da China, no PIB mundial", o que traria à tona "questões importantes sobre o impacto econômico global das políticas fiscais e monetárias nos BRICs".[2] Porém, apesar de O'Neill não esperar que seu grupo tivesse desdobramentos políticos, ele criou o termo BRICs tendo em mente o imenso desenvolvimento político da época. Como comentou mais tarde:

> ... imagine o contexto em que eu concebi esta ideia. Foi logo após o 11 de Setembro. Os atentados terroristas em Nova York e Washington fortaleceram a minha crença de que a dominação dos países ocidentais precisava ser superada ou pelo menos complementada por alguma outra coisa. Se for para continuar o sucesso da globalização,

não será sob a bandeira dos EUA. Pareceu-me que, puramente por conta de seu tamanho e populações, a China, a Índia, a Rússia e o Brasil tinham potencial econômico. O que os mercados emergentes têm em comum – além de sua desconfiança em relação ao Ocidente – é o seu futuro brilhante.[3]

Inicialmente, o impacto do termo ficou delimitado ao mundo financeiro.[4] Em vez da ascensão dos BRICs, as consequências dos atentados terroristas, a subsequente mobilização militar norte-americana e sua invasão do Afeganistão dominaram o debate geopolítico dos anos posteriores ao 11 de Setembro de 2001. O sucesso inicial dos Estados Unidos dava suporte à pressuposição generalizada de que a melhor definição da ordem global era a unipolaridade estável guiada pelos EUA.[5]

Apenas dois anos antes, William Wohlforth havia escrito o seguinte:

> O sistema não é nada ambíguo em sua unipolaridade. Os Estados Unidos desfrutam de uma margem muito maior de superioridade sobre o segundo Estado mais poderoso ou, de fato, todas as outras grandes potências combinadas, mais do que qualquer Estado líder dos últimos dois séculos. Além disso, os Estados Unidos são o primeiro Estado líder da história moderna internacional com preponderância decisiva em todos os componentes subjacentes do poder: econômicos, militares, tecnológicos e geopolíticos.[6]

Ele também argumentou: "A unipolaridade atual não é apenas pacífica, mas durável. Ela tem já uma década e [...] pode durar tanto quanto durou a bipolaridade. Durante muitas décadas, é improvável que qualquer Estado seja capaz de enfrentar os Estados Unidos em qualquer dos elementos subjacentes do poder."[7]

Apesar de Samuel Huntington, em 1999, ter caracterizado a ordem global como "unimultipolar", defendendo que por vezes os Estados Unidos precisaram da ajuda de Estados menores para realizar seus objetivos, ele ainda acreditava que "a superpotência solitária" era "o único Estado com a primazia em todos os domínios do poder – econômico, militar, diplomático, ideológico, tecnológico e cultural – com o alcance e a capacidade para promover seus interesses em praticamente todas as partes do mundo".[8]

A noção da predominância dos EUA não foi afetada pelos atentados terroristas do 11 de Setembro de 2001. Para muitos, a facilidade com que os Estados Unidos conseguiram despachar suas tropas para uma região distante de suas fronteiras acabou fortalecendo, e não diminuindo, a impressão de unipolaridade.[9] Em 2002, Brooks e Wohlforth escreveram que "se a primazia dos EUA hoje não é uma unipolaridade, então nada jamais o será. A única coisa que resta para a discussão é quanto tempo ela durará".[10]

Mais reveladora do que essas análises do *status quo* foi a perspectiva primariamente positiva nos Estados Unidos sobre sua própria capacidade de manter essa distância entre si e as potências aspirantes. Ao falar de seus possíveis rivais, a Alemanha, a França e o Japão eram citados quase com tanta frequência quanto a China. A Índia não tinha nenhum papel nessas estimativas. Quanto à capacidade dos Estados Unidos de manter seu forte crescimento, Brooks e Wohlforth escreveram que, após os atentados terroristas, "seria necessário que houvesse [...] uma recessão doméstica extraordinariamente profunda e prolongada, justaposta com o crescimento robusto de outros países, para que os Estados Unidos caíssem de volta à posição econômica ocupada em 1991. As adversidades contra tal declínio relativo são muitas, porém, em parte, porque os Estados Unidos são o país mais bem situado para se beneficiar da globalização".[11]

Ao mesmo tempo, poucos esperavam que a China viesse a se tornar uma potência regional séria, que dirá global. Como argumentaram Brooks e Wohlforth em 2002:

> Cinquenta por cento da mão de obra da China está empregada na atividade agrícola, e uma porção relativamente pequena de sua economia se volta à alta tecnologia. Na década de 1990, as despesas

dos EUA com desenvolvimento tecnológico eram mais de 20 vezes as da China. A maioria das armas chinesas já tinha décadas de idade. E nada que a China possa fazer permitirá que ela fuja de sua geografia, que a deixa cercada de países que têm a motivação e a capacidade de lhe fazer oposição, caso a China comece a construir uma força militar expansiva.[12]

Indo um pouco na contramão desse consenso, a Goldman Sachs publicou outra análise em outubro de 2003, intitulada "Dreaming with the BRICs: The Path to 2050". Essa análise traçava previsões mais específicas e a longo prazo. Ela previa que, por volta de 2050, as economias dos BRICs seriam maiores, em termos de dólares, do que o G6, composto de Estados Unidos, Alemanha, Japão, Reino Unido, França e Itália.[13] O impacto dessa análise sobre os investidores e banqueiros foi consideravelmente maior do que o da primeira. Porém, o importante foi que a influência dessa análise ultrapassou os limites do mundo financeiro, ajudando o termo BRICs a se tornar, nos anos subsequentes, um jargão da política internacional.[14] O impacto da análise de 2003 foi tão grande que boa parte dos observadores ouviu o termo BRICs pela primeira vez naquele ano. Desde então, 2003 tem sido erroneamente citado com frequência como o ano em que o termo foi criado.[15]

Em 2005, a Goldman Sachs comentou que a ascensão dos BRICs ocorreria mais rápido do que se previu em 2003.[16] Por volta da época em que os líderes dos BRICs se reuniram pela primeira vez numa cúpula oficial dos BRICs, em 2009, a mídia em geral já se referia a eles rotineiramente como "os BRICs" sem necessidade de um adendo explicativo.[17] Em 2010, a Goldman Sachs chamou os primeiros dez anos do século 21 de a "Década dos BRICs".[18]

Ao longo da década, um número crescente de analistas veio dar apoio à noção de que a predominância dos EUA era apenas temporária. A liberalização econômica nas economias dos mercados emergentes começava a dar frutos, o que resultou em taxas de crescimento consistentemente mais elevadas do que as do mundo desenvolvido na segunda metade da década. Em contraste, o poder até então ilimitado dos Estados Unidos parecia estar chegando ao seu limite nos embates dispendiosos e potencialmente mal planejados no Iraque e no Afeganistão, bem como numa desafiadora "Guerra ao Terror", o que reduziu a legitimidade dos EUA e abriu uma janela de oportunidade para que os países emergentes ganhassem maior visibilidade.[19] O debate sobre o declínio norte-americano, como escreve Acharya, "disparou depois que o otimismo inicial de 'missão cumprida' de George W. Bush logo deu lugar ao sentimento de estagnação no Iraque, quase como se deu no Vietnã, junto com a rápida transformação do superávit da era Clinton num déficit histórico".[20] A morte da unipolaridade, segundo o autor, foi "acelerada não pelo isolacionismo, mas pelo aventureirismo".[21]

Como apontam Randall Schweller e Xiayou Pu, "a unipolaridade, que parecia estranhamente durável apenas alguns anos antes, hoje parece ter sido um 'momento fugaz'". Eles acrescentam ainda que os Estados Unidos "não são mais uma superpotência que lança sua sombra sobre os concorrentes em potencial. O resto do mundo já os está alcançando".[22] Com frequência cada vez maior, os jornais do Ocidente começaram a se referir ao fato de que "há mais ou menos quatro vezes mais chineses do que há norte-americanos, o que significa que – mesmo que se conceda a possibilidade de um desaquecimento brusco no crescimento chinês – em algum momento a China virá a se tornar o 'número um'".[23]

Do mesmo modo, Philip Stevens resumiu, com propriedade, o sentimento generalizado de surpresa quando apontou que:

> ... para quem cresceu com a pressuposição de que o mundo pertencia a um pequeno grupo de nações situado nos dois lados do norte do Oceano Atlântico, duas coisas são chocantes. A primeira é a velocidade atordoante dessa virada – olhar para trás para o ano 2000 é ver um século comprimido numa década. A outra é o vigor com que o Ocidente conspirou para sua própria ruína.[24]

Por fim, a maior proeminência dos desafios genuinamente globais, que incluem a mudança climática, Estados falidos, a redução da pobreza e a proliferação nuclear, contribuiu para um consenso cada vez maior de que países como o Brasil, a Índia e a China eram indispensáveis nos esforços para se desenvolverem soluções significativas.[25] As cúpulas globais não poderiam mais se afirmar legítimas se não convidassem o Brasil, a Rússia, a Índia e a China.[26] A transição do G8 para o G20 é um dos símbolos mais poderosos dessa mudança rumo a uma ordem multipolar. Além de comporem 43,3% da população global e um quarto do território da Terra, os BRICs foram responsáveis por 27,8% do crescimento do PIB mundial em termos nominais (ou 36,6% em PPC) na primeira década do século.[27]

Capturando o espírito de uma década

Apesar de Jim O'Neill ter recebido muitos elogios por cunhar o termo BRICs, a ideia de se criar um grupo de grandes países em desenvolvimento com potencial significativo de crescimento econômico não era novidade. Na década de 1990, foram cunhados termos como "países-monstro",[28] "países-baleia",[29] "Estados-pivô"[30] e os "dez grandes",[31] todos apontando para o fato de que a ascensão dos países com grandes territórios e potencial econômico significativo viria, a longo prazo, a alterar profundamente a distribuição global de poder. Os diplomatas dos países emergentes começaram a se identificar mutuamente como futuros parceiros econômicos em potencial.[32] À época, porém, a unipolaridade parecia ser a característica dominante do sistema global, e poucos esperavam que potências ascendentes como a China e a Índia pudessem ter qualquer papel internacional significativo no futuro próximo.[33] Além da predominância econômica e geopolítica do G7, os países que hoje formam o grupo BRICS tinham diante de si desafios internos severos. Altas taxas de analfabetismo e pobreza na Índia, instabilidade econômica, violência urbana e desigualdade no Brasil, inquietação política crescente na China e turbulências econômicas na Rússia não davam o menor indício de que esses países estavam prontos para assumir um papel de maior proeminência nos assuntos da economia global ou de política internacional.

O grupo dos BRICs acabou, portanto, se tornando um nome conhecido não por ser um conceito novo, mas porque simbolizava, de forma poderosa, uma narrativa que nos anos 1990 parecia distante, mas parecia fazer sentido no meio da década de 2000: uma imensa transferência de poder, dos Estados Unidos e da Europa, para potências emergentes como China, Índia e Brasil. Essa mudança foi ocorrendo com rapidez, deixando o mundo menos ocidentalizado e mais ideologicamente diversificado.[34] A sigla BRICs ao mesmo tempo capturava e ampliava essa mudança da distribuição de poder na ordem global. O termo parecia uma simplificação útil para se referir a um cenário complexo marcado pela redistribuição de poder global,[35] a emergência de agentes não estabelecidos e o advento de um "Mundo Pós-Americano",[36] um "Mundo Pós-Ocidental",[37] ou, como assinalou Amitav Acharya em 2014, "o fim da ordem mundial americana".[38] Em retrospecto, as expectativas relacionadas à velocidade da mudança com certeza foram um pouco exageradas, em grande parte porque muitos analistas apresentaram previsões a longo prazo que tinham como base extrapolações sobre as taxas de crescimento excepcionalmente altas do mundo emergente na época. Ainda assim, a tendência geral era inconfundível.

Descontentamento emergente

A ordem internacional, porém, se revelou lenta em se adaptar à nova realidade. A continuação da centralidade do G8, que incluía o Canadá e a Itália, mas não a China e a Índia, gerou descontentamento crescente entre os diplomatas de Brasília, Pequim e Nova Déli. Durante a

Cúpula do G8 em Gleneagles, em 2005, portanto, Tony Blair decidiu iniciar um processo de extensão chamado de "Outreach 5" ou "G8 + 5", mas não conseguiu integrar permanentemente nenhuma das potências emergentes. Maria Edileuza Reis, embaixadora do Brasil em várias das cúpulas do BRICS, aponta que, à época, potências emergentes eram meramente convidadas a "se informarem" com os membros centrais do grupo, em vez de terem participação ativa nos debates.[39] O mesmo se aplicava à falta de reforma entre as instituições criada no acordo de Bretton Woods. Como apontou o *The Economist* em 2006: "É absurdo que o Brasil, a China e a Índia tenham 20% menos influência nos fundos do que Holanda, Bélgica e Itália, por mais que as economias emergentes tenham quatro vezes o tamanho das europeias, depois de ajustadas as diferenças de câmbio."[40]

Em 2003, três potências emergentes criaram o Fórum de Diálogo Índia-Brasil-África do Sul (IBAS), que estabeleceu laços mais fortes entre a Índia (primeiro-ministro Atal Bihari Vajpayee), Brasil (presidente Luiz Inácio Lula da Silva) e África do Sul (presidente Thabo Mbeki) na Cúpula do G8 de 2003 em Evian, França. Os três haviam sido convidados à cúpula como observadores, mas, ainda assim, sentiam que o convite havia sido meramente simbólico. "De pouco vale ser convidado para a sobremesa no banquete dos poderosos", Lula afirmou mais tarde e acrescentou: "Não queremos chegar só para comer a sobremesa. Queremos o prato principal, a sobremesa e o café."[41]

Apenas três dias depois, o ministro de Relações Exteriores da Índia, Yashwant Sinha, o ministro de Relações Exteriores do Brasil, Celso Amorim, e o ministro de Cooperação e Relações Internacionais da África do Sul, Nkosazana Dlamini-Zuma, se reuniram em Brasília, no que chamaram de "encontro pioneiro" e formalizaram o Fórum de Diálogo IBAS com a adoção da Declaração de Brasília.[42] Como defendeu Celso Amorim vários anos mais tarde, quando o IBAS institucionalizou o grupo, "era hora de começar a reorganizar o mundo na direção que a grande maioria da humanidade espera e necessita".⁴³ Apesar de o grupo do IBAS nunca ter ganhado tanta visibilidade internacional quanto o do BRICS, sua criação simbolizou a disposição cada vez maior das potências emergentes em explorar o que tinham em comum entre si, bem como suas áreas de cooperação.

Como demonstrará o próximo capítulo, a crise financeira foi um elemento-chave não apenas para fortalecer a narrativa da multipolarização, mas também para transformar os BRICs num grupo político que tentou desenvolver posições em comum em diversas áreas, a começar pela governança financeira global.

2.
A CRISE FINANCEIRA, A CONTESTAÇÃO DA LEGITIMIDADE E A GÊNESE DA COOPERAÇÃO INTRA-BRICs (2006-2008)

Este capítulo descreve o nascimento dos BRICs como um grupo político, propondo dois argumentos gerais. Em primeiro lugar, argumenta-se que uma combinação sem precedentes de fatores em 2008 – uma crise financeira profunda que afligiu os países desenvolvidos, combinada a uma relativa estabilidade econômica entre as potências emergentes – foi a causa de uma crise de legitimidade na ordem financeira internacional, que levou à cooperação, também sem precedentes, entre as potências ascendentes no contexto do grupo dos BRICs.[1] O fato de os líderes G20, na Cúpula de Londres, terem acatado quase todas as recomendações substanciais propostas pelos ministros das Finanças dos países dos BRICs também demonstra que os BRICs eram capazes de usar seu poder de barganha temporariamente amplificado para se transformarem em forças capazes de definir a agenda política da época, o que culminou nos acordos da reforma de cotas do FMI em 2010. Isso mostra que até mesmo períodos breves de legitimidade reduzida na governança global podem rapidamente levar à ascensão de instituições alternativas. No caso da crise que começou em 2008, por exemplo, a plataforma do BRICS agora é um elemento importante da governança global. As estruturas atuais podem, portanto, ser bem menos estáveis do que se costuma presumir – e futuras crises financeiras podem muito bem reduzir ainda mais sua legitimidade e levar a alterações adicionais e mais profundas. Em segundo lugar, o capítulo defende que a cooperação intra-BRICs na área das finanças internacionais foi o ponto inicial de um tipo mais amplo de cooperação em muitas outras áreas, o que sugere a ocorrência de efeitos colaterais da cooperação. Além da geração de confiança entre os países do BRICS, o fato de o BRICS haver começado a estabelecer estruturas institucionalizadas em 2013 – tais como o Arranjo Contingente de Reservas do BRICS e um Banco de Desenvolvimento do BRICS – ajuda a explicar o porquê de a cooperação institucionalizada entre o BRICS continuar mesmo após não estarem mais presentes essas condições propícias iniciais.[2]

A PRIMEIRA REUNIÃO EM SETEMBRO DE 2006

A cooperação entre as potências emergentes da Ásia já havia chegado a algum grau de institucionalização por volta de 2006. Os "RICs" (Rússia, Índia e China) já vinham realizando reuniões trilaterais anuais, em nível de ministros de Relações Exteriores, desde o ano de 2001, para discutir questões de segurança que incluíam migração, tráfico e terrorismo.[3] Após a invasão dos EUA no Afeganistão, as implicações regionais da situação se tornaram um dos assuntos mais importantes do debate.[4] A relação Rússia-Índia-China, portanto, acabou se fortalecendo desde o primeiro encontro trilateral em Moscou, em setembro de 2001.[5] Ao longo dos últimos anos, os encontros vieram ocorrendo, ou às margens de outros eventos, como a Assembleia Geral da ONU, ou em reuniões à parte, como em outubro de 2007, quando houve encontros de ministros das Relações Exteriores dos três países em Harbin (China),[6] ou em 2013, quando ele se deu em Nova Déli.[7]

Foi o ministro das Relações Exteriores da Rússia, Sergey Lavrov (com o apoio do presidente Medvedev e do primeiro-ministro Putin), quem concebeu a ideia pela primeira vez, em 2006, de criar um grupo adicional que incluísse o Brasil – transformando a ideia de Jim O'Neill, então, numa realidade política. Porém, a iniciativa russa de organizar uma reunião dos BRICs foi recebida a princípio com ceticismo pelos lados chinês e indiano. Ambos se perguntavam: o que um país como o Brasil, tão distante dos complexos problemas de segurança da Ásia, poderia contribuir para o debate?[8] E as dúvidas quanto ao lugar do Brasil entre os BRICs de modo algum eram exclusividade da China e da Índia. Jim O'Neill lembra que nos primeiros anos após ter criado o termo, em 2001, nem os analistas nem os investidores estavam muito convencidos com o "B" em "BRICs". Naquilo que no fim acabou sendo uma declaração bastante presciente, John Lloyd e Alex Turkeltaub, por exemplo, escreveram em 2006 que o Brasil

> poderia repetir o ciclo de crescimento e estagnação, que é a marca das economias sul-americanas, a não ser que utilize seu período atual de alta nos preços das commodities para reestruturar sua economia, melhorar a governança e investir em infraestrutura. Dada a dependência da sua economia em exportações de commodities – que representam cerca de 40% de todas as exportações –, uma correção substancial nos preços dos metais poderia também destruir o consenso político a favor das políticas pró-mercado.[9]

Quanto ao status do Brasil como membro do grupo dos BRICs, eles comentaram que "considerar o Brasil um dos pilares de uma ordem global emergente – o que fica implícito por sua participação nos BRICs – é subestimar esses riscos".[10]

A tentativa da Rússia de criar um grupo "RIC+Brasil" – alinhando-o, assim, com a ideia mais visível dos BRICs – começou, portanto, num contexto informal, sem qualquer desafio específico em mente quanto à política externa. Segundo acreditavam os diplomatas, o Brasil poderia tornar-se um parceiro de uma ordem mundial mais multipolar. No dia 20 de setembro de 2006, às margens da 61ª Assembleia

Geral da ONU, os ministros das Relações Exteriores Sergey Lavrov, da Rússia, e Celso Amorim, do Brasil – amigos de longa data que serviram juntos como diplomatas em Nova York, em meados da década de 1990 – decidiram organizar uma reunião informal dos ministros das Relações Exteriores do Brasil, da Rússia, da Índia, e da China na missão brasileira das Nações Unidas em Nova York.[11] Apesar de o almoço ter acontecido na missão brasileira, o encontro foi visto como uma iniciativa russa.[12] A discussão tratou dos desafios políticos e globais da época, em sua grande parte dominados pela Guerra do Líbano de 2006. Os ministros comentaram um tema que havia lentamente surgido como um fator unificador entre os BRICs: o descontentamento crescente em relação à distribuição de poder no FMI e no Banco Mundial, bem como a indisposição prolongada do G8 em incluir potências emergentes. A reunião terminou sem nenhum acordo específico e não contou com cobertura da mídia.[13] Ainda assim, os participantes reiteraram seu compromisso de fazer pressão em conjunto para a reforma das estruturas financeiras globais. Esse assunto veio à tona de novo quando o G8 se encontrou em Heiligendamm (Alemanha), em junho de 2007.

O processo de Heiligendamm

Apesar das iniciativas na primeira década dos anos 2000 para que os outros países recebessem convites *ad hoc*, o G8 ainda era um "clubinho das elites" ocidentais, que não havia mudado fundamentalmente desde a década de 1970 e cuja capacidade de refletir a mudança global de poder da primeira década do século 21 era cada vez menor. Visando tratar de questões de legitimidade, o processo de *outreach* começou em 2003, na cúpula em Evian.[14] O Brasil, a Índia e a África do Sul foram convidados para o encontro como observadores, mas sentiram que o convite havia sido meramente simbólico. Em 2005, Tony Blair decidiu convidar o Brasil, a China, a Índia, o México e a

África do Sul para a cúpula em Gleneagles. Lançado na cúpula de 2007 do G8 na Alemanha, o chamado Processo de Heiligendamm (Heiligendamm Dialogue Process – HDP, na sigla em inglês) representou um passo rumo ao desenvolvimento de uma interação mais estruturada entre o G8 e as potências econômicas e regionais emergentes do "Outreach 5" – os mesmos países que haviam participado em Gleneagles. Porém, os anfitriões deixaram claro desde o princípio que integrar o "Outreach 5" não significava ter o estatuto de candidato para fazer parte de uma versão ampliada do G8 – e as potências emergentes, em sua maioria, viram negativamente o conceito de "Outreach", já que não simbolizava nenhuma inclusão real no processo de tomada de decisões.[15] A tentativa de institucionalizar essa expansão dos países do G8 acabou quando o G20 assumiu um papel proeminente nos assuntos globais após a erupção da crise financeira. Desde então, os países do G8 vêm convidando outros líderes apenas ocasionalmente, como em 2011, quando os anfitriões franceses convidaram um grupo de líderes africanos.[16]

A SEGUNDA REUNIÃO EM SETEMBRO DE 2007

No dia 24 de setembro de 2007, às margens da 62ª Assembleia Geral, foi o Brasil que assumiu a iniciativa. Foi nesse momento que os participantes brasileiros declararam seu interesse em aprofundar o diálogo, propondo que se devia estudar a possibilidade de organizar uma cúpula à parte e dedicar mais tempo e energia para explorar as oportunidades de cooperação. A Rússia, em resposta, se ofereceu para organizar uma reunião própria dos ministros das Relações Exteriores em 2008, proposta que foi prontamente aceita pelos outros participantes.

Quando chegou a época da reunião, a crise do crédito hipotecário de alto risco (*subprime*) no mercado imobiliário nos Estados Unidos já havia começado a dominar o diálogo global. Em fevereiro e março, mais de 25 financiadores de hipoteca haviam declarado falência e, em abril, o mesmo ocorreu com a New Century Financial. O banco inglês Northern Rock precisou pedir fundos de emergência ao Banco da Inglaterra, devido a um problema de falta de liquidez. Um número cada vez maior de economistas e investidores internacionais começou a se voltar para as potências emergentes, como os BRICs, o que ofereceu ao grupo uma importante janela de oportunidade. Após a reunião em Nova York, em setembro de 2007, vários outros eventos simbolizaram a tendência cada vez mais visível de multipolarização. Em dezembro de 2007, a China superou a Alemanha como a terceira maior economia do mundo.[17] Comentadores da época previram que, dentro de apenas um ano ou dois, a China superaria o Japão também, o que ocorreu no segundo trimestre de 2010.[18]

2008

Já em 2008, a narrativa dos BRICs como "encrenqueiros" em potencial dominou o modo como os comentaristas internacionais enxergavam a ascensão das potências emergentes. Um mês antes da reunião dos ministros de política externa dos BRICs na Rússia, Harold James comentou:

> Os BRICs estarão atrás de poder de compensação, de influência, prestígio militar e estratégico, como forma de resolver problemas internos. Os anos 1990, quando, por um breve momento imediatamente após o fim da Guerra Fria, parecia que o mundo enfim teria paz permanente, despreocupado com poder, já fazem parte do passado. Essa esperança logo se revelou ilusória. Muitos comentadores, de fato, ficaram aturdidos com a rapidez com que as tensões retornaram ao sistema internacional. Ainda que muitos culpem o comportamento dos EUA, essas tensões foram, de fato, alimentadas pelo desdobramento de uma nova lógica na política internacional.[19]

Após as duas reuniões informais em setembro de 2006 e setembro de 2007, o ano de 2008 viu o começo de reuniões mais frequentes – a primeira reunião formal entre ministros das Relações Exteriores do grupo dos BRICs (ainda sem a África do Sul) se deu em 16 de maio de 2008, em Ecaterimburgo[20] – mais uma vez uma iniciativa do ministro russo Sergey Lavrov. Um mês após o encontro, Celso Amorim comentou, num artigo intitulado "Os BRICs e a reorganização do mundo", que "o encontro diz mais sobre a multipolaridade do que quaisquer palavras".[21]

Essa primeira reunião à parte pode ser vista como um momento decisivo, que marca a transformação dos BRICs de uma categoria de investimentos numa entidade política em assuntos globais.

No comunicado, o grupo dos BRICs chamou a atenção para a necessidade de reformar as estruturas internacionais – um tema que viria a aparecer em todas as declarações dos anos por vir. O documento também contém planos para uma cooperação mais ampla: "Os ministros das Relações Exteriores da Rússia, Índia e China receberam de braços abertos a iniciativa brasileira para organizar um encontro de ministros da Economia dos países do grupo dos BRICs, a fim de discutir questões econômicas e financeiras globais."[22]

Ao mesmo tempo, o comunicado, que não recebeu praticamente nenhuma menção na mídia ocidental, não mencionava a primeira reunião dos líderes dos BRICs, que viria a ocorrer um ano depois, no mesmo lugar. O que ele anunciou, de fato, foram várias reuniões subsequentes, um sinal claro de que a reunião dos ministros das Relações Exteriores de 2008 era o começo de um projeto de política externa de longo prazo: "Os ministros chegaram a um acordo para realizar a próxima reunião ministerial do grupo nas margens da 63ª Sessão da Assembleia Geral da ONU, em Nova York, em setembro de 2008. O próximo encontro ministerial dos BRICs será sediado na Índia."[23]

Considerando que essa foi a primeira reunião formal nessa constelação, a amplitude dos temas na declaração final é digna de nota.

Com a iniciativa da Rússia, os quatro líderes dos BRICs fizeram uma breve reunião em 9 de julho de 2008 – três meses após a reunião dos ministros em Ecaterimburgo, durante a Cúpula do G8 no Japão, quando concordaram em esboçar uma cúpula completa dos BRICs no ano seguinte.[24]

Os vínculos entre os ministros das Relações Exteriores dos BRICs foram fortalecidos em 7 de novembro de 2008, em São Paulo, Brasil – uma reunião que já havia sido combinada durante o encontro dos ministros em maio, na Rússia.

Por volta do final de 2008, os países do BRIC haviam estabelecido uma relação de trabalho que permitia o desenvolvimento de uma agenda política comum, sobretudo no tocante às finanças internacionais. Nas margens da primeira Cúpula do G20 em Washington, em 14 e 15 de novembro de 2008, os ministros das Finanças dos BRICs outra vez se encontraram para discutir e buscar coordenar seus posicionamentos. Desde então, os ministros das Finanças do BRICS (com a África do Sul a partir de dezembro de 2010) vêm-se reunindo durante todos os encontros do G20.

Aumentando a coerência: de São Paulo a Horsham

Por que os ministros das Finanças e presidentes dos Bancos Centrais de quatro países aparentemente díspares, com interesses divergentes, decidiram se reunir no Brasil e emitir um comunicado conjunto no auge da crise, uma semana antes da 1ª Cúpula do G20 em Washington, D.C.? E como foi que esses quatro países conseguiram se transformar num grupo tão influente só vários meses depois, durante a Cúpula do G20 em Londres, em abril de 2009?

Quando os ministros das Finanças e presidentes dos Bancos Centrais dos países dos BRICs se reuniram, em 7 de novembro de 2008, menos de dois meses se haviam passado desde a falência da

Lehman Brothers. A crise financeira parecia ter feito com que as dinâmicas políticas tivessem se tornado tão imprevisíveis que o governo brasileiro acabou decidindo, no último minuto, alterar o local da reunião, de Brasília para São Paulo, mais perto do aeroporto internacional – de modo a permitir que os participantes da reunião pudessem voltar mais rapidamente aos seus países de origem, a fim de monitorarem a crise. Em tempos de globalização, acreditava-se que a crise financeira no coração do centro econômico global teria consequências profundas para todos os países que participavam do mercado internacional.

Porém, como escreveu à época o *The Economist*, os maiores mercados emergentes estavam "se recuperando com rapidez e começando a pensar que a recessão poderia ser outro marco numa mudança mundial de poder econômico, resultando na perda de poder do Ocidente".[25] Como declararam os ministros das Finanças dos BRICs, "reconhecemos que a crise afetou todos os nossos países, em alguma medida. Enfatizamos, porém, que os países dos BRICs têm demonstrado uma resiliência significativa".[26] Como ficou claro na reunião em São Paulo, os países dos BRICs haviam não apenas discutido modos de se proteger contra a crise, mas também como poderiam usar essa oportunidade para adaptar estruturas globais a seu favor. Dentro dos quatro meses seguintes, os ministros das Finanças e presidentes dos Bancos Centrais dos BRICs se reuniram quatro vezes – num contraste notável com a fraqueza de seus vínculos antes da crise. Os resultados foram palpáveis: antes da Cúpula do G20 em Londres, em abril de 2009, os países dos BRICs puderam agir para definir a agenda política e tiveram influência considerável na declaração final do G20[27] – tudo isso ao fazerem uso do grupo dos BRICs, um veículo que, em sua dimensão política, mal existia antes da crise.

A crise econômica nos Estados Unidos forneceu às potências emergentes uma oportunidade única para se reunir em torno de um assunto de grande importância: a necessidade de reformar a ordem financeira internacional. No comunicado emitido em São Paulo, os países dos BRICs declararam com clareza sua insatisfação:

> Exigimos uma reforma das instituições multilaterais para que reflitam as mudanças estruturais na economia mundial e o papel cada vez mais central que os mercados emergentes agora têm. Concordamos que os órgãos internacionais hoje devem rever suas estruturas, normas e instrumentos no que diz respeito a aspectos como representatividade, legitimidade e eficácia, além de fortalecerem sua capacidade de tratar as questões globais. A reforma do Fundo Monetário Internacional e do Banco Mundial deve avançar e ser orientada rumo a uma voz mais igualitária e a um balanço participativo entre os países avançados e em desenvolvimento. O Fórum de Estabilidade Financeira deve ampliar seu quadro de membros, de forma a incluir a representatividade significativa das economias emergentes.[28]

O G20 parecia ser a plataforma ideal para essa empreitada – um grupo poderoso que incluía os quatro países dos BRICs. Um diplomata brasileiro chegou até a dizer que "a plataforma BRICs era filha do G20, que, por sua vez, era filha da crise".[29] Não foi, portanto, nenhuma coincidência que a cooperação intra-BRICs tenha começado de verdade no âmbito das finanças internacionais – uma área que parecia particularmente fértil para oportunidades nos primeiros dois anos da crise. Tomou-se a decisão de cooperar de uma forma mais estruturada quando os chefes dos governos do grupo dos BRICs se encontraram às margens da Cúpula do G8, em 9 de julho de 2008.

Celso Amorim capturou o espírito da época quando defendeu que "o grupo BRICs tem contribuído para manter nos trilhos a economia mundial [...] agora, os quatro países decidiram ampliar a agenda de atuação conjunta. Buscam fortalecer-se politicamente como um bloco que ajude a equilibrar e democratizar a ordem internacional deste início de século".[30] Abordando um tema que viria a se tornar um grito de guerra para os países do grupo, Amorim propôs que "devemos também continuar promovendo a reforma e a atualização das instituições financeiras internacionais. O assunto será abordado em novembro, na reunião dos ministros da Economia do BRICs [em São Paulo], proposta pelo Brasil".

CÚPULAS DOS BRICS: GERANDO CONFIANÇA

Quatro meses depois, os ministros das Finanças* e os presidentes dos Bancos Centrais se reuniram no Brasil, num gesto que daria um ímpeto ainda maior à cooperação intra-BRICs.[31] No primeiríssimo parágrafo do comunicado, após uma breve menção à crise internacional, os países dos BRICs relatam que "discutimos as propostas feitas pelos países para reformar a arquitetura financeira global".[32]

Porém, ainda mais importante do que o conteúdo em si do comunicado foi o fato de que o Brasil, a Rússia, a Índia e a China usaram a plataforma do grupo para iniciar as reuniões preparatórias antes do G20, o que refletiu sua crença firme nos benefícios da cooperação entre os quatro países. O comunicado de São Paulo deixava claro que a plataforma era mais que um mero grupo *ad hoc*. O ministro da Fazenda do Brasil, Guido Mantega, afirmou que o grupo dos BRICs havia concordado que precisava coordenar as ações e trabalhar em conjunto para concretizar as ações políticas e econômicas. "Nós queremos um novo bloco de poder, mais ativo e mais eficiente", explicou ele após a reunião.[33]

No final de novembro, durante um encontro bilateral no Rio de Janeiro, os presidentes Dmitri Medvedev, da Rússia, e Luiz Inácio Lula da Silva, do Brasil, anunciaram que os chefes de Estado dos países dos BRICs teriam sua primeira cúpula na Rússia, em 2009.[34] Após o encontro, o presidente Lula, do Brasil, comentou que a crise financeira oferecia oportunidades às potências emergentes para

---

* Corresponde a ministro da Fazenda no Brasil. [N. da E.]

fortalecerem a cooperação entre si, bem como sua posição nos negócios globais como um todo.³⁵ Segundo um diplomata brasileiro, a cooperação na área das finanças internacionais geraria confiança entre os governos dos BRICs, o que permitiria uma cooperação ainda maior no futuro.³⁶

Os ministros das Finanças e presidentes dos Bancos Centrais, de sua parte, anunciaram em São Paulo que teriam seu próximo encontro em Washington, D.C., no final de abril de 2009.³⁷ Porém, em vez de passarem cinco meses esperando, eles se reuniram de novo em 13 de março de 2009, um dia antes de os ministros das Finanças e presidentes dos Bancos Centrais do G20 se reunirem lá,³⁸ e duas semanas antes do próximo encontro dos líderes do G20 em Londres, em 2 de abril.

Em Horsham, no Reino Unido, o compromisso dos BRICs com a reforma governamental foi reiterado, dessa vez em termos mais explícitos:

> Chamamos a atenção especial para a reforma das instituições financeiras internacionais. Propomos que seja revisto o papel do mandato do FMI, de modo a adaptá-lo para uma nova arquitetura monetária e financeira global. Enfatizamos a importância de um compromisso forte com a reforma governamental com uma agenda e planos claros. Consideramos claramente inadequados os recursos do FMI e acreditamos que devam ser ampliados significativamente através de vários canais. Os empréstimos deveriam ser uma ponte temporária para o aumento permanente das cotas, assim como o Fundo é uma instituição baseada em cotas. Por isso, exigimos que uma revisão geral das cotas seja concluída por volta de janeiro de 2011.³⁹

Além disso, eles também declararam:

> Exigimos que sejam tomadas ações urgentes em relação à voz e à representatividade no FMI, de modo a melhor refletir seus pesos econômicos reais. No Fundo, um realinhamento significativo das

cotas deverá ser concluído até, no máximo, janeiro de 2011. É necessário possibilitar aos membros que tenham uma participação mais plena e igualitária nos esforços do Fundo de exercer o papel de seu mandato. Um rebalanceamento do Quadro Executivo e do DVIFC levaria a uma representação mais igualitária entre os membros.[40]

Uma exigência semelhante foi feita em relação ao Banco Mundial. Os membros do grupo dos BRICs solicitaram "que fosse acelerada a segunda fase da reforma de voz e representatividade no Grupo Banco Mundial, que deverá ser concluída até abril de 2010" e disseram que era "imperativo" que os próximos chefes do FMI e do Banco Mundial fossem selecionados por meio de processos "abertos e meritocráticos", independentemente de considerações regionais e de nacionalidade.[41]

Apesar de a ideia de que o grupo dos BRICs poderia vir a alinhar alguns de seus posicionamentos ter sido, desde o começo, recebida com profundo ceticismo, o apoio dado pelos líderes do Grupo dos Vinte, na Cúpula de Londres de 2009, a várias das recomendações substanciais propostas pelos ministros das Finanças dos países dos BRICs, em Horsham, também demonstra que o grupo poderia aumentar, de modo significativo, o poder de barganha das potências emergentes.[42]

Mais especificamente, as recomendações do grupo feitas em seu comunicado em Horsham acabaram influenciando as declarações do G20 em vários níveis – por exemplo, os líderes do G20 apoiaram o triplo aumento de recursos disponíveis para o FMI e permitiram a liberação de novos Direitos Especiais de Saque (DES – Special Drawing Rights, ou SDR, na sigla em inglês). Além disso, eles prometeram "construir uma base de supervisão e regulamentação mais forte e mais consistente globalmente para o futuro setor financeiro".[43] Eles anunciaram ainda que os chefes das instituições financeiras internacionais "deveriam ser indicados por um processo aberto, transparente e meritocrático".[44] Todas essas demandas foram articuladas pelos ministros das Finanças e presidentes dos Bancos

Centrais antes do G20. Do mesmo modo, o termo "reforma" apareceu mais de dez vezes na Declaração do G20, o que refletia a pressão das potências emergentes em lhes fornecer mais espaço.[45] Como comentou o *Global Post* à época: "O termo 'BRICs' assumiu um estatuto quase mítico.[46] Depois de São Paulo, em novembro de 2008, e Washington, D.C., uma semana depois, a reunião de Horsham constituiu o terceiro encontro dos ministros das Finanças dos BRICs em quatro meses – o que simbolizou a rapidez do estabelecimento de uma cooperação entre os BRICs.

O mais importante, porém, foi que o encontro em Horsham pareceu institucionalizar as tentativas dos países dos BRICs de alinharem seus posicionamentos antes do G20.[47]

Declara o parágrafo 12 do comunicado:

> Tivemos uma discussão frutífera sobre outras questões financeiras internacionais do momento e decidimos ampliar nossa colaboração, inclusive através de uma maior troca de informações, à luz do aprofundamento da crise global. Concordamos também em realizar nossa próxima reunião em Istambul, antes da reunião anual do FMI de 2009 e das reuniões do Banco Mundial.[48]

A pressão dos BRICs por reformas culminou em 2010, quando houve um acordo sobre uma reforma significativa de cotas – que incluía uma transferência de cotas de mais de 6% a favor dos grandes países emergentes. A China se tornou a terceira maior acionista, superando a Alemanha, enquanto a Rússia, a Índia e o Brasil entraram na lista dos dez acionistas mais importantes. O FMI louvou esses acontecimentos como "passos históricos" e apontou que representavam "um grande realinhamento no ranking das cotas-partes, o que reflete melhor a realidade econômica global, e um fortalecimento da legitimidade e da eficácia do Fundo".[49] Pode-se argumentar, portanto, que, no âmbito das finanças internacionais, os países dos BRICs por um breve momento puderam agir como "definidores de agenda".

Efeitos Colaterais da cooperação

As reuniões dos ministros das Finanças e presidentes dos Bancos Centrais em São Paulo, em novembro de 2008, e em Horsham, em março de 2009, podem ser vistas como o ponto inicial de uma cooperação muito mais ampla, e, dali em diante, a cooperação intra-BRICs se expandiu para abranger outras áreas, várias das quais não tinham relação com finanças internacionais.

Logo após a Cúpula do G20 em Londres, os assessores de Segurança Nacional dos BRICs se encontraram pela primeira vez, o que refletiu uma expansão dramática do escopo de suas atividades. Nessa reunião, os participantes discutiram a possibilidade de unirem forças no combate contra o terrorismo, a migração ilegal e o tráfico de drogas e armas. Além dos vínculos entre os Bancos Centrais e ministros das Finanças do grupo, esse encontro estabeleceu uma plataforma comum para as comunidades de segurança de cada país. Desde 2009, os assessores de Segurança Nacional dos países dos BRICs vêm se encontrando com regularidade.[50]

Naquela época, os chefes de Estado do Brasil, da Índia, da Rússia e da China começaram a se referir a si próprios como "membros do grupo dos BRICs" e concordaram que precisavam fortalecer os laços "intra-BRICs".[51] Segundo os legisladores envolvidos no processo, as reuniões frequentes melhoraram as relações entre os governos e ajudaram a fortalecer os interesses nacionais em tempos de crise econômica. Esse foi o caso do Brasil, que mantinha laços frágeis com a China, a Rússia e a Índia antes da formação do grupo. Porém, apesar de o Brasil ser o membro mais fraco e menos adequado do grupo, a capacidade do presidente Lula de articular a posição do BRIC durante a crise nos fóruns internacionais revelou ser um recurso importante. Muitos oficiais apontaram para a destreza e a competência do presidente brasileiro e de seus ministros das Relações Exteriores em construir uma narrativa comum dos BRICs.[52] O mais interessante, porém, é que nem Lula nem Amorim tiveram sucesso em convencer os comentadores brasileiros acerca da importância do grupo. Em 2008, o grupo dos BRICs não tinha quase nenhum papel no debate doméstico do Brasil, e a maioria do país via o projeto como uma tentativa equivocada de alinhar o Brasil com potências asiáticas.[53]

COOPERAÇÃO DO GRUPO BRICs PÓS-CRISE

Após terem identificado um interesse comum, os membros do grupo dos BRICs começaram a cooperar e a fazer pressão por mudanças em conjunto – e foram muito bem-sucedidos, como atestam os resultados da Cúpula do G20 em Londres, em 2009. Segundo o pensamento da teoria realista, porém, essa cooperação motivada pela crise deveria ter acabado após o período mais intenso da crise – do mesmo modo segundo o qual os realistas do final da Guerra Fria esperaram que a OTAN fosse desmanchada.

Porém, apesar de a cooperação intra-BRICs ter elos fortes com o tema da crise financeira internacional até 2009, passou depois para áreas que não tinham relação necessariamente com questões financeiras. Em vez disso, a cooperação íntima na área de finanças havia gerado uma confiança que permitiu que os vínculos se expandissem para áreas como educação, ciência, tecnologia e defesa.

Por que ocorreu esse comportamento de cooperação estendida? Utilizado pelos pesquisadores que estudam o fenômeno da integração regional na Europa, o conceito de efeitos *spillover*, ou efeitos colaterais, tem alguma relevância para explicar o crescimento da cooperação intra-BRICs.[54] Segundo Lindberg, um *spillover* implica que a cooperação política, uma vez iniciada, se estende ao longo do tempo de um modo que não estava necessariamente contido nas intenções iniciais.[55]

A cooperação intra-BRICs, é claro, difere fortemente do que se observou nos dias do passado da integração europeia, e é improvável que o grupo dos BRICs chegue a desenvolver qualquer coisa parecida com a União Europeia. A plataforma do grupo BRICS não envolve decisões vinculativas, nem administração conjunta de qualquer aspecto das questões econômicas ou políticas dos países, tampouco a combinação de sua soberania. Porém, a cooperação intra-BRICs se desenvolveu num grau que exige uma resposta mais sofisticada do que meramente apontar para seu maior poder de barganha durante a crise financeira.

Em vez do *spillover* funcional, que descreve os efeitos da integração econômica avançada, o *spillover* visto entre as nações do BRICS era de um tipo mais simples e incipiente, ligado aos efeitos da criação de confiança entre burocracias governamentais, que, após uma experiência positiva em uma área, decidem cooperar em campos adicionais e não necessariamente relacionados. Ao contrário dos efeitos de *spillover* políticos ou funcionais vistos na Europa, os efeitos potenciais do *spillover* observados entre os países do grupo BRICS não envolvem grupos de interesse de fora do governo, mas estão relacionados inteiramente a atividades intragovernamentais. A cooperação intra-BRICS permanece até hoje como um processo estatal, que também poderia ser comparado à "socialização da elite" entre os governos do grupo.

Após o sucesso da cooperação na área das negociações financeiras internacionais, coordenada, em sua maior parte, pelos Ministérios das Finanças e das Relações Exteriores de cada país, os líderes legisladores decidiram que a cooperação em outras áreas – como segurança – poderia ser igualmente benéfica. Os indivíduos que trataram das questões do BRICS têm mais chances de procurar elos mais fortes com os países do grupo, mesmo depois de terem passado para outras áreas da administração. Celso Amorim, por exemplo, uma das figuras decisivas em promover a dimensão política do grupo do BRICS, deixou o ministério das Relações Exteriores no final de 2010 e assumiu o ministério da Defesa, no qual continuou a fomentar os vínculos intra-BRICS.[56]

Segundo as entrevistas com diplomatas dos quatro países envolvidos, as burocracias governamentais começaram, em 2008 e 2009, a interagir ampla e frequentemente de um modo sem precedentes. O ministro da Fazenda do Brasil, Guido Mantega, por exemplo, se encontrava com suas contrapartes dos BRICs com mais frequência do que com qualquer outro grupo fora da América do Sul, sublinhando a importância do grupo dos BRICs para o governo brasileiro.

O desenvolvimento da socialização da elite foi descrito por Jensen no caso da União Europeia. Ele escreve:

> Ao longo do tempo, pessoas que se envolvem com regularidade [...] tenderão a desenvolver lealdades e preferências europeias [...] Podemos imaginar como os participantes de um processo intensivo e em andamento de tomada de decisões, que pode muito bem estender-se ao longo de vários anos e trazê-los para um contato frequente e pessoal, e que os engaja num exercício de resolução de problemas e geração de políticas, podem desenvolver uma orientação especial para esse processo e interações, especialmente se compensarem [...] Essa elite tentará convencer as elites nacionais quanto [...] à cooperação. Ao mesmo tempo [...] as negociações se tornariam menos politizadas e mais tecnocráticas. Como resultado, espera-se que a agenda política penda para problemas mais técnicos sobre os quais seria possível chegar a um acordo.[57]

Enquanto os paralelos entre a União Europeia e o grupo BRICS são, como mencionado acima, bastante limitados, a cooperação intra-BRICS está claramente se tornando menos política e mais técnica, conforme cada vez mais burocratas de ministérios diferentes se envolvem no processo – outra indicação ainda de que é provável que a cooperação intra-BRICS seja mais sustentável do que se pensa em geral. Um subproduto natural dos vínculos crescentes intra-BRICS são os laços bilaterais mais fortes entre os membros do grupo. Por exemplo, um acordo de viagens entre a Rússia e o Brasil que prescinde da necessidade de visto entrou em vigor em 2010. Facilitar as leis de visto era parte de uma tentativa de maior alcance de ambos os governos para fortalecer seus laços, o que inclui acordos para criar cooperação em áreas como energia, espaço e tecnologias militares, contribuindo também para fomentar não apenas contatos de negócios, mas também o turismo, o que ajuda a ampliar a compreensão mútua do BRICS em nível de sociedade – um elemento vital do "déficit de confiança" entre os membros do grupo.[58]

Em comparação com 2008, quando começou a crise financeira, os anos subsequentes se revelaram muito mais difíceis para as potências emergentes. O Brasil é o país que melhor simboliza isso. Suas taxas de crescimento entre 2011 e 2014 foram baixíssimas e, desde então, o desempenho brasileiro tem sido péssimo, não podendo mais ser comparado ao da década passada. Enquanto a Europa ainda sofreu por cinco anos após o início da crise, a economia dos EUA começou a se recuperar lentamente. Os Estados Unidos, mais confiantes e não mais onerados com o Iraque e o Afeganistão, não forneceram às potências emergentes o mesmo espaço que o grupo do BRICS podia utilizar nos anos anteriores. Além do crescimento menor, as incursões do Brasil pela alta diplomacia do mundo – marcadas pela tentativa de Lula de negociar com o Irã em 2010 e por seu período como membro não permanente do Conselho de Segurança da ONU – foram tudo menos fáceis, e sua sucessora, Dilma Rousseff, que viria a sofrer impeachment em 2016, parecia ainda menos inclinada à negociação internacional.[59]

Porém, dadas as considerações acima, não deveria ser nenhuma surpresa que o crescimento mais lento nas economias dos membros do grupo a partir de 2012 teria pouco impacto na disposição do bloco em fortalecer ainda mais sua cooperação. Independentemente dos números atuais de crescimento, os legisladores em países emergentes pareciam convencidos de que as reuniões do BRICS serviam e continuam servindo como um veículo útil para promover a cooperação Sul-Sul, que tem crescido consideravelmente nas últimas duas décadas. O crescimento lento por si não poderia desfazer o desejo de diversificar as parcerias das potências emergentes – afinal, a cooperação Sul-Sul havia se transformado num dos elementos-chave das potências emergentes em sua tentativa de democratizar os assuntos globais e reduzir o peso desproporcional que o norte global teve nos diálogos globais até o momento.

3

DE ECATERIMBURGO A BRASÍLIA: O NOVO EPICENTRO DA POLÍTICA MUNDIAL? (2009-2010)

O EXPERIMENTO BRIC

Em 16 de junho de 2009, a Rússia sediou a 1ª Cúpula dos Líderes dos BRICs, que contou com a participação do presidente Lula, do Brasil, do presidente Dmitri Medvedev, da Rússia, do primeiro-ministro Manmohan Singh, da Índia, e do presidente Hu Jintao, da China, em Ecaterimburgo.[1] O anfitrião, Dmitri Medvedev, apresentou a cidade nos Urais como "o epicentro da política mundial". Era "óbvia" a necessidade das grandes nações em desenvolvimento do mundo de se reunirem sob novos formatos, segundo ele.[2] No dia imediatamente anterior, a Rússia havia sediado, na mesma cidade, a 9ª Cúpula da Organização para Cooperação de Xangai (OCX), com muitos países observadores, incluindo uma breve visita de Mahmoud Ahmadinejad, que fora declarado o vencedor de uma polêmica eleição presidencial no Irã.[3] Dado que a OCX estava mais bem estabelecida em 2009 do que a ideia do grupo dos BRICs, o projeto de realizar a 1ª Cúpula dos Líderes dos BRICs pode ser visto como um experimento, mais do que como um esforço concertado – à exceção da delegação brasileira, todo mundo já estava na cidade para a Cúpula da OCX.[4] Embora a Rússia tivesse indicado desde cedo que vislumbrava uma colaboração institucional mais ampla, o governo russo não assumiu o risco de organizar uma reunião só para o grupo dos BRICs, e a mídia internacional prestou mais atenção à Cúpula da OCX, que incluiu uma reunião notável entre Manmohan Singh, primeiro-ministro da Índia, e o presidente do Paquistão, Asif Ali Zardari.[5] A Rússia também usou a reunião para ter conversas bilaterais com a delegação indiana.[6] Em seu discurso de abertura à Cúpula dos BRICs, o presidente russo Medvedev foi, portanto, bastante cauteloso: "No fim, nosso sucesso em implementar novos programas econômicos e reformar as relações financeiras internacionais dependerá do grau de nossa compreensão acerca dos posicionamentos um do outro e talvez do desenvolvimento de propostas conjuntas."[7]

A declaração da cúpula e a retórica empregada ("as economias emergentes e em desenvolvimento devem ter mais voz e representação nas instituições financeiras internacionais")[8] serviram para vários propósitos. O primeiro foi o de reafirmar sua importância política recém-descoberta e reivindicar mais espaço nos fóruns internacionais: o presidente russo declarou que "os problemas globais [...] não podem ser resolvidos de forma eficaz sem o envolvimento dos países dos BRICs".[9] O compromisso para fortalecer o G20, portanto, foi o primeiro item na declaração final da reunião.[10] Além do mais, a institucionalização na forma de um clube exclusivo do grupo dos BRICs para fazer a transição de poder, da Europa e dos EUA para as potências emergentes, parecia inevitável. Dadas as expectativas gerais crescentes, a reunião do grupo tentou projetar um poder maior do que sugeriria a distribuição econômica real de poderes da época. Como apontou Medvedev, havia "uma necessidade de colocar um processo de tomada de decisões mais justo em relação a questões econômicas, de política externa e de segurança na agenda política internacional" e que "a reunião do grupo dos BRICs visa criar as condições para essa nova ordem".[11] Deu-se ênfase em particular à reivindicação de que deveria haver um fim para o acordo informal de que são os Estados Unidos e a Europa quem apontam, respectivamente, os presidentes do Banco Mundial e do FMI. Em vez disso, essas posições de liderança deveriam ser escolhidas por meio de "um processo de seleção aberto, transparente e meritocrático".[12] Essa afirmação se tornou algo como um grito de guerra das nações do grupo dos BRICs nos anos seguintes, criando, assim, uma narrativa clara e simples com que todas as potências emergentes poderiam concordar.

Como o próprio presidente Lula argumentou no dia da reunião:

> Nos últimos anos, nossas quatro economias se destacaram por experimentar um sólido crescimento. O comércio entre nós aumentou 500% desde 2003. Isso ajuda a explicar por que hoje geramos 65% do crescimento mundial, o que nos converte na principal esperança para uma rápida recuperação da recessão mundial.[13] Os países dos BRICs vêm desempenhando um papel cada vez mais preponderante nas relações internacionais e estão mostrando sua prontidão em assumir responsabilidades em proporção à sua posição no mundo moderno.[14]

Nesse período de caos econômico global, quando os países dos BRICs perceberam um vácuo de liderança, era particularmente importante demonstrar confiança e projetar estabilidade. As nações do grupo desfrutaram de um crescimento econômico anual de 10,7% entre 2006 e 2008, excedendo fortemente as taxas de crescimento do mundo desenvolvido.[15] Como consequência, um dos principais temas da reunião foi como criar uma nova ordem mundial menos dependente dos Estados Unidos.

O ministro das Finanças da Rússia, Alexei Kudrin, apontou que "cerca de 400 bilhões de dólares foram acumulados para o FMI, incluindo contribuições da Rússia, do Brasil e da China [...] Esses recursos estão em demanda sobretudo na Europa central e ocidental, onde o impacto da crise é seríssimo".[16] O presidente da Rússia, Dmitri A. Medvedev, disse que o principal motivo da reunião era mostrar que "o grupo dos BRICs deveria criar condições para uma ordem mundial mais justa"[17] e o embaixador do Brasil na cúpula, Roberto Jaguaribe, disse que "o rótulo BRICs mostra [...] a característica-chave dessa transformação global atual: o paradigma de que países em desenvolvimento não podem ser agentes relevantes não é mais verdadeiro".[18]

Os países dos BRICs, portanto, se representaram como "as partes interessadas responsáveis", cuja maior inclusão nas estruturas globais de tomada de decisão teria efeitos positivos para a governança e a estabilidade econômica globais, em termos mais generalizados. O Brasil, por exemplo, era a 10ª maior economia do mundo em 2009, mas tinha apenas 1,38% dos votos no comitê do FMI, contra os 2,09% da Bélgica, uma economia com um terço de seu tamanho.[19]

Além dos esforços pela reforma das instituições internacionais, reduzir a dependência global em relação ao dólar era um dos temas-chave das conversas na cúpula.[20] Antes dela, o presidente russo Dmitri Medvedev havia proposto que os países usassem uma mistura de moedas de reserva regionais para reduzir a dependência em relação ao dólar.[21] A Rússia disse que iria reduzir a cota da tesouraria dos EUA em suas reservas de US$ 400 bilhões,[22] uma decisão que encontrou eco nas do Brasil e da China de investirem US$ 40 bilhões e US$ 10 bilhões, respectivamente, em obrigações do FMI, num esforço para diversificar suas moedas de reserva.[23] Enquanto os líderes do grupo discutiam como reduzir os ativos em dólar nas suas próprias reservas, o governo russo também buscou discutir meios de limitar o uso do dólar em negócios bilaterais intra-BRICs. A China, que tem seus elos comerciais mais fortes com os outros países dos BRICs, já havia assinado um acordo com o Brasil em maio de 2009, permitindo que algumas transações bilaterais fossem conduzidas em real brasileiro e yuan chinês.

A primeira reunião do grupo foi tratada pela mídia internacional com uma combinação de ceticismo e apatia. De fato, desde o começo, muitos observadores apontaram que, apesar da atratividade da sigla e de sua capacidade de oferecer uma descrição fácil de uma nova distribuição de poder global, a categoria se mostrava inadequada para uma análise mais rigorosa da ordem global, dado o fato de que as diferenças entre os membros dos BRICs contrabalanceavam o que eles tinham em comum.[24] Além disso, vários deles apontaram que os vínculos bilaterais entre a maioria dos BRICs – por exemplo, entre a Rússia e o Brasil – eram, em sua maioria, insignificantes.[25] Em resumo, para muitos observadores, os BRICs eram díspares demais para representar uma categoria significativa.[26]

Após a reunião, a revista *The Economist* comentou:

> A reunião inaugural do grupo dos BRICs – Brasil, Rússia, Índia e China – aconteceu em Ecaterimburgo esta semana com mais retórica do que substância. Apesar de o presidente da Rússia, Dmitri Medvedev, tê-los chamado de "o epicentro da política mundial", esse quarteto díspar notavelmente fracassou em rivalizar o Grupo dos oito países industriais como um fórum para discussão econômica [...] Em vez disso, o que foi realmente mais marcante foi o mero fato de que esses quatro países, que foram colocados no mesmo pacote pela primeira vez por um dos principais economistas da Goldman Sachs, decidiram reunir-se e de uma maneira bem visível.[27]

Porém, apesar das críticas, a Cúpula do grupo dos BRICs de 2009 foi um sucesso – afinal de contas, ela serviu como um ponto inicial para as cúpulas presidenciais que vêm ocorrendo anualmente desde então – e pode-se dizer que foi o capítulo de abertura que moldou a cooperação Sul-Sul no começo do século 21.

Será que essa reunião representou, em alguma medida, uma ameaça real às estruturas estabelecidas? A breve descrição dos debates da primeira reunião do grupo em Ecaterimburgo mostra que a principal motivação para sua organização – e seu sucesso em institucionalizar a plataforma BRICs – não foi a de criar uma aliança anti-hegemônica. Há algumas indicações de que a retórica pró-reforma é um sinal da deslegitimação incipiente das estruturas globais, mas isso permaneceu, em sua maior parte, no âmbito do simbólico durante a 1ª Cúpula.[28] A declaração da cúpula sugere que os países BRICs não procuraram minar diretamente os princípios que sustentam a ordem global de hoje. Ainda que muitos analistas tenham previsto que a primeira declaração viria a reivindicar gestos significativos para reduzir o papel do dólar dos EUA na economia global, a declaração no final não fez qualquer referência à moeda líder do mundo.

Na verdade, a declaração do grupo pode até mesmo ser lida como uma tentativa de fortalecer as estruturas atuais e uma reafirmação do compromisso com os princípios geralmente aceitos. Afinal, a declaração da reunião estava longe de ser revisionista. Em vez de clamar pela abolição de estruturas e acordos existentes, ela clamava por sua concretização. No artigo 6 da declaração, os Estados dos BRICs afirmam que "países desenvolvidos deveriam cumprir seu compromisso de 0,7% da Renda Nacional Bruta para a Assistência Oficial ao Desenvolvimento e fazer novos esforços para aumentar a assistência, o perdão de dívidas, o acesso ao mercado e a transferência de tecnologia para países em desenvolvimento".[29] Ao mesmo tempo, o desejo por maior transparência no processo de seleção de liderança das instituições Bretton Woods não é subversivo, mas meramente um modo de ampliar as influências das potências emergentes sobre as instituições existentes. Podemos, portanto, afirmar que, com base nas provas reunidas, é improvável que o comportamento anti-hegemônico explicasse a organização e o sucesso da 1ª Cúpula dos BRICs.

Tampouco foi a cooperação intra-BRICs o principal elemento motivador do sucesso da cúpula. O artigo 10 declara que "reafirmamos a ampliação da cooperação entre nossos países em áreas socialmente vitais e o fortalecimento dos esforços para fornecer assistência humanitária internacional e reduzir os riscos de desastres naturais".[30] No artigo 11, a declaração afirmava "avançar a cooperação entre nossos países em ciência e educação, visando, *inter alia*, ao engajamento com pesquisas fundamentais e ao desenvolvimento de tecnologias avançadas".[31] Por fim, o artigo 15 declarava que os BRICs "concordaram com os passos a serem tomados para promover o diálogo e a cooperação entre nossos países de forma incremental, proativa, pragmática, aberta e transparente".³²

Enquanto as cúpulas subsequentes forneceram quadros mais sofisticados para cooperação e "planos de ação", a declaração da 1ª Cúpula não fez qualquer recomendação específica, mas sim meras afirmações gerais de interesse. Com exceção da organização da 2ª Cúpula dos BRICs em Brasília, em 2010, há pouca evidência que sugira a existência de acordos específicos de cooperação na 1ª Cúpula dos BRICs.

Em vez disso, a Cúpula ampliou o status internacional dos participantes como países dotados de papel significativo no futuro. Como apontado no capítulo anterior, isso só foi possível em face da constelação econômica ímpar da época – um centro enfraquecido e uma periferia próspera –, que permitiu que os países dos BRICs se posicionassem como os novos pilares de estabilidade da economia mundial. Esse foi o verdadeiro impulso que motivou a reunião, que parece ter transformado o Brasil, a Rússia, a Índia e a China em representantes de fato do mundo emergente, e também em agentes indispensáveis na construção da ordem global do amanhã. O grupo dos BRICs, portanto, foi bem-sucedido não por conta de projetos específicos visados e desenvolvidos em conjunto por seus membros, mas porque simbolizava uma narrativa poderosa que capturou as dinâmicas econômicas e políticas globais no final da década de 2000: uma imensa transferência de poder estava em andamento, deslocando-o das mãos dos EUA e da Europa para as potências emergentes como China, Índia e Brasil, fazendo do mundo um lugar um pouco menos ocidental e mais diversificado ideologicamente.³³

O juízo da Goldman Sachs sobre o futuro desse grupo forneceu aos membros a autoridade necessária para legitimar seu papel como potências emergentes. O fato de que foi a Goldman Sachs, em vez de qualquer outro banco ou instituto de análise financeira, a responsável por criar o termo BRICs pode ter sido o fator decisivo. Ao longo da última década, a Goldman Sachs vem sido citada regularmente como uma das companhias mais admiradas e influentes do mundo, com vínculos íntimos com as elites políticas globais.[34] Em *Superclass: The Global Power Elite and the World They Are Making*, de David Rothkopf, a Goldman Sachs tem um papel de pivô como parte da elite global, com vasta influência sobre o debate político e econômico global.[35] Portanto, sem que esse banco de investimento promovesse o termo, os quatro países em questão teriam tido menos incentivos para organizar uma cúpula, visto que as implicações para seu status internacional teriam sido bem menores. Em vez de criarem um conceito do zero, a invenção e a promoção da ideia do BRIC pela Goldman Sachs forneceram uma assistência significativa às tentativas das potências emergentes em construir uma plataforma de consulta política.

Por fim, a legitimidade temporariamente reduzida dos Estados Unidos e uma forte narrativa decadentista forneceram uma janela de oportunidade para as potências emergentes agirem como aspirantes a bastiões da estabilidade, dignos de maior responsabilidade em assuntos internacionais. Enquanto o relatório de 2005 de "Tendências Globais" do Conselho Nacional de Inteligência dos Estados Unidos previa ainda que os Estados Unidos permaneceriam como "o agente mais poderoso econômica, tecnológica e militarmente",[36] a versão de 2009 previu um mundo no qual os "EUA teriam um papel de destaque nos eventos globais, mas [...] no qual há muitos agentes globais".[37] Uma enquete feita em 2010 pela Fox News descobriu que 62% da população dos EUA tinham a opinião de que sua nação estava em decadência, mais do que o dobro dos 26% que acreditavam que ela estava em ascensão.[38] Gideon Rachman, colunista-chefe de relações exteriores do *The Financial Times*, comentou que "há novas potências em ascensão [...]. Cada uma tem suas próprias preferências de política externa, que coletivamente restringem a capacidade dos EUA de moldar o mundo. Pensem no modo como a Índia e o Brasil ficaram do lado da China nos diálogos sobre a mudança climática global [...]. Esse é só um aperitivo das coisas por vir".[39] A respeito dos Estados

Unidos, ele escreve que, "se os EUA conseguissem abertamente reconhecer o declínio do seu poder global, seria muito mais fácil ter um debate racional sobre o que fazer a respeito".[40] No relatório de dezembro de 2012 do Conselho Nacional de Inteligência dos EUA, os autores argumentavam que, apesar de o país continuar "a ser o primeiro entre os seus iguais, com a rápida ascensão de outros países [...] a era da ascendência estadunidense na política internacional, que começou em 1945, está rapidamente perdendo fôlego".[41]

Zbigniew Brzezinski, assessor de segurança nacional da administração do presidente Carter, capturou um sentimento generalizado de angústia decadentista ao argumentar que:

> uma [...] consequência do declínio americano seria a corrosão da administração geralmente cooperativa dos interesses em comum globais – interesses partilhados como rotas marítimas, o espaço sideral, o ciberespaço e o meio ambiente, cuja preservação é imperativa para o crescimento a longo prazo da economia global e a continuação da estabilidade geopolítica básica. Em quase todos os casos, a potencial ausência de um papel construtivo e influente dos EUA minaria fatalmente o interesse em comum essencial desses fatores globais, porque a superioridade e a ubiquidade do poder americano criam ordem onde normalmente haveria conflito.[42]

O *timing* da 1ª Cúpula do grupo dos BRICs – numa época atormentada por um sentimento generalizado de crise nos Estados Unidos e com a ordem global em geral – foi, portanto, uma parte importante do seu sucesso em institucionalizar uma plataforma de poder emergente. Ela ocorreu num ponto baixo da legitimidade norte-americana nos assuntos globais. Fora a Cúpula do grupo, um comportamento mais assertivo das potências emergentes – como a decisão do presidente Lula, do Brasil, e do primeiro-ministro Erdoğan, da Turquia, de procurarem um acordo sobre o programa nuclear iraniano – também pode ser explicado de forma semelhante por esse contexto geopolítico.⁴³ "O declínio das potências estabelecidas", como assinalou um diplomata brasileiro que participou dos primeiros esforços para institucionalizar os BRICs, "era palpável".⁴⁴

Essa situação geral permitiu que 2009 se tornasse um ano de inovações institucionais na governança global. Apenas alguns poucos meses após a 1ª Cúpula dos BRICs na Rússia, o G20 se estabeleceu como a principal plataforma para discutir a economia global, cumprindo uma das demandas principais expressas pelos representantes do grupo. As primeiras reuniões de representantes devem, portanto, ser vistas no contexto do começo da crise econômica ocidental – com efeito, a crise forneceu uma oportunidade ideal para os BRICs desenvolverem posicionamentos em comum. Os ministros das Finanças dos BRICs se reuniram três vezes só em 2009.

Não foi somente a crise, mas também a capacidade de resposta do grupo – principalmente ao fornecerem mais fundos ao FMI –, que permitiu ao grupo adotar uma postura mais assertiva. As reformas históricas das cotas do FMI de 2010 surtiram resultado direto aos clamores por mudança dos BRICs.⁴⁵ O cenário bastante específico descrito acima permitiu que o grupo assumisse a iniciativa e influenciasse o debate global sobre como responder à crise e sobre quais mudanças seriam necessárias na estrutura global.

Vista dessa perspectiva, a institucionalização do grupo dos BRICs foi, acima de tudo, uma vitória diplomática da Rússia, que conseguiu tornar-se parte de um grupo economicamente dinâmico de países que teriam seu momento mais forte não no passado, pensava-se, mas no futuro. A Rússia, portanto, foi o país que mais se beneficiou dessa reunião, visto que ela – como uma potência em declínio – conseguiu obter parcialmente o status de potência emergente, com a expectativa de ter um papel maior nos assuntos globais futuros. Enquanto o Brasil, a Índia e China tinham todas as características clássicas de mercados emergentes – aumentos na expectativa de vida, crescimento do PIB *per capita* e dos índices de saúde e educação –, os indicadores sociais da Rússia vinham piorando desde a última década.⁴⁶ Economicamente, os esforços para a diversificação da Rússia fracassaram, e o país continuou como exportador de recursos naturais, o que o deixa vulnerável a abalos externos.⁴⁷

Nicholas Eberstadt, ao refletir sobre as últimas duas décadas da Rússia, argumenta que:

> talvez, de todos os desenvolvimentos dolorosos da sociedade russa desde o colapso soviético, o mais surpreendente – e assustador – seja a queda demográfica do país. Ao longo das últimas décadas, a Rússia vem sendo atingida por uma devastadora e altamente anômala crise populacional em tempos de paz. A população do país vem encolhendo, seus níveis de mortalidade são simplesmente catastróficos e seus recursos humanos exibem uma corrosão perigosa.⁴⁸

Poucos observadores associariam tal descrição a uma típica potência emergente. MacFarlane resume a situação da Rússia ao escrever que:

> a noção de emergência sugere um Estado que está passando por um processo de crescimento dinâmico e transformação, um Estado cujo poder em ascensão o leva a questionar seu lugar estabelecido no sistema e a se afirmar de forma mais ambiciosa na política internacional. Essa imagem está distante da realidade russa. É mais adequado ver a Rússia como um Estado que sofreu danos substanciais recentemente e que agora tenta estancar a ferida.⁴⁹

Além disso, enquanto a China, a Índia e o Brasil são muitas vezes descritos individualmente como países emergentes, esse raramente é o caso da Rússia. Devido à sua falta de dinamismo econômico, a Rússia é um país virtualmente privado de "poder brando", que é um elemento poderoso da identidade da política externa dos outros países do grupo dos BRICs.⁵⁰

A possibilidade de melhorar dramaticamente o status internacional da Rússia explica a avidez do país em institucionalizar a reunião dos BRICs. Como já mencionado, a Rússia assumiu cedo um papel de liderança para reunir os ministros das Relações Exteriores dos BRICs à margem das cúpulas da ONU em 2006 e 2007. Com a iniciativa da Rússia, os quatro líderes tiveram uma reunião breve em 9 de julho de 2008, durante a Cúpula do G8 no Japão, para concordar em esboçar uma cúpula própria dos BRICs.[51] Nas conversas com os diplomatas, o ministro das Relações Exteriores da Rússia, Sergey Lavrov, é muitas vezes descrito como o arquiteto intelectual da politização da plataforma (o ministro das Relações Exteriores do Brasil, Celso Amorim, às vezes é citado também).[52] De forma semelhante, pode não ser coincidência que a primeira reunião dos líderes do grupo tenha ocorrido na Rússia, e não em qualquer outro dos países BRICs. A Rússia, portanto, usou uma oportunidade única para se posicionar ao lado de três das mais dinâmicas das grandes economias da época e ganhar reconhecimento global.

Como ocorreu com a Rússia, os ganhos do Brasil e sua reafirmação de identidade como membros do grupo dos BRICs podem ser vistos como um gesto diplomaticamente benéfico. A narrativa generalizada da mudança global de poder costumava ser, em geral, a observada no contexto da "ascensão da Ásia".[53] O grupo dos BRICs, portanto, permitiu que o Brasil fosse doravante agrupado junto com a China, a Rússia e a Índia, todas potências nucleares vistas como pesos pesados geopolíticos em comparação com a maior economia da América do Sul.

Matias Spektor, ao descrever os anos anteriores à primeira reunião dos BRICs, escreve o seguinte:

> Os EUA entraram em guerra com o Oriente Médio, a Europa enfraqueceu, a Ásia entrou em ascensão e era evidente que as instituições que governavam o mundo não estavam mais dando conta do trabalho. Por mais perturbadoras que fossem, essas transformações abriram um novo mundo de oportunidade. E o Brasil deu uma resposta de acordo [com o novo cenário].[54]

Os legisladores brasileiros, então, compreenderam bem que seu pertencimento ao grupo aumentaria significativamente o status e a projeção internacional do Brasil.

Os status internacionais da China e da Índia também se beneficiaram de sua participação na 1ª Cúpula dos BRICs, ainda que seu impacto sobre o papel global tenha sido possivelmente menor do que foi no caso da Rússia e do Brasil. A China, em particular, parecia ter concordado em realizar a primeira reunião, já que isso serviria para posicioná-la como parte de um grupo de potências emergentes "normais" e suavizar sua imagem como único desafiante à hegemonia dos Estados Unidos e à ordem liberal global em termos mais gerais. Como consequência, a China foi descrita como uma força moderadora pelos diplomatas que participaram da primeira reunião e de vários encontros pré-cúpula.[55] É por esse motivo também que, apesar de seu tamanho dominante dentro do grupo BRIC, a China nunca tentou exercer nenhuma influência excessiva, geralmente permitindo que os outros membros dos BRICs assumissem a liderança – ainda que isso tenha mudado mais tarde, quando o grupo se institucionalizou mais. Em 2009, Hu Jintao, presidente da China, permitiu que o presidente russo Medvedev assumisse, de longe, o papel mais visível.

Em resumo, a reunião dos BRICs foi uma situação em que todos os países saíram ganhando e observaram melhora nos seus status, ao aproveitarem uma oportunidade única dentro de um cenário global raríssimo para tomar a iniciativa e se posicionar como potências em ascensão que inevitavelmente desempenharão um papel maior no século 21.

Conclusão

Por que os líderes de quatro países muito díspares – Brasil, Rússia, Índia e China – decidiram fazer uma reunião em 2009, em Ecaterimburgo, transformando, portanto, o termo BRICs de uma categoria financeira para o de um grupo político? Primeiro, foi por conta das circunstâncias altamente incomuns dos anos de 2008 e 2009 que a 1ª Cúpula dos BRICs foi bem-sucedida, o que possibilitou a institucionalização subsequente do termo. Numa economia global no meio de uma recessão e de uma incerteza generalizada, a estabilidade econômica do grupo dos BRICs e sua capacidade de responder à crise foram fatores decisivos, dando credibilidade às suas reivindicações por mudanças. Além do mais, o juízo da Goldman Sachs sobre o futuro do grupo forneceu aos membros a autoridade necessária para legitimar seu papel como potências emergentes. Ao longo da última década, o banco de investimento vem constando continuamente no ranking das instituições mais influentes do mundo, e é duvidoso supor que haja qualquer outra instituição capaz de cunhar e promover um termo com tamanho sucesso como fez a Goldman Sachs.

Como consequência, os países dos BRICs puderam explorar um termo que já havia se estabelecido no debate internacional. Além do mais, a legitimidade temporariamente reduzida dos Estados Unidos forneceu uma janela de oportunidade para as potências emergentes agirem como bastiões de estabilidade, dignas de maior responsabilidade nas relações internacionais. Embora alguns tenham observado que, internacionalmente, os Estados Unidos se viam em 2009 no caminho rumo à recuperação, eles continuaram mais fracos do que o costume durante a primeira década do século 21. A confiança global nos Estados Unidos como um polo de estabilidade se via num de seus pontos historicamente mais baixos, o que forneceu um solo fértil para as potências emergentes assumirem a iniciativa e se projetarem como a liderança do futuro. É quase certo que o grupo dos BRICs não teria conseguido obter projeção comparável a essa na década de 1990, quando os Estados Unidos e o sistema liberal global desfrutavam de maior apoio internacional generalizado. A Cúpula dos BRICs contribuiu de forma significativa para transformar os membros dos BRICs em representantes das economias mais dinâmicas do mundo e em potências que precisam ser reconhecidas em escala global – apesar da coerência questionável do grupo.

O segundo argumento é que a Cúpula dos BRICs foi possibilitada não necessariamente por conta dos ganhos da cooperação intra-BRICs, mas sobretudo pelo status conferido aos participantes como potências emergentes, vastas e dinâmicas do século 21, com direito legítimo ao poder global. Isso explica o porquê de a Rússia, em muitos aspectos uma potência em declínio, ter tanto desejo em desenvolver ainda mais o conceito BRICs.[56] Apesar dos problemas da Rússia, o grupo dos BRICs ajudou a modificar e a melhorar seu status internacional. Apesar de a cooperação ter rendido ganhos mensuráveis de fato nos anos seguintes, somados a uma retórica mais forte para deslegitimar a ordem global, não foram a motivação primária por trás dos planos nem para essa 1ª Cúpula, nem para seu sucesso.

Apesar do resultado final positivo da cúpula, havia poucas certezas sobre se deveria ou não haver uma segunda. Nesse momento, a decisão do presidente Lula de se oferecer para sediar a 2ª Cúpula foi crucial – e o fato de que 2010 seria seu último ano no poder também foi decisivo para que a China e a Índia aceitassem o convite.[57]

Apenas alguns meses depois da 1ª Cúpula dos BRICs na Rússia, o G20 se estabeleceu como a principal plataforma para discutir a economia global. As primeiras reuniões de representantes dos membros dos BRICs devem ser vistas no contexto do começo da crise econômica do Ocidente – com efeito, a crise forneceu uma oportunidade ideal para o grupo dos BRICs desenvolver posicionamentos em comum. Só em 2009, houve três reuniões dos ministros das Finanças dos BRICs. Não foi somente a crise, mas também a capacidade de resposta dos BRICs – principalmente ao fornecer mais fundos ao FMI –, que permitiu ao grupo adotar uma postura mais assertiva. As reformas históricas de cota do FMI de 2010 surtiram resultado direto aos clamores dos BRICs por mudanças.[58] Esse cenário bastante específico – um centro economicamente debilitado e uma periferia próspera – permitiu, então, que o grupo assumisse a iniciativa e influenciasse o debate global sobre como responder à crise.

De certo modo, foi só após o sucesso da organização da 2ª Cúpula de líderes dos BRICs em Brasília que os diplomatas começaram a falar em privado sobre um processo de institucionalização.[59] Apesar da popularidade do termo à época, a mídia internacional, em sua maior parte, interpretou o evento como uma extravagância e, como tal, foi-lhe dada apenas uma atenção limitada.[60] Porém, contrariando as expectativas gerais, a 2ª Cúpula trouxe novidades institucionais, e os representantes exigiram que o G20 substituísse o G8 para todos os assuntos importantes e que as instituições de Bretton Woods fornecessem às potências emergentes mais poder de voto.[61] Isso também marcou o começo da "cooperação intra-BRICs" numa tentativa de fortalecer os vínculos em níveis diferentes de governo e sociedade civil, incluindo representantes de negócios e sindicais, bem como institutos de pesquisa (*Think Tanks*)[62] – como será descrito aqui, em mais detalhes, no quarto capítulo. Ao contrário da primeira reunião realizada em Ecaterimburgo, um ano antes, a 2ª Cúpula contou com uma proliferação de atividades em conjunto, que foram da criação de um programa de intercâmbio para juízes de países dos BRICs até a institucionalização de encontros regulares entre representantes dos Institutos de Estatísticas, do Ministério da Agricultura e da presidência dos Bancos Nacionais de Desenvolvimento de cada país – dos quais o último, pode-se dizer, teria deitado as bases para a proposta feita pela Índia, dois anos depois, de iniciar uma discussão sobre a criação de um Banco de Desenvolvimento dos BRICS.

A 2ª Cúpula dos líderes dos BRICs seguiu-se em abril de 2010 em Brasília. Nesse evento, os chefes de Estado outra vez concordaram em aumentar a cooperação intra-BRICs numa tentativa de fortalecer seus vínculos em níveis diferentes de governo e sociedade civil. Em 14 de abril, o instituto de pesquisa brasileiro IPEA sediou o primeiro Fórum Acadêmico dos BRICs, em Brasília, que reuniu acadêmicos e analistas políticos dos quatro países-membros para desenvolverem ideias em conjunto sobre como fortalecer a cooperação. No mesmo dia, no Rio de Janeiro, ocorreu o primeiro Fórum de Negócios dos BRICs. Por fim, a segunda reunião dos assessores de segurança nacional dos BRICs ocorreu em Brasília, no dia 15 de abril.[63] Como o Brasil havia sediado também a Cúpula do IBAS (Índia, Brasil, África do Sul) no dia anterior, o presidente Zuma, da África do Sul, também pôde participar de reuniões bilaterais com todos os líderes dos BRICs, numa tentativa – que, ao fim, foi bem-sucedida – de incluir seu país no grupo dos BRICs.[64] A essa altura, o grupo dos BRICs já havia recebido solicitações formais e informais de participação vindas do México, da Indonésia e da Turquia.

Além disso, a segunda reunião dos BRICs em Brasília foi palco do primeiro encontro de Cooperativas dos BRICs (15-16 de abril), o Fórum de Negócios dos BRICs (Rio de Janeiro, 14 de abril) e da segunda reunião dos assessores de segurança nacional dos BRICs (15 de abril).[65]

Em sua declaração, que foi mais ampla do que o documento final de 2009, os líderes dos BRICs deram apoio às mudanças recentes na paisagem da governança financeira global:

> Damos boas-vindas ao fato de o G20 ter sido confirmado como o fórum principal para a coordenação econômica internacional e a cooperação de todos os seus Estados-Membros. Em comparação aos arranjos anteriores, o G20 é mais amplo, mais inclusivo, diverso, representativo e eficaz. Nós convocamos todos os seus Estados-Membros para participarem dos esforços, no sentido de implementar em conjunto as decisões adotadas nas três reuniões do G20.[66]

Além disso, eles expressaram sua insatisfação com a falta de reformas do Banco Mundial e do FMI:

> Nós nos esforçaremos para conquistar uma conclusão ambiciosa às reformas em andamento, há muito necessárias, das instituições Bretton Woods. O FMI e o Banco Mundial precisam, com urgência, tratar de seus déficits de legitimidade. Reformar as estruturas de governança dessas instituições exige, primeiro e antes de tudo, uma mudança substancial no poder de voto a favor das economias dos mercados emergentes e países em desenvolvimento, a fim de alinhar sua participação nas tomadas de decisão ao seu peso relativo na economia mundial.[67]

Como mencionado, a reunião de Brasília ocorreu no contexto de uma proliferação significativa de atividades intra-BRICs. Como mostra a declaração, os participantes deram boas-vindas às seguintes iniciativas setoriais que visavam fortalecer a cooperação entre os países:

a) A primeira Reunião de ministros de Agricultura e Desenvolvimento Agrário;
b) As Reuniões dos ministros das Finanças e presidentes dos Bancos Centrais;
c) As Reuniões de Representantes de Alto Escalão dos Assuntos de Segurança;
d) O I Programa de Intercâmbio de Magistrados e Juízes dos países dos BRICs, realizado em março de 2010 no Brasil, após a assinatura, em 2009, do Protocolo de Intenções entre as Supremas Cortes dos países BRICs;
e) A primeira Reunião dos Bancos de Desenvolvimento;
f) A primeira Reunião dos Chefes de Instituições Nacionais de Estatísticas;
g) A Conferência de Autoridades de Competição;
h) A primeira Reunião de Cooperativas;
i) O primeiro Fórum de Negócios;
j) A Conferência de institutos de pesquisa.[68]

Por fim, as quatro potências emergentes incluíram uma sugestão feita por Medvedev na sequência dada à reunião, ao declarar que, para facilitar o comércio e o investimento, "precisaremos estudar a viabilidade da cooperação monetária, incluindo acordos de liquidação de operações entre moedas locais em nossos países".[69]

Apesar de haver poucas provas reais de uma institucionalização tangível, os participantes expressaram um sentimento de otimismo cada vez maior.[70] Ao contrário da primeira reunião do ano anterior, havia a certeza de que os chefes de Estado iriam se reencontrar um ano depois na China. E, de fato, não faltaria nenhum dos líderes nacionais nas cúpulas seguintes.

4.
A CHEGADA DA ÁFRICA DO SUL: DOS BRICs AO BRICS (2011)

No dia 14 de abril de 2011, teve início a 3ª Cúpula do BRICS na cidade turística de Sanya, no sul da China – um pouco antes do Boao Forum for Asia (BFA), que vinha ocorrendo naquele mesmo lugar desde 2002. Após as cúpulas realizadas em Ecaterimburgo, em 2009, e Brasília em 2010, essa 3ª Cúpula na China marcou o estabelecimento definitivo do grupo dos BRICs como uma parte importante da cooperação Sul-Sul – e a prova final de que a China havia adotado plenamente a ideia dos BRICs.

Antes da reunião dos líderes em 13 de abril, as delegações econômicas se encontraram, e a China sofreu pressão dos outros líderes para importar não apenas commodities como petróleo, soja e minério de ferro, mas também produtos de valor agregado, o que apontava para uma inquietação crescente entre os BRICS quanto à ascensão desse país. O Brasil e a Índia em particular reclamaram da desvalorização artificial do yuan, que, segundo eles, estava afetando suas exportações.[1]

Como descrito nos capítulos anteriores, um acordo de cooperação financeira foi assinado no dia anterior à cúpula, avançando, assim, a institucionalização ainda incipiente do grupo.[2] No Plano de Ação da declaração, o BRICS concordou que seus ministros das Finanças e presidentes dos Bancos Centrais se reuniriam sob os moldes do G20 e durante as reuniões anuais do Banco Mundial e do FMI – garantindo, portanto, uma troca constante de informações.

Como ocorrera nas declarações passadas, o documento final da 3ª Cúpula do BRICS exigia a "realização rápida dos objetivos da reforma com que o Fundo Monetário Internacional havia concordado nas Cúpulas do G20 anteriores" e reiterou que "a estrutura de governo das instituições financeiras internacionais deveria refletir as mudanças na economia mundial, amplificando a voz e a representatividade das economias e países em desenvolvimento".[3] O jornal chinês *People's Daily Online* descreveu a "visão da mudança" dos líderes do BRICS e comentou que "as cinco economias emergentes do mundo [...] se reuniram (em Sanya) para ajudar a criar uma nova ordem no mundo".[4] A *Forbes*, por outro lado, chamou o grupo do BRICS de um "bando pouco coerente" e "companheiros, ainda que fortes, peculiares".[5]

Um dos aspectos notáveis da 3ª Cúpula do BRICS foi que todos os cinco membros do BRICS eram membros do Conselho de Segurança das Nações Unidas da época – a Rússia e a China eram membros permanentes, com poder de veto, enquanto os outros eram membros não permanentes com um mandato fixo de dois anos cada um. A reunião em Sanya "tomou uma guinada decididamente política",[6] como assinalou a CNN, e a declaração reiterou a oposição dos países do BRICS aos bombardeios na Líbia, declarando que "partilhamos do princípio de que o uso de força deve ser evitado". Ao mesmo tempo, a declaração do BRICS não fez nenhuma crítica direta à OTAN e declarou que "gostaríamos de continuar nossa cooperação com o Conselho de Segurança da ONU na Líbia".

Apenas um mês antes da Cúpula do BRICS, o Conselho de Segurança da ONU havia aprovado a Resolução 1.973 na Líbia, sendo essa a primeira vez que o Conselho aprovou o uso de força contra um Estado operacional, em apoio à Responsabilidade de Proteger. A Responsabilidade de Proteger deixou de ser uma ideia abstrata para se tornar um instrumento de política externa altamente visível. Nenhum dos países do BRICS votou contra a Resolução 1.973, que autorizou uma "coalizão dos membros dispostos" do cerne da OTAN para fazerem uso de "todas as medidas necessárias" no sentido de proteger os civis em situação de risco em Benghazi. O Brasil se absteve de votar, junto da China, da Rússia, da Alemanha e da Índia. Apesar das preocupações do Brasil e de outros países que vieram à tona no debate sobre a resolução, a abstenção do BRICS deu uma impressão de apoio moderado à resolução. Já a África do Sul, num gesto surpreendente, votou a favor.

O posicionamento do BRICS sobre a intervenção humanitária, a responsabilidade de proteger e seu papel no Conselho de Segurança da ONU na época da campanha na Líbia serão analisados em detalhes no Capítulo 6.

O mais importante, porém, é que a África do Sul participou pela primeira vez como o quinto membro do grupo, cujo nome foi oficialmente alterado, de "BRICs" para "BRICS".[7] Ao convidarem um país que o criador do termo, Jim O'Neill, não havia incluído a princípio,[8] os *policy makers* das potências emergentes assumiram as rédeas do grupo.[9] O BRICS agora era primariamente um construto político, e não mais uma mera categoria de investimentos elaborada por um economista da Goldman Sachs. Esse processo pode ser visto, junto com a criação do G20 no mesmo ano, como a inovação mais significativa da governança global em quase duas décadas. O próprio Jim O'Neill discordou desse gesto, escrevendo que "não tem cabimento. A África do Sul não tem lugar entre os BRICs".[10]

UMA RETROSPECTIVA

Após esforços diplomáticos significativos, a inclusão da África do Sul no grupo do BRICS no final de 2010, vários meses antes da 3ª Cúpula, pode ser vista como uma das principais conquistas de política externa desse país nos últimos anos. Ela também alterou fundamentalmente a natureza do grupo BRICS e lhe conferiu uma estrutura mais global. Porém, pouco se sabe sobre o porquê de a África do Sul ter procurado entrar no BRICS ou de ter sido escolhida no lugar de economias maiores (*e.g.* Indonésia) ou países com maior crescimento econômico (*e.g.* Nigéria),[11] e como isso alterou a inserção da África do Sul no sistema internacional. Será que a decisão dos BRICs de convidar a principal economia africana se embasava na localização estratégica do país? Ou será que foi tomada tendo em mente a expectativa de que a inclusão da África do Sul daria maior visibilidade ao grupo, ao mesmo tempo que o fato de os posicionamentos de Pretória no tocante à política externa estarem alinhados, em sua maioria, aos dos países dos BRICs representava pouco risco à coesão do grupo? Qual foi a importância do sucesso na cooperação de diplomatas brasileiros, indianos e chineses com negociadores sul-africanos durante os anos de negociações climáticas, durante os quais o grupo BASIC (Brasil, África do Sul, Índia e China) demonstrou um grau surpreendente de coesão?[12] Do mesmo modo, em que medida é importante que os *policy makers* brasileiros e indianos tenham consciência do posicionamento da África do Sul após terem cooperado com frequência desde 2003 dentro dos moldes do IBAS?[13]

Longe de ser só um membro adicional de uma estrutura já madura, a inclusão da África do Sul alterou fundamentalmente a natureza do grupo dos BRICs – transformando-o numa aliança mais global com maior capacidade de falar em nome do mundo emergente –, por mais que a liderança de cada um dos países do BRICS continue contestada.[14] A inclusão da África do Sul também sublinhou o compromisso a longo prazo dos países dos BRICs de fortalecerem sua presença no continente africano, havendo um esforço em se apresentarem como parceiros da África no contexto mais amplo da cooperação Sul-Sul. Será que a inclusão da África do Sul rendeu realmente tais vantagens ao grupo BRICS? Do mesmo modo, a adesão aos BRICs teve grande impacto no papel da África do Sul na arena global, aumentando de forma significativa sua visibilidade como parte de uma "elite de potências emergentes" globais. No entanto, será que a entrada da África do Sul nos BRICs rendeu ao país os benefícios esperados? Ou será que trouxe desvantagens, ao aumentar, por exemplo, a tensão entre seus compromissos com o grupo BRICS e seus compromissos como representante dos interesses africanos na arena global?

O ATIVISMO DIPLOMÁTICO DA ÁFRICA DO SUL

O desejo da África do Sul de participar do grupo dos BRICs vem desde a 1ª Cúpula dos BRICs em 2009, em Ecaterimburgo, quando o ministro das Relações Exteriores da África do Sul escreveu uma carta aos participantes expressando o desejo de que o país se unisse ao grupo.[15] Em 2010, o então presidente da África do Sul, Jacob Zuma, visitou os quatro países dos BRICs, no que foram as tentativas mais sistemáticas já feitas por qualquer país de entrar nesse grupo exclusivo de potências emergentes. Em abril, Zuma visitou Brasília para a 4ª Cúpula do IBAS, que coincidiu com a 2ª Cúpula dos BRICs. Isso permitiu ao presidente da África do Sul a oportunidade de participar de reuniões bilaterais com todos os líderes do grupo dos BRICs.[16] Dois meses depois, ele visitou a Índia para se encontrar com Manmohan Singh.[17] Depois, no começo de agosto, Zuma levou uma delegação de ministros do gabinete e mais de cem empresários sul-africanos até a Rússia, onde buscou promover laços comerciais e a inclusão do país no grupo dos BRICs.[18]

No mesmo mês, o presidente sul-africano, liderando uma delegação de quatrocentos representantes comerciais e 11 ministros do governo, visitou a China para promover a ideia da entrada do país no grupo dos BRICs. Durante um discurso em Pequim, ele defendeu que a participação da África do Sul nos BRICs "significaria a representação de um continente inteiro com uma população de mais de um bilhão de habitantes".[19] Ao mesmo tempo, ele procurou diminuir as críticas cada vez mais frequentes ao papel que a China vem desempenhando na África, ao afirmar que era uma inverdade rotular o envolvimento da China na África como um "novo colonialismo".²⁰ Na reunião, a China e a África do Sul levaram suas relações um passo adiante, transformando-as numa "parceria estratégica abrangente".

Isso foi parte de uma ampla campanha diplomática para ajudar a África do Sul a se tornar um membro permanente do grupo dos BRICs,²¹ que consistiu em sua projeção como uma potência emergente e líder regional, fortalecendo os laços bilaterais com países dos BRICs – principalmente a China²² – e pressionando Jim O'Neill, o criador do termo, para incluir a África do Sul no acrônimo BRICs.²³ Apesar de Jim O'Neill, que já havia recebido solicitações parecidas de muitos países, nunca haver concordado em modificar o acrônimo, o ativismo da África do Sul no fim acabou obtendo sucesso: um mês após a visita de Zuma à China, numa reunião em Nova York, em 21 de setembro de 2010, os ministros de Relações Exteriores do grupo dos BRICs concordaram em convidar a África do Sul para participar do grupo.²⁴ No final de dezembro de 2010, o governo chinês convidou o país africano para participar da 3ª Cúpula seis meses depois, em Sanya.²⁵

Por que a África do Sul procurou tornar-se membro do grupo? A ministra de Cooperação e Relações Internacionais da África do Sul, Maite Nkoana-Mashabane, defendeu que o país se uniu aos BRICs para "levar adiante o interesse nacional, [...] promover a nossa integração regional e os programas relacionados de infraestrutura continental, bem como formar uma parceria com agentes cruciais no Sul em questões ligadas à governança global e sua reforma".²⁶

Em termos mais gerais, é possível argumentar que o conceito do BRICS atendeu às necessidades particulares de cada país de ampliar seu status na cena internacional – e é provavelmente por esse motivo, desde o começo, que o grupo decidiu realizar cúpulas anuais. Aos olhos dos *policy makers* brasileiros, russos, indianos e chineses, o rótulo BRICs parecia fortalecer o status de cada país como potência dinâmica e emergente com um papel cada vez maior em assuntos globais, o que forneceu autoridade e legitimidade adicionais, ajudando-os a se tornarem *reconhecidos* como tais pelas potências estabelecidas. Ser um membro dos BRICs implica um grau considerável de reconhecimento social – em parte, fornecido pelos outros membros, mas também pelos analistas da Goldman Sachs e pela opinião global –, o que tem o provável efeito de ampliar o poder de barganha individual de cada país. Esse foi o impulso real por trás da 1ª Cúpula em 2009, que transformou o Brasil, a Rússia, a Índia e a China em representantes de fato do mundo emergente, bem como em agentes indispensáveis da construção da ordem global do amanhã. Foram esses mesmos motivos que levaram a África do Sul a procurar essa integração.

Porém, talvez a questão mais interessante seja a razão pela qual os países dos BRICs escolheram convidar a África do Sul, e não a Indonésia, a Nigéria, a Turquia, a Coreia do Sul ou o México – vários deles países com economias maiores e/ou taxas maiores de crescimento.[27] A Turquia economicamente tem quase o dobro do tamanho da África do Sul, a Indonésia tem ainda mais, e a Coreia e o México são quase três vezes maiores. Como escreveu Jim O'Neill, o valor do PIB da China em dólares cria o equivalente econômico de uma nova África do Sul a cada quatro meses.[28]

De fato, em 2010, quando se discutiu o status em potencial da África do Sul como membro, ficou claro que, economicamente, esse país permaneceria sempre como o menor membro do BRICS, de longe. Apesar de ser uma das maiores economias da África, não consta entre as vinte maiores do mundo e é um membro do G20 principalmente para aumentar a representação regional do grupo e legitimidade global.[29] Além disso, há poucos motivos para acreditarmos que a África do Sul possa ascender tão cedo. Logo após a entrada da África do Sul, a Nigéria a superou como a maior economia do continente, e, se as tendências atuais continuarem, é possível que o Egito e a Etiópia algum dia também superem a África do Sul. Em contraste, os demais BRICS, a China e a Índia em particular, deverão continuar sua ascensão, até eventualmente superarem inclusive as potências tradicionais. Segundo comentaram os críticos, a inclusão da África do Sul ameaçava a própria noção que embasa e sustenta a ideia dos BRICs, que lhes permite consistentemente "falar de igual para igual com os mais poderosos". Além de seu tamanho menor, falta à África do Sul a perspectiva de crescimento que soma peso à influência estratégica dos outros membros. Como consequência, o criador do termo, Jim O'Neill, argumentou que a África do Sul não merecia ser um membro dos BRICs, acrescentando que esse país sequer reunia qualificações para ser parte dos "Próximos Onze" ("Next11" ou N11), outro grupo (muito menos famoso) que ele também inventou.

Como comenta James Mittelman:

> com uma população de 49 milhões, uma expectativa de vida em média de apenas 52 anos e uma taxa de pobreza de 23%, em que sentido se pode dizer que a África do Sul estaria, de verdade, no mesmo patamar que a China, cuja população de 1,3 bilhão tem uma expectativa de vida de 73 anos, em média, e uma taxa de pobreza de 2,8%?[30]

Em vez de "liberarem uma vaga" e, então, decidirem qual seria o melhor candidato, a possibilidade específica de inclusão da África do Sul parece ter sido considerada – implicitamente – por algum tempo. Embora os membros dos BRICs pudessem ter escolhido economias maiores (como a Turquia ou a Coreia do Sul) ou economias com um crescimento maior (*e.g.* México) do que a da África do Sul, há muitos motivos que ajudaram esse país a se tornar o quinto membro do grupo.

O primeiro é a ascensão da África em termos mais gerais – um fenômeno que, da perspectiva do BRICS, é de uma importância estratégica e geopolítica significativa. O Brasil, a Índia, a Rússia, a África do Sul e a China estão aumentando rapidamente sua presença na África, provocando alterações fundamentais na dinâmica de poder num continente que já foi visto no passado como pouco mais do que um beneficiário da ajuda externa ocidental. O comércio BRICS-África cresceu mais de três vezes, de US$150 bilhões em 2010 para US$530 bilhões em 2015 – uma tendência que já era aparente em 2011. Em 2010, a China superou os Estados Unidos como o maior parceiro comercial da África, enquanto o Brasil e a Índia hoje constam, respectivamente, como o sexto e o décimo maiores parceiros comerciais. A Rússia, entre os membros do grupo, aquele com menor envolvimento na África até então, procurava emular os outros países-membros do BRICS e também construir vínculos mais fortes com o continente. Em 2009, uma delegação de alto nível de quatrocentos empresários e burocratas, guiados pelo presidente Dmitri Medvedev, visitou o Egito, a Nigéria, a Namíbia e Angola.

As capacidades agregadas da África do Sul em termos de poder econômico, diplomático e militar, em relação a outras nações africanas, automaticamente a definiram como líder regional.[31] Dada sua posição de liderança no continente, a África do Sul há muito promove a narrativa de que o país exprime uma porta de entrada para a África, representando, tanto para o BRICS quanto para o G20, não só o próprio país, mas o continente emergente africano por inteiro (que, ao todo, ostenta taxas de crescimento e um tamanho de mercado que são dignos, de fato, de pertencimento ao BRICS). Como declarou à época o Standard Bank da África do Sul, "a África do Sul fornece a estabilidade institucional, a profundidade de mercados financeiros e a eficiência regulatória que muitas corporações procurarão capitalizar como base para operações pan-africanas mais amplas".[32] Um diplomata sul-africano enfatizou que "o destino da África do Sul está amarrado ao destino da África".[33] Tal declaração, mais tarde, se revelou ser mais do que mera retórica: ao contrário dos outros membros do BRICS, que não tentavam representar sua região, os atores políticos sul-africanos vêm procurando, desde a sua inclusão no grupo BRICS, consultar com regularidade seus vizinhos africanos antes de articularem suas estratégias nas cúpulas do BRICS e do G20.[34]

Além de sua liderança econômica, a África do Sul também tem influência em potencial sobre o restante do continente, como ficou evidenciado pela eleição recente de um sul-africano como líder da União Africana em 2012. Do mesmo modo, a candidatura do país a um assento no Conselho de Segurança da ONU contou com o apoio explícito da África sob a égide da União Africana (UA) em sua 14ª Sessão Ordinária no começo de 2010.[35] O convite para participar dos BRICs também pode estar fortemente relacionado à contribuição da África do Sul em moldar a regeneração socioeconômica da África, bem como também o envolvimento ativo com os esforços pela paz, pela segurança e para a reconstrução do continente. Para dar um exemplo, no que pode ser visto como uma contribuição imensa para a paz entre os países africanos, a África do Sul desempenhou papel instrumental em negociar a transição da política de "não intervenção" para "não indiferença" na África, durante as décadas de 1990 e 2000.[36]

Ainda que Jim O'Neill tenha apontado que a África do Sul "não estava no mesmo patamar" que os outros membros do BRICS, ele acedeu, porém, que a África do Sul

> pode justificar sua posição por ser o país representante da África. O continente ao todo tem um número de habitantes e um PIB suficiente para ser visto como um BRIC de verdade. O PIB somado das 11 nações africanas mais populosas é semelhante ao da Índia ou da Rússia, e tem potencial para atingir o tamanho do Brasil por volta de 2050, chegando aos US$10 trilhões, entre seis e dez vezes maior do que é hoje. Agora que a África do Sul está presente no grupo BRICS, eu acredito que incumba ao país se posicionar na vanguarda dos esforços para ajudar a África, pelo menos economicamente, a correr em busca dos objetivos de se portar como um continente. A África do Sul pode ser um bom exemplo para o continente.[37]

É claro que a ideia da África do Sul como representante da África é problemática.³⁸ É extremamente difícil representar 55 países, em parte porque os países africanos têm interesses que se contradizem entre si.³⁹ Além do mais, a realidade da África do Sul tem fortes divergências em relação à de países africanos mais pobres que têm diante de si diferentes desafios domésticos e internacionais. Investidores estrangeiros – como o Brasil e a China – são capazes de negociar diretamente com os países das outras regiões e não precisam da "mediação" da África do Sul. Negociar na África do Sul não é mais fácil do que em lugares como Ruanda ou Gana. Ainda assim, parece que essa lógica foi um fator crucial para que a África do Sul fosse selecionada como o quinto membro do grupo BRICS.

Um parceiro confiável

Mais importante ainda parece ter sido que a interação do Brasil, da China e da Índia com a África do Sul no contexto do grupo BASIC durante as negociações climáticas contribuiu para gerar confiança entre as grandes potências emergentes e a África do Sul. Como aponta Xinran Qi, grandes negociações como a COP anual forneceram uma excelente oportunidade para os quatro países do BASIC se reunirem como um grupo e também para testarem sua solidariedade.⁴⁰ Em 2007, os quatro países reconheceram, pela primeira vez, que era vantajoso, para cada um deles, trabalharem juntos como um grupo e que havia um potencial de somarem uma nova voz às negociações. Desde então, eles vêm frequentemente coordenando suas posições durante as negociações climáticas.⁴¹ Uma reunião de ministros em Pequim, em novembro de 2009, uma semana antes da Conferência de Copenhague, foi considerada um marco na fundação da aliança BASIC. O BASIC prontamente assumiu um papel de liderança em Copenhague, permitindo aos diplomatas dos quatro países trabalharem juntos por um período estendido de tempo.

Depois da conferência de Copenhague, os representantes do BASIC decidiram realizar com regularidade reuniões em nível ministerial, institucionalizar sua coordenação e transformá-la num grupo coeso, "não apenas um fórum para negociação de coordenação, mas também um fórum para ações cooperativas voltadas à mitigação e à adaptação, incluindo troca de informações e colaboração".[42] A África do Sul, portanto, acabou se revelando uma escolha muito mais natural, que envolvia menos riscos de reduzir a capacidade do grupo de desenvolver posicionamentos em conjunto em fóruns multilaterais.

Do mesmo modo, a experiência de cooperação do Brasil e da Índia com a África do Sul no contexto do quadro do IBAS foi decisiva para gerar confiança entre os países, segundo os diplomatas brasileiros e indianos – o que fez com que a inclusão da África do Sul fosse uma escolha relativamente segura.[43] Refilwe Mokoena escreve que, quando os países do IBAS entraram em contato pela primeira vez em 2003, "logo ficou claro que os três países partilhavam de perspectivas em comum, numa variedade de desafios globais e que seria possível levar adiante seus objetivos coletivos através da colaboração em fóruns multilaterais, sobretudo na ONU e na OMC".[44] Como apontou Manmohan Singh, o IBAS tinha como base uma identidade política em comum, e seus membros vinham de continentes diferentes, mas partilhavam de "aspirações e visões de mundo semelhantes".[45] Desde 2003, a plataforma IBAS vinha gerando, durante uma década, grupos de trabalho em áreas tão diversas quanto ciência e tecnologia, saúde, educação, cultura da pobreza e turismo. Ela também fomentou a cooperação em questões de pesquisa, criou laços mais fortes entre as sociedades e ajudou a construir parcerias empresariais – lentamente criando, assim, uma densa rede de contatos pessoais e institucionais, responsáveis por uma alteração fundamental nas relações bilaterais da África do Sul com a Índia e o Brasil. Ao analisar os padrões de votos dos membros do IBAS na Assembleia Geral da ONU nos primeiros cinco anos após a criação do grupo, Suzanne Graham conclui que, "em sua maior parte, a África do Sul concorda com o Brasil e a Índia (e vice-versa) sobre as questões trazidas diante da ONU".[46]

É justo, portanto, afirmar que, sem o BASIC e o IBAS, a inclusão da África do Sul no grupo dos BRICs teria sido muito mais improvável. Além do mais, pode-se argumentar que o enfoque dado pelo IBAS às "questões brandas" teve impacto significativo sobre os temas agora tratados nas cúpulas do BRICS, que, assim como as reuniões do IBAS, vêm analisando cada vez mais os aspectos sociais e os desafios domésticos.

Em termos mais gerais, a liderança diplomática da África do Sul nas últimas duas décadas em múltiplos fóruns – que vão do IBAS e da ONU a órgãos regionais como a UA – fez com que o gesto de convidar a África do Sul se tornasse ainda mais atraente, permitindo que ela fosse escolhida no lugar da Nigéria, que ostenta uma economia com crescimento mais acelerado.[47] Outro aspecto-chave nesse contexto é a reputação da África do Sul e o legado positivo deixado pela transição do país do *apartheid* para a democracia.[48] Como comentou recentemente um legislador sul-africano, "sermos membros do BRICS [...] é reconhecer o próprio processo histórico ímpar de transformação da África do Sul em se tornar uma democracia constitucional".[49] De fato, nenhum outro "país candidato", fosse a Nigéria, a Indonésia, a Turquia ou o México, tinha relações com as nações dos BRICs comparáveis com as mantidas com a África do Sul. Isso mostra que a plataforma BRICS hoje é muito mais do que um grupo de grandes países com altas taxas de crescimento: sua preocupação é com posicionamentos para políticas e ideias em comum, e o histórico da África do Sul demonstra sua compatibilidade com o grupo dos BRICs. Observando por esse viés, fica óbvio o porquê de haverem preferido a África do Sul a outras economias maiores e com crescimento mais acelerado.

Rumo a um menor denominador comum?

Com referência à Cúpula dos Líderes do BRICS de 2011, será que a inclusão da África do Sul reduziu a harmonia do grupo em relação a certas questões de política?

Dois temas amplos importantes dominaram a 3ª Cúpula do BRICS em Sanya: a política de intervenção humanitária e a ascensão da China. O debate global sobre intervenção humanitária ocorreu numa época em que todo o BRICS estava sendo representado no Conselho de Segurança.[50] A sequência de crises internacionais que ocorreram no ano de 2011 forneceu às potências emergentes uma quantidade incomum de atenção internacional, em particular na área de segurança.

A segunda tendência geral foi a ascensão definitiva da China como o mais importante parceiro econômico bilateral de todos os membros do BRICS. O país já havia se tornado o parceiro comercial mais importante do Brasil e da África do Sul em 2009 e também o principal parceiro da Rússia e da Índia logo depois,[51] o que cimentou o papel especial chinês no grupo, permitindo, pode-se dizer, que o país exercesse uma influência considerável nos debates intra-BRICS antes e durante a cúpula em Sanya.[52] É nesse contexto que a inclusão da África do Sul tem sido descrita frequentemente como uma iniciativa chinesa, embora os negociadores da Rússia, da Índia e do Brasil sempre tenham apoiado essa mudança.[53]

Como demonstrado no começo do capítulo, o escopo da declaração da cúpula era significativamente mais amplo do que da 1ª e da 2ª cúpulas em Ecaterimburgo e Brasília, o que significa que a inclusão da África do Sul no grupo não reduziu sua capacidade de consenso em questões amplas no tocante às políticas do grupo. O BRICS, notavelmente, havia articulado pela primeira vez ideias bastante específicas sobre segurança, um assunto que ainda não havia sido mencionado nas declarações anteriores. Na Declaração da Cúpula de Sanya, a palavra "segurança" aparece onze vezes – certamente, um reflexo da presença conjunta do BRICS no Conselho de Segurança da ONU em 2011, bem como da multidão de crises tanto no Oriente Médio quanto na África àquela época. A declaração fazia referência explícita a essa situação ímpar:

> Sublinha-se que a presença concorrente de todos os cinco países do BRICS no Conselho de Segurança em 2011 é uma oportunidade valiosa para trabalhar juntos em questões de paz e segurança, fortalecer as abordagens multilaterais e facilitar a coordenação futura nas questões sob consideração do Conselho de Segurança da ONU.[54]

A decisão do grupo BRICS de comentar as questões de segurança deve ser claramente compreendida no contexto da insatisfação das potências emergentes quanto ao modo como foi conduzida a intervenção na Líbia[55] – e, nessa época, o apoio do BRICS à Resolução 1.973 já havia começado a enfraquecer de maneira significativa. Apesar de ter votado originalmente a favor da resolução, quando chegou a data da cúpula, a África do Sul havia começado a se alinhar aos outros países do BRICS e a criticar os subsequentes ataques aéreos ordenados pela OTAN. As críticas feitas pelo Brasil e pela Índia também se tornaram mais explícitas. A China se uniu à Índia e à Rússia, em 22 de março, nas demandas por um acordo de cessar-fogo e sugeriu que as forças aliadas haviam excedido os mandos da ONU ao colocarem civis em perigo na Líbia.[56] Conforme se prolongava a intervenção, os governos da Índia e da Rússia articularam na ONU um argumento forte de que a OTAN não estava mais servindo como um escudo defensivo para as populações em risco, mas apenas pressionando para que houvesse uma mudança de regime.[57] Sua declaração, feita em conjunto e fortalecida por uma voz africana – considerando o fato de que a intervenção se deu na África –, teve impacto considerável no debate global em torno da intervenção humanitária, enfraquecendo a narrativa ocidental de que a Resolução 1.973 havia levado a uma "intervenção modelo", como procurou argumentar o embaixador dos EUA no OTAN, Ivo Daalder.⁵⁸ Temos aí um exemplo claro de como a participação da África do Sul no BRICS deu à voz do grupo maior legitimidade.

Além da novidade das questões de segurança na declaração final, nela também a reforma das instituições internacionais continuou a ter proeminência: usando palavras idênticas às das declarações da 1ª e da 2ª cúpulas, de 2009 e 2010, a China e a Rússia reiteram a importância dada ao status da Índia e do Brasil nos assuntos internacionais e compreendem e apoiam suas aspirações de terem papel maior na ONU, com a única diferença de que, dessa vez, havia menção às aspirações sul-africanas também.⁵⁹ Essa declaração, por si só, apesar de seus tons vagos (ela não exigia especificamente um lugar permanente no Conselho de Segurança da ONU), representava um sucesso de política externa para Pretória, que agora constava entre os principais candidatos para um lugar permanente se houver uma reforma do Conselho. Além da reforma da ONU, a declaração dava forte apoio à ideia do G20 como plataforma para lidar com questões econômicas e financeiras, além de oferecer um lembrete acerca das exigências da implementação urgente das reformas do FMI e do Banco Mundial.⁶⁰

Por fim, a 3ª Cúpula do BRICS em Sanya contou com a novidade de um "Plano de Ação" detalhado ao término de sua declaração final: um sinal de que, agora, o grupo procurava ser mais do que um mero grupo de consulta, ampliando e aprofundando a cooperação em questões tão diversas quanto educação, segurança internacional, finanças, agricultura e estatística.⁶¹

É notável que a declaração da cúpula não tenha feito qualquer referência às tensões que haviam afetado vários acordos bilaterais anteriores à cúpula.⁶² Os medos, tanto no Brasil como na Índia, dos efeitos negativos de um acordo comercial desigual com a China haviam se tornado visíveis nos meses anteriores à cúpula, uma preocupação que também despertou tensões políticas na África do Sul. Durante as reuniões bilaterais anteriores, o primeiro-ministro da

Índia, Manmohan Singh, havia solicitado à China que aumentasse as importações das indústrias farmacêutica e de tecnologia da Índia como meios de reduzir o déficit comercial do país com a China.[63] O Brasil procurou convencer a China a permitir que a Embraer produzisse sua aeronave E-190 em solo chinês, o que havia sido barrado pelo governo chinês anteriormente. A decisão de ostentar uma aparência de unidade, apesar dos problemas subjacentes em várias relações bilaterais, pode ser interpretada como uma tentativa de responder aos críticos, que vinham continuamente argumentando que o BRICS era um grupo díspar demais para conseguir chegar a um acordo em qualquer assunto que fosse significativo.[64] Segundo a CNN,

> apesar de a cúpula ter dado enfoque às grandes áreas de concordância entre os cinco países, era aparente que a reunião manteve distância, de propósito, dos tópicos polêmicos que ainda atormentam esse grupo diverso de nações. As questões polêmicas que tinham a ver diretamente com o comércio, incluindo a valorização das moedas, foram pontualmente evitadas.[65]

No Relatório de Cumprimento da Cúpula do BRICS de 2011, em Sanya, um grupo de acadêmicos do Canadá e da Rússia calculou que, para o período de 15 de abril de 2011 a 12 de março de 2012, os países do BRICS haviam conquistado um índice de cumprimento (*compliance score*) médio final de +0,48, que se traduz em 74 pontos percentuais.[66] Com base na Cúpula de Sanya, o grupo de pesquisadores também descobriu "evidências de uma institucionalização gradual do BRICS, uma melhoria na qualidade do diálogo e na habilidade de coordenar as decisões em torno de um número cada vez maior de questões".[67]

É possível argumentar que a expansão do grupo não reduziu o processo em andamento de aprofundamento da cooperação. A 3ª Cúpula do BRICS em Sanya, portanto, representou uma ampliação e um aprofundamento bem-sucedidos da cooperação intra-BRICS, o que, em parte, pode ser atribuído ao fato de que os posicionamentos da África do Sul numa ampla gama de assuntos se alinham aos dos países dos BRICs, bem como à noção dos países dos BRICs de que a inclusão da África do Sul seria uma manobra de baixo risco para a coesão do grupo, que acabou se revelando correta.

A INCLUSÃO DA ÁFRICA DO SUL: IMPLICAÇÕES PARA O BRICS E PARA A ÁFRICA DO SUL

A inclusão da África do Sul nos BRICs estava longe de ser um detalhe pequeno para o grupo. O mais importante foi que ela o globalizou, ao diversificá-lo geograficamente, concedendo-lhe maior legitimidade para falar em nome do mundo emergente.[68] A inclusão da África do Sul foi notável por três motivos. Primeiro, porque enfraqueceu a importância do aspecto civilizacional na política internacional – afinal, o BRICS tem como origem, para usar as definições de Samuel Huntington, cinco civilizações distintas. É com respeito a isso que o BRICS diverge mais radicalmente das alianças comuns da política internacional.[69]

Em segundo lugar, a inclusão de um país africano num grupo conhecido por seu dinamismo e poder econômico, que pode até chegar a ameaçar a ordem global liderada pelo Ocidente em algum momento, vai fortemente contra a imagem tradicional que se tem da África como um continente de países suplicantes, passivos, flagelados pela pobreza e pelas guerras, sem voz para deliberações globais.[70] Ao incluírem a África do Sul, as potências emergentes de hoje, então, refletiram uma "convicção central de que a África precisa ser reposicionada no sistema global para assumir o lugar que é seu por direito".[71] Longe de ser um gesto altruísta, ao convidarem a África do Sul para ser um membro pleno do BRICS, os países-membros buscaram enviar um sinal aos líderes africanos em geral de que as potências emergentes de hoje buscam lidar com a África de maneira diferente de como fez o Ocidente no passado. A relação que os BRICs visavam projetar com o continente era de igualdade, de uma parceria que produziria benefícios mútuos, em vez da relação desigual de hierarquias de doação e condicionalidades que representam a relação do Ocidente com a África – alguns dizem, em resposta às críticas cada vez mais frequentes que são feitas à presença da China no continente africano. A inclusão da África do Sul, portanto, buscou reconceitualizar o papel da África nos assuntos globais, pois era a primeira vez que um país africano se tornava parte de um grupo exclusivo que outros países não africanos também desejavam integrar.

Essa manobra também fortaleceu a narrativa da cooperação Sul-Sul, que, segundo as potências emergentes, se baseia numa parceria de respeito mútuo – por mais que essa noção permaneça bastante contestada.[72] Considerando o interesse econômico e estratégico a longo prazo que os países do BRICS têm na África, ela também visa melhorar a reputação das potências emergentes no continente, contrariando a noção de que os países do BRICS estão meramente substituindo o Ocidente na exploração dos recursos africanos. Como comentou um diplomata sul-africano, "o BRICS nutriu a emergência econômica da África e elevou a relevância global contemporânea do continente".[73] Alinhados a essa narrativa, os líderes do BRICS exprimiram seu apoio na Declaração de Sanya ao defenderem o desenvolvimento de infraestrutura na África.[74] Fazer com que os BRICs se tornassem parcialmente africanos foi, portanto, um elemento importante para promover o papel das potências emergentes na África.

Por fim, a inclusão da África do Sul acabou simbolizando a decisão dos países do grupo dos BRICs de tomar posse da ideia e não mais depender do juízo de Jim O'Neill sobre qual país merecia pertencer aos BRICs ou não. A decisão de convidar a África do Sul como membro pleno, apesar das dúvidas de Jim O'Neill, mostrou que a ideia do BRICS havia se desenvolvido e se transformado já em outra coisa inteiramente diferente. Apesar de os *policy makers* dos países do

BRICS nunca terem prestado muita atenção aos comentários de Jim O'Neill posteriores à criação do acrônimo, a inclusão da África do Sul deixou isso mais explícito. Para os diplomatas dos países do BRICS, era intelectualmente limitante o argumento de que os parâmetros de O'Neill ainda seriam decisivos para a existência do conceito do BRICS, e eles concordavam que tais parâmetros já não eram mais úteis. Afinal, o que fez com que o conceito BRICs fosse relevante em 2003 não era mais o caso – BRICS não era mais apenas o grupo das economias com maior crescimento do mundo, e o próprio Jim O'Neill também já havia deixado de priorizar esse conceito, promovendo novas ideias como os 'Próximos Onze' (N11), um grupo de países menores, mas com economias de crescimento mais acelerado.

No geral, podemos argumentar que a inclusão da África do Sul fortaleceu a visibilidade global do BRICS, bem como sua legitimidade para falar em nome do mundo emergente, sem reduzir sua capacidade de desenvolver posicionamentos em conjunto. Muito pelo contrário, a 1ª Cúpula do BRICS com a participação da África do Sul pareceu ter ido além das duas declarações das cúpulas anteriores, de 2009 e 2010.

Para a África do Sul, a inclusão no grupo do BRICS pode ser vista como uma das conquistas mais notáveis em sua política externa dos últimos anos e um passo significativo para se estabelecer como líder regional e representante reconhecido do continente africano.[75] A participação da África do Sul no BRICS, portanto, ajudou o país a obter o status de potência emergente com uma capacidade em potencial de moldar o sistema – um status que teria sido difícil de conquistar de outra forma, dado o fato de que não cumpre com os requisitos comuns associados à categoria. Os benefícios reais foram imediatamente tangíveis. O artigo 8 da Declaração do BRICS indica que a Rússia e a China "compreendem e dão apoio" às aspirações da África do Sul de desempenhar um papel maior na ONU[76] – o que poderá ser decisivo durante uma possível reforma do Conselho de Segurança da ONU.

Porém, ao mesmo tempo, a participação da África do Sul no BRICS pode complicar as relações do país com sua própria região. Com sua presença cada vez maior no cenário global, seus vizinhos menores poderão acusar a África do Sul de se preocupar mais com suas cúpulas globais, como a do BRICS e do G20, do que com seus vizinhos – um problema que o Brasil também pode acabar enfrentando.[77] Como comenta Sanusha Naidu:

> É questionável a capacidade da África do Sul de representar a voz africana nos fóruns multilaterais e servir de porta de entrada à África para os países do BRICS, e não fica claro se é assim de fato que o bloco africano enxerga a África do Sul. A tentativa de identificar Pretória como líder da agenda política africana poderia, na realidade, criar uma reação negativa devido aos próprios preconceitos da África do Sul pós-*apartheid* e sua xenofobia contra migrantes africanos, ou então poderia ser interpretada como [...] uma agenda subimperialista na África.[78]

De forma semelhante, Refilwe Mokoena chamou a África do Sul de "hegemonia relutante" e apontou que muitas elites africanas enxergam o país como "um agente 'neoimperialista' com segundas intenções".[79]

Além disso, numa tentativa de se alinhar às outras nações do BRICS, a África do Sul – membro recém-chegado e talvez o mais fraco – pode se ver forçada a alinhar-se com posicionamentos do BRICS que não atendem aos interesses sul-africanos. Como defendeu Kadija Patel, "apesar de o BRICS oferecer a plataforma ideal para a África do Sul promover suas causas favoritas, como a reforma das Nações Unidas, o fato de que não somos um membro 'natural' do clube é visto como uma vulnerabilidade que nos deixa numa posição de relativa fraqueza".[80]

Os críticos já apontaram que a África do Sul vem se comportando com submissão em relação à China, por exemplo, ao negar o visto ao Dalai Lama quando ele veio visitar o sul-africano ganhador do prêmio Nobel da Paz Desmond Tutu em outubro de 2011, menos de um ano após a China concordar em convidar a África do Sul para participar do grupo dos BRICs.[81] O ministro das Relações Exteriores da África do Sul replicou que a política externa dos países do BRICS se orienta por interesses nacionais e que os Estados tomariam decisões com base no que atende a esses interesses. Ele argumentou não acreditar que a "maioria da África da Sul se importe muito com a vinda do Dalai Lama ao país... a África do Sul está melhor dentro do BRICS do que fora, e precisamos tomar decisões difíceis para servir ao interesse nacional".[82]

A política externa da África do Sul também foi criticada pelo enfoque dado em seu alinhamento com futuros membros do BRICS durante uma negociação climática na Cúpula de Copenhague. Como escreve Qinran Xi sobre os resultados da cúpula relativos ao clima em Copenhague em 2009:

> O ministro do Meio Ambiente da África do Sul descreveu como "inaceitável" o fracasso em produzir um acordo legalmente válido, em sua maior parte como resposta às críticas de muitos países africanos em Copenhague. Havia grandes expectativas de que a África do Sul fosse representar o continente africano em Copenhague, mas seu alinhamento com o pequeno grupo BASIC e seu papel na composição conjunta do Acordo de Copenhague, sem valor legal, decepcionaram muitos países africanos e levaram a acusações de que o país havia traído os interesses africanos, o que pode colocar a África do Sul num dilema suscitado por sua identidade dúplice como membro tanto do grupo africano como do grupo BASIC, dada a oposição deste, sobretudo promovida pela Índia e pela China, a qualquer acordo com valor legal no futuro próximo. Equilibrar os interesses concorrentes de parceiros internacionais distintos é um desafio à diplomacia climática da África do Sul.[83]

Nesse contexto, Maite Nkoana-Mashabane, ministra das Relações Internacionais, declarou que "nossa interação com os colegas Estados do BRICS tem como premissa três níveis de engajamento: em primeiro lugar, o nacional, no qual levamos adiante nossos interesses nacionais; em segundo, regional [...] e, em terceiro lugar, em nível global [...]".[84]

Por fim, há quem tenha criticado também a "narrativa de porta de entrada" da África do Sul, porque poderia fazer mal aos interesses empresariais sul-africanos na região.[85] Segundo esse argumento, em vez de atrair competidores dos países do grupo BRICS para entrarem nos mercados da África, as empresas sul-africanas deveriam antes fortalecer sua própria presença na região. Será que a África do Sul é meramente a porta de entrada para uma segunda corrida a fim de colonizar a África?[86] Davies aponta que a chegada do BRICS na África lança um desafio para os interesses econômicos estratégicos da África do Sul, em particular nos mercados em que a África do Sul foi lenta em se expandir – como Angola, onde o Brasil e a China já se estabeleceram. Ele argumenta que a ascensão dos países do grupo BRICS na África, combinada com os interesses econômicos da África da Sul na região, exigem uma "manobra delicada de equilíbrio" por parte dos *policy makers* sul-africanos.[87] Porém, como vários diplomatas já apontaram, não há dúvidas de que as empresas das potências emergentes chegariam à África de um jeito ou de outro, e a decisão da África do Sul de se posicionar como uma porta de entrada serve meramente para se beneficiar de um processo que aconteceria com ou sem a África do Sul.[88]

A África do Sul causou alterações fundamentais na natureza do grupo dos BRICs e lhe conferiu uma estrutura mais global. Fora a narrativa de que a África do Sul age como representante e "porta de entrada" para o continente africano, as interações anteriores do Brasil, da China e da Índia com a África do Sul, por exemplo, no contexto do grupo BASIC desde as negociações sobre o clima na conferência em Bali em 2007, contribuíram para gerar confiança entre essas grandes potências emergentes e o país africano. De forma semelhante, a cooperação do Brasil, da Índia e da África do Sul no contexto do grupo do IBAS serviu como uma medida de construção de confiança. O país era, portanto, uma escolha das mais naturais, com menores riscos de reduzir a capacidade do grupo de desenvolver posicionamentos em conjunto em fóruns multilaterais. Os BRICs como um todo se beneficiaram significativamente da inclusão da África do Sul, tornando-se um grupo mais generalizado, com maior legitimidade para representar o mundo emergente. Seu novo membro africano lhe forneceu uma influência adicional ao criticar a intervenção da OTAN na Líbia, reduzindo, de modo significativo, a noção de que ela havia sido uma "intervenção modelo". E o mais significativo foi que a inclusão da África do Sul não reduziu a capacidade do BRICS de não só manter, mas também de aumentar, o número de posicionamentos desenvolvidos em conjunto. Pela primeira vez, a 3ª Cúpula do BRICS incluía um "Plano de Ação" com propósitos específicos, dentre os quais a maioria dos objetivos o BRICS conseguiu implementar ao longo dos 12 meses seguintes. A África do Sul também se beneficiou significativamente dessa inclusão, apesar das complicações para sua política externa, visto que agora precisa equilibrar os compromissos de potência emergente com seu papel como líder regional e representante das nações mais pobres da África. Em várias instâncias, por exemplo, quando a África do Sul pareceu ter assumido o lado dos membros do grupo BASIC em vez de defender os interesses dos países africanos menores, seus papéis múltiplos levaram a tensões. Do mesmo modo, os críticos defendem que a presença econômica crescente do BRICS na África não pesa necessariamente a favor da África do Sul, por mais que o país seja usado como uma "porta de entrada" ao continente. Em vez disso, a competição do Brasil, da Rússia, da Índia e da China em países como Angola pode muito bem causar impactos negativos para a estratégia da África do Sul de assumir a liderança regional. Apesar dos desafios, a inclusão da África do Sul no grupo dos BRICs pode ser vista como benéfica para ambos os lados.

É interessante constatar que a alegação de uma liderança regional contestável da África do Sul aponta para uma limitação bem mais generalizada nas tentativas do BRICS de representar o mundo em desenvolvimento como um todo. Não só a África do Sul, mas também a China, a Rússia, o Brasil e a Índia, partilham relações altamente complexas com suas respectivas regiões, em parte por conta de suas posições econômicas e militares preponderantes em relação aos outros Estados. Nenhum dos cinco membros, porém, tem um projeto de liderança regional incontestável, e, em todos os três casos, houve resistência significativa no passado a tentativas individuais de fundamentar suas ambições globais na hegemonia regional. A criação do "Clube do Café", que inclui países como a Argentina e o Paquistão, é um bom exemplo: a Índia e o Brasil podem ser vistos de longe como líderes regionais, mas seus vizinhos não estão convencidos, nem interessados em lhes conferir o direito de falar em nome da região.[89] Como comenta Daniel Flemes, "por motivos diferentes, o Paquistão se opõe à liderança da Índia; a Argentina, o México e a Venezuela ameaçam o status de potência regional do Brasil; e a Nigéria, o Zimbábue e outros Estados africanos se recusam a seguir a liderança da África do Sul".[90]

Parece evidente que um elemento importante em fortalecer a legitimidade do grupo do BRICS é investir na consolidação dos respectivos papéis de liderança regional de cada membro. O paradoxo é que, apesar de os Estados Unidos terem reconhecido o papel de líder regional de pelo menos alguns membros do BRICS – principalmente Índia, Brasil e África do Sul –, seus vizinhos não têm certeza quanto às reais intenções dos governos nas capitais do BRICS.

5.
O MUNDO OCULTO DA COOPERAÇÃO INTRA-BRICS: QUAL A IMPORTÂNCIA DO TIPO DE REGIME POLÍTICO?

Introdução

Este capítulo trata de um assunto muitas vezes ignorado, que é a cooperação entre os governos do BRICS. De fato, a maioria das avaliações do grupo é superficial e só se concentra na capacidade do BRICS de alinhar posicionamentos quanto a questões geopolíticas e à reforma das estruturas de governança (o que se pode chamar de "crescimento para o exterior").[1] Porém, pouquíssimo se sabe do grau da cooperação técnica intra-BRICS ("crescimento para o interior"), o que – como muitos diplomatas dos países-membros apontaram durante as entrevistas – gera uma parte considerável dos benefícios do grupo do BRICS.[2] Desde a 1ª Cúpula dos Líderes dos BRICs em 2009, a cooperação vem ocorrendo em áreas que vão desde saúde pública, facilitação do comércio, agricultura, estatística, cooperativas, academia e fóruns empresariais até questões de competição, do judiciário e de defesa.[3]

Desde os primeiros gestos feitos a favor da cooperação, os críticos vêm prevendo que o grupo não conseguiria encontrar um denominador comum. Muitos observadores apontaram que, apesar da atratividade do acrônimo e de seu poder de descrever com facilidade uma nova distribuição de poder global, a categoria se mostrava inadequada para uma análise mais rigorosa, dado que as diferenças entre os BRICS contrabalanceavam o que eles tinham em comum.[4] Um dos principais argumentos dos críticos sempre foi que a cooperação seria difícil por conta da grande diferença entre as democracias vibrantes do Brasil, da África do Sul e da Índia, de um lado, e os governos autoritários da China e da Rússia, do outro.[5] Quanto o tipo de regime político é decisivo, no entanto, em se tratando de cooperação técnica?

A teoria liberal enuncia uma série de afirmativas acerca do comportamento das democracias na política internacional.[6] As democracias têm menores chances de entrar em guerra entre si[7] e maiores de concluírem acordos comerciais,[8] de cooperarem no geral e de participar de organizações internacionais. Por exemplo, como escrevem Milner, Mansfield e Rosendorff, a probabilidade de os Estados cooperarem em políticas comerciais depende fortemente do seu tipo de regime. Quanto mais democrático for o Estado, maiores serão as chances de concluir acordos comerciais. Segundo sua análise, "a capacidade superior das eleições nas democracias de restringir o poder de seus líderes leva os governantes democráticos a serem mais cooperativos internacionalmente do que seus equivalentes não democráticos".[9] Os líderes autocráticos, por outro lado, não sofrem de preocupações recorrentes sobre reeleição e, por isso, têm menos incentivos para abrir mão da autonomia das políticas sobre setores importantes da economia e assinar acordos comerciais, o que faz com que tenham menos chances de buscar cooperação comercial do que os líderes democráticos.[10]

As democracias têm também mais chances de se envolver em sistemas internacionais democráticos, regrados e abertos, além de formarem redes de cooperação. Como previu Kant, deveria ser um dos objetivos da política externa dos Estados liberais o de preservar, fortalecer e expandir a "união pacífica",[11] ou, como assinalou Doyle, construir uma "pressão mundial constante a favor da paz liberal".[12]

Ikenberry comentou que as elites que trabalham no contexto de estruturas domésticas estatais democráticas costumam tentar envolver-se numa ordem internacional que seja simpática ao seu sistema doméstico – portanto, buscam cooperar umas com as outras.[13] As democracias preferirão existir em meio a um sistema internacional embasado em valores democráticos, fortalecendo a importância da política democrática numa escala global. A "aderência" das instituições que se inter-relacionam é maior, portanto, quando pertencem a regimes democráticos, mais do que no caso dos regimes não democráticos, porque se considera que as promessas das democracias são garantidas mais facilmente quando o regime se relaciona com outras democracias.[14] A descentralização e a abertura dos Estados democráticos fornecem oportunidades para todos os Estados se consultarem diretamente, fortalecendo, portanto, sua disposição em firmar compromissos sérios.[15]

Aplicando essas noções ao caso do BRICS, seria de se esperar que a presença de dois regimes não democráticos dificultasse a cooperação significativamente, mais do que entre grupos de países democráticos, como o IBAS. Martin Wolf, ao falar sobre o potencial para a cooperação intra-BRICS, argumenta que "há uma óbvia tensão nos valores. Eles podem negociar entre si, mas não são aliados naturais, porque são muito importantes as diferenças entre valores. A África do Sul, o Brasil e a Índia são democracias bastante vibrantes e complicadas, e a China é outra coisa completamente diferente".[16]

Porém, como se pode ver no gráfico a seguir, há uma quantidade considerável de cooperação intra-BRICS que ocorre sem atrair comentários ou debate do público.

Tabela 5.1 – Número de encontros e interações no contexto do grupo BRICS

TEMAS	PRIMEIRA REUNIÃO	FREQUÊNCIA DAS REUNIÕES
Academia	Maio de 2009 (Fórum Acadêmico do BRIC; reunião de Faixa II)	Reuniões Anuais
Arranjo Contingente de Reservas	14 de abril de 2015	Cinco reuniões em 2015
Administração Tributária	18 de janeiro de 2013 (Reunião de Chefes de Departamento de Receita dos BRICs)	Reuniões Tributárias Anuais do BRICS
Agricultura	26 de março de 2010 (Reunião de Ministros da Agricultura dos BRICs)	Reuniões Ministeriais em 2010, 2012, 2013 e 2015. Reuniões Anuais dos Grupos de Trabalho
Anticorrupção	3 de março de 2015	Reuniões Irregulares de Oficiais Seniores e Especialistas (5 desde 2015)
Arbitragem Internacional	27 de agosto de 2016	Um único Workshop em 2016
Assistência ao Desenvolvimento Internacional	7 de dezembro de 2015 (Reunião de Oficiais Seniores do BRICS Responsáveis pela Assistência ao Desenvolvimento Internacional)	Uma única reunião em 2015

TEMAS	PRIMEIRA REUNIÃO	FREQUÊNCIA DAS REUNIÕES
Assuntos Aduaneiros	13 de abril de 2015 (Reunião de Especialistas dos Países do BRICS sobre Assuntos Alfandegários)	Três Reuniões Irregulares em 2015 e 2016
Assuntos Industriais	26 de agosto de 2015 (Consultoria de Especialistas sobre Assuntos Industriais)	Consultorias de Especialistas, Workshops Internacionais e Reunião Ministerial em 2015
Assuntos Populacionais	12 de fevereiro de 2015	Uma única Reunião Ministerial em 2015 Um único Seminário do BRICS em 2015
Auditoria	24 de junho de 2016 (Reunião de Diretores das Instituições Superiores de Auditoria do BRICS)	Uma única reunião em 2016
Bancos de Desenvolvimento	12 de outubro de 2010 (Reunião de Bancos Nacionais de Desenvolvimento dos BRICs)	Reuniões Presidenciais Anuais de Grupo de Trabalho (quatro desde 2015)
Cidades-irmãs e Governos Locais	23 de setembro de 2015 (Reunião Cidades-Irmãs e Governos Locais)	Uma única reunião em 2015 Conclave das Cidades Amigas em 2016
Ciência & Tecnologia	15 de setembro de 2011 (Reunião de Oficiais Seniores de Ciência e Tecnologia do BRICS)	Reuniões de Oficiais Seniores em 2011, 2012, 2015 e 2016 Reuniões Ministeriais em 2014, 2015 e 2016 Reunião dos Partidos Financiadores em 2015

TEMAS	PRIMEIRA REUNIÃO	FREQUÊNCIA DAS REUNIÕES
Cinema	2 de setembro de 2016 (Festival de Cinema do BRICS)	Um único festival em 2016
Comércio	13 de abril de 2011 (Reunião dos Ministros do Comércio)	Reuniões Ministeriais Anuais Reuniões de Grupo de Contato em 2014, 2015 e 2016 Seminário Comercial do BRICS sobre Facilitação de Comércio em 2015 Feira Comercial em 2016
Conselho de Think Tanks	21 de maio de 2015	Três Reuniões Irregulares
Contraterrorismo	14 de setembro de 2016	Uma única reunião de Grupos de Trabalho em 2016
Crédito à Exportação	14 de outubro de 2016	Um único Workshop em 2016
Cultura	17 de junho de 2015	Reunião Ministerial em 2015
Desenvolvimento de Capacitação	25 de julho de 2016	Um único Workshop em 2016
e-Commerce	14 de maio de 2015 (Diálogo de Especialistas do BRICS sobre e-Commerce)	Uma única reunião em 2015

TEMAS	PRIMEIRA REUNIÃO	FREQUÊNCIA DAS REUNIÕES
Educação	2 de março de 2015	Três Reuniões Ministeriais até 2016 Duas Reuniões de Oficiais Seniores em 2015 e 2016 Um Grupo de Trabalho em 2015 Uma Cúpula Universitária Global em 2015
Trabalho e Emprego	25 de janeiro de 2016	Duas Reuniões Ministeriais em 2016 Uma reunião de Grupo de Trabalho em 2016
Energia	24 de maio de 2015	Quatro Reuniões Irregulares de Grupo de Trabalho, de Representantes de Alto Nível e de Consultoria até 2016 Uma Reunião Ministerial em 2015
Esportes	Outubro de 2016 (Torneio de Futebol Sub-17 do BRICS)	Um evento em 2016
Estatísticas	21 de janeiro de 2011 (Reunião de Autoridades Estatísticas Nacionais do BRICS)	Reuniões anuais (duas vezes por ano)
Fórum da Sociedade Civil	29 de junho de 2015	Reuniões em 2015 e 2016
Fórum de Bem-Estar	10-11 de setembro de 2016	Uma única reunião em 2016

TEMAS	PRIMEIRA REUNIÃO	FREQUÊNCIA DAS REUNIÕES
Fórum de Competitividade	1º de setembro de 2009 (Conferência Internacional do BRIC sobre Competitividade)	Reuniões em 2009, 2011, 2013 e 2015
Fórum de Cooperativas	16 de abril de 2010 (Reunião de Cooperativas dos BRICs)	Reuniões Anuais (2010, 2011, 2013, 2014)
Fórum de Jovens Diplomatas	28 de outubro de 2015	Reuniões em 2015 e 2016
Fórum de Sindicatos	8-10 de julho de 2015	Uma única reunião em 2015
Fórum de Urbanização	25-27 de novembro de 2013	Três reuniões até 2016
Fórum Empresarial	15 de abril de 2010 (Fórum Empresarial conjunto BRIC/IBAS)	Reuniões Anuais
Fórum Hídrico	29-30 de setembro de 2016	Uma única reunião em 2016
Fórum Internacional de Jovens Cientistas e Empreendedores	24-26 de setembro de 2015	Reuniões Anuais
Fórum Parlamentar	8 de junho de 2015	Reuniões Anuais Um Fórum Parlamentar de Mulheres em 2016
Fórum sobre Reforma de Empresas Estatais e Governança	1º de dezembro de 2016	Uma única reunião em 2016

TEMAS	PRIMEIRA REUNIÃO	FREQUÊNCIA DAS REUNIÕES
Gestão de Catástrofes	22 de julho de 2016	Uma Reunião Ministerial e um Workshop de Especialistas em 2016
Governo Subnacional	3 de dezembro de 2011 (Fórum Cidades Amigas e Cooperação entre Governos Locais do BRICS)	Reuniões em 2011 e 2013 (janeiro, novembro)
Infraestrutura	Setembro de 2016	Um único Workshop em 2016
Internet	28 de abril de 2016 (Conclave Digital do BRICS)	Uma única reunião em 2016
Judiciário	12 de março de 2010 (I Programa de Intercâmbio de Magistrados e Juízes dos países dos BRICs)	Uma única reunião em 2010
Juventude	1º de julho de 2015 (Cúpula da Juventude do BRICS)	Duas reuniões em 2015 e 2016
Meio Ambiente	21 de abril de 2015	Reuniões Ministeriais Anuais Uma Única Reunião de Grupo de Trabalho em 2016
Mídia	8 de outubro de 2015 (Fórum de Chefes das Principais Agências de Mídia dos Países do BRICS)	Reunião dos Chefes das Principais Agências de Mídia em 2015 Reunião Ministerial em 2015 Primeiro Fórum Midiático em 2016

TEMAS	PRIMEIRA REUNIÃO	FREQUÊNCIA DAS REUNIÕES
Migração	8 de outubro de 2015 (Primeira Reunião dos Chefes das Autoridades em Migração do BRICS)	Uma única reunião em 2015
Ministério das Finanças e Bancos Centrais	7 de novembro de 2008 (Reunião de ministros das Finanças dos BRICs e presidentes dos Bancos Centrais)	Reuniões Ministeriais Anuais Workshop sobre Inclusão Financeira em 2016
Pacificação	9 de dezembro de 2015 (Diálogo do BRICS para Pacificação)	Uma única reunião em 2015
Padronização Nacional	15 de setembro de 2015 (Reunião de Diretores dos Órgãos de Padronização Nacional do BRICS)	Uma única reunião em 2015
Propriedade Intelectual	1º de outubro de 2012	Reuniões irregulares (6 reuniões até dezembro de 2016)
Relações Exteriores	20 de setembro de 2006	Reuniões Ministeriais Anuais Reunião temática sobre o Oriente Médio e o Norte da África em 2015

TEMAS	PRIMEIRA REUNIÃO	FREQUÊNCIA DAS REUNIÕES
Saúde	11 de julho de 2011 (Primeira reunião à parte dos ministros da Saúde do BRICS)	Reuniões Ministeriais Anuais Reuniões Temáticas Irregulares, Conferências, Reuniões de Oficiais Seniores, Mesas-Redondas e Workshops
Segurança Nacional	30 de maio de 2009 (Reunião de Assessores de Segurança Nacional dos BRICs)	Reuniões Irregulares (nove reuniões relacionadas até dezembro de 2016)
Serviços de Promotoria	10 de novembro de 2015 (Reunião de Chefes de Serviços de Promotoria do BRICS)	Uma única reunião em 2015
Tecnologia Geoespacial	2 de fevereiro de 2015 (Reunião de Grupo de Trabalho)	Uma única reunião de Grupo de Trabalho em 2015 Uma única reunião sobre Segurança em Atividades no Espaço Sideral em 2015
Telecomunicações	6 de outubro de 2016 (Reunião do Grupo de Trabalho do BRICS em Telecomunicações)	Uma única reunião em 2016 Uma única Reunião Ministerial
Tráfico Ilícito	20 de abril, 2015 (Reunião de Especialistas em Combate ao Tráfico Ilícito de Drogas Narcóticas, Substâncias Psicotrópicas e seus Precursores)	Quatro reuniões desde 2015

TEMAS	PRIMEIRA REUNIÃO	FREQUÊNCIA DAS REUNIÕES
Transporte	29 de abril de 2016 (Reunião de Especialistas Ferroviários do BRICS)	Duas reuniões em 2016
Turismo	1º de setembro de 2016	Uma única convenção em 2016

De fato, a cooperação intra-BRICS, ainda que, em sua maior parte, liderada pelos governos (e não por atores não governamentais), parece ser surpreendentemente diversa. As reuniões que ocorreram nos primeiros meses de 2013 são um bom exemplo disso. Os países do BRICS começaram seu ciclo de cooperação já em 7 de janeiro, quando os assessores de segurança nacional dos cinco países se encontraram em Nova Déli para discutir assuntos que iam de cibersegurança e terrorismo até pirataria e outras ameaças à segurança internacional. O assessor indiano de segurança nacional da época, Shivshankar Menon, mais tarde comentou que "havia um alto nível de congruência em nossa discussão sobre esses assuntos. Ela acabou se revelando bastante útil, tão útil, na verdade, que, no final, todo mundo disse que devíamos repetir a experiência. Isso dá uma ideia do grau de sucesso da reunião, segundo os participantes".[17] No mesmo mês, os ministros da Saúde do BRICS se encontraram na Índia, após a reunião anual de autoridades de competição do BRICS.

Alguns dias depois, os chefes dos departamentos de receita do BRICS se encontraram e assinaram um comunicado, identificando sete áreas de cooperação, que incluíam o compartilhamento de práticas para coibir práticas de não *compliance* e a evasão fiscal, além de um mecanismo do BRICS para facilitar o combate a operações abusivas de elisão fiscal.[18] Logo depois, aconteceu o 3º Fórum Acadêmico do BRICS em Durban, reunindo acadêmicos e analistas de políticas dos cinco países.[19] Em sua declaração final, eles criaram o Conselho de *Think Tanks* do BRICS (BTTC), "para a troca de ideias entre pesquisadores, a academia e institutos de pesquisa".[20] Na 5ª Cúpula dos Líderes do BRICS em Durban, que aconteceu logo depois, os líderes nacionais, ao lado de partes consideráveis de seus gabinetes, incluindo ministros das Relações Exteriores, das Finanças, do Comércio, Educação, Saúde e Ciência e Tecnologia, discutiram modos de levar ainda mais adiante a cooperação entre os países.[21]

Em que medida as diferenças de tipo de regime – o fato de três países do BRICS serem democráticos, e dois, não – limitam a cooperação? E qual a seriedade, de fato, desse tipo de cooperação entre os países do BRICS? Essa questão é de extrema relevância, pois os tipos diferentes de regimes do BRICS são – como comentado acima – o problema mais citado pelos críticos que argumentam que o grupo do BRICS é incapaz de estabelecer cooperações mais significativas. Essa avaliação negativa do grupo do BRICS é muitas vezes contrastada com o G7, que, segundo muitos observadores, se beneficia de certa "mentalidade semelhante", a qual em sua maior parte, deriva do fato de todos os integrantes serem democracias liberais. A questão sobre o tipo de regime, portanto, está vinculada intimamente a uma pergunta mais geral: até que ponto podemos considerar o grupo do BRICS como uma unidade coesa nas relações internacionais?

Para analisarmos essas questões, este capítulo examinará com cuidado a cooperação técnica intra-BRICS e avaliará sua eficácia. A análise começa com as finanças internacionais – a primeira área em que o BRICS cooperou – e então parte para outras áreas relevantes, incluindo saúde, arrecadação de impostos, estatística, segurança, agricultura e segurança alimentar, o judiciário, o governo subnacional, a academia e o comércio.

O CASO DA COOPERAÇÃO TÉCNICA INTRA-BRICS: O CRESCIMENTO "PARA O INTERIOR"

A cooperação intra-BRICs na área das finanças internacionais, descrita em detalhes no Capítulo 2, é, certamente, entre as áreas problemáticas frequentemente discutidas entre os *policy makers* do BRICS, a mais visível. A declaração de 2008 dos países dos BRICs, na qual expressaram seu desejo de reforma da arquitetura financeira global, provavelmente é vista como o "documento fundador" do grupo.[22] As crises financeiras ofereceram uma oportunidade única para o BRICS ampliar a cooperação e, portanto, fortalecer seu poder de barganha num sistema global cada vez mais fluido.[23] A cooperação no campo das finanças internacionais geraria confiança entre os governos do BRICS, permitindo uma cooperação mais ampla no futuro.[24] A crise possibilitou que o BRICS solicitasse a reforma das instituições financeiras internacionais, particularmente o Banco Mundial e o Fundo Monetário Internacional.[25] O apoio dado pelos líderes do Grupo dos Vinte (G20) na Cúpula de Londres de 2009 a várias das recomendações substanciais propostas pelos ministros das Finanças dos países do BRICS em Horsham também demonstra que o grupo aumentou temporariamente o poder de barganha das potências emergentes.[26] Pode-se argumentar, portanto, que, no âmbito das finanças internacionais, os BRICs, por um breve período, tiveram o protagonismo para "determinar a agenda política". Desde então, os ministros das Finanças vêm se encontrando com regularidade antes dos encontros do G20. Uma rotina parecida foi estabelecida entre os representantes dos países do BRICS antes de reuniões da direção do FMI e do Banco Mundial.[27]

Desenvolvimento e Finanças

A cooperação entre os Bancos de Desenvolvimento Nacional do BRICS começou em 2010, na 2ª Cúpula em Brasília. Desde então, os presidentes do Banco Nacional de Desenvolvimento Econômico e Social (BNDES), do Vnesheconombank, do Banco de Exportação-Importação da Índia, do Banco de Desenvolvimento da China e do Banco de Desenvolvimento da África do Sul se encontraram em paralelo com as Cúpulas do BRICS e em outras ocasiões, tais como em Londres, em outubro de 2010. Essas reuniões são parte do mecanismo cooperativo interbancário que fornece serviços financeiros para a cooperação técnica e econômica e desenvolvimento comercial dos países do BRICS, buscando dar apoio ao desenvolvimento das indústrias de infraestrutura, energia e alta tecnologia desses países.[28] Com base nos acordos que foram assinados dentro do quadro do mecanismo de cooperação interbancária do BRICS, os bancos membros deram alguns passos para o desenvolvimento da cooperação financeira multilateral dentro dos países do BRICS e criaram mecanismos básicos para a liquidação de pagamentos e financiamento de projetos de investimentos feitos em moedas locais.[29] Foi assinado um acordo para começar a estender créditos em moedas locais durante a Cúpula de 2012, em Nova Déli.[30]

O Mecanismo de Cooperação do BRICS tem quatro objetivos. Em primeiro lugar, o grupo BRICS planejou aumentar gradualmente as linhas de crédito denominadas em moedas nacionais e determinar as transações também em moedas nacionais para promover o investimento e o comércio mútuos. Em segundo lugar, concordaram em cooperar para investir e oferecer empréstimos para projetos em áreas cruciais como as de recursos naturais, tecnologia, redução de emissões de carbono e preservação ambiental. Em terceiro lugar, concordaram em ampliar a cooperação nos mercados financeiros, incluindo as cotações da bolsa de valores e as emissões de obrigações. Por fim, planejam aumentar o intercâmbio de informações entre seus bancos sobre economia, a situação financeira e financiamento de projetos.[31]

Em abril de 2011, aconteceu a Reunião Anual do Mecanismo de Cooperação entre Bancos e Fórum Financeiro do BRICS em Sanya, com o tema "Cooperação Financeira para um Futuro Melhor".[32] No fórum, representantes de bancos, empresas e círculos acadêmicos dos países do BRICS discutiram tópicos como o desenvolvimento econômico e financeiro, a promoção da cooperação nos investimentos e financiamentos entre os bancos e as empresas dos países do BRICS nas áreas de infraestrutura, desenvolvimento de recursos e economia de emissão reduzida de carbono.[33]

Mais de 150 oficiais, acadêmicos e diplomatas do Brasil, da Rússia, da Índia, da China e da África do Sul participaram do 2º Fórum Financeiro do BRICS, patrocinado pelo *Economic Daily*, um jornal chinês, e o *China Economic Net*, um portal de notícias.[34] Até o momento, o Banco de Desenvolvimento do BRICS assinou oito acordos para a cooperação econômica.[35] A cooperação intra-BRICS em torno da criação do Banco de Desenvolvimento do BRICS e do ACR será tratada separadamente no Capítulo 7.

Porém, apesar desse notável grau de cooperação nas áreas de desenvolvimento e finanças, outro episódio – a substituição do diretor-gerente do FMI – trouxe à tona algumas dúvidas sobre a capacidade de cooperação do BRICS.

Em 14 de abril de 2011, na Declaração de Sanya do BRICS, o Brasil, a Rússia, a Índia, a China e a África do Sul registraram que "a voz dos países emergentes e em desenvolvimento nos assuntos internacionais deve ser amplificada". Porém, quando as potências ocidentais recuaram em sua promessa de 2009, no sentido de "apontar diretores e cargos de liderança para as instituições financeiras internacionais, através de um processo aberto, transparente e meritocrático", ao concordarem rapidamente em estabelecer a ministra francesa das Finanças, Christine Lagarde, como substituta de Dominique Strauss-Kahn, as potências emergentes acabaram aceitando, impotentemente, o fato de que seria a Europa que designaria, mais uma vez, a pessoa incumbida do cargo de diretor-gerente do FMI. Foram vistas pela maioria como ilusórias as expectativas das potências emergentes de que Lagarde renunciaria antes de 2016 para dar lugar a um não europeu.[36] O BRICS perdeu uma chance de mostrar sua influência e forçar o Ocidente a romper com um acordo antiquado em que só os europeus poderiam comandar o Fundo, discriminando 90% da população do mundo e reduzindo a legitimidade do FMI.

Como foi que aquele zelo reformista, tão visível entre as potências emergentes, acabou evaporando tão rápido? Os diplomatas brasileiros e indianos argumentaram, com razão, que a queda de Strauss-Kahn pegou todo mundo de surpresa, o que deu ao BRICS pouco tempo para coordenar uma resposta em conjunto ou mesmo propor um candidato. Mas o mesmo se aplica aos Estados Unidos e à União Europeia, que rapidamente escolheram sua candidata. Dados os detalhes que emergiram a respeito da cultura misógina do FMI, a escolha de uma mulher foi uma manobra inteligente por parte dos europeus, que poderiam argumentar, portanto, que a escolha de Lagarde foi uma mudança importante para o Fundo. As potências emergentes, por outro lado, articularam a exigência de que um não europeu ocupasse o cargo, sem antes negociarem entre si quem esse candidato ou candidata deveria ser. Eles tinham uma grande quantidade de indivíduos adequados para escolher, muitos deles eram pelo menos tão qualificados quanto Lagarde no tocante à economia internacional, se não até mais – afinal, os economistas de países como o Brasil e a Turquia têm uma experiência preciosa em gerenciar crises econômicas com sucesso, o que poderia ajudar os países mais afetados na Europa.

Quando um oficial brasileiro admitiu mais tarde que "era provável que a Europa mantivesse seu domínio profundo sobre o cargo",[37] essa afirmação foi um gesto de aceitação implícita de que as potências emergentes haviam fracassado em chegar a um acordo sobre uma possível alternativa forte contra a ministra das Finanças da França. Apesar de a Europa e os Estados Unidos terem votos suficientes para fazer pressão pela eleição de qualquer candidato, teria sido difícil para eles rejeitar uma opção viável que contasse com o pleno apoio da China, da Índia, do Brasil, da Rússia e da África do Sul. É muito provável que ainda muitos outros países não europeus se unissem ao BRICS nisso. Mesmo os diplomatas australianos se disseram preocupados com a intransigência europeia.

Ficou evidente que encontrar um "candidato do BRICS" é difícil, dadas as opiniões dos países-membros do BRICS, seus interesses estratégicos e pontos de vista, todos muitas vezes díspares. Para a China, a segunda maior economia do mundo e terceiro maior contribuinte do FMI (perdendo só para os EUA e o Japão), é provável que não haja muita diferença entre um candidato francês e um mexicano, por exemplo. Do mesmo modo, os brasileiros não têm o menor incentivo para gastar capital político defendendo um candidato de Cingapura. O Brasil pode até mesmo procurar boicotar um candidato mexicano ou argentino, do mesmo modo que a Índia pode preferir um europeu a um diretor-gerente chinês. A campanha mal articulada das potências emergentes no sentido de conceder a ainda outro político europeu a direção do FMI revelou, portanto, que, apesar de suas visibilidade e atratividade, os membros do BRICS não são tão unidos quanto gostam de pensar. Em momentos decisivos, como após a queda de Strauss-Kahn, a aliança das potências emergentes se desmanchou, incapaz de fazer jus à retórica grandiloquente que tantas vezes foi ouvida nas cúpulas do BRICS.

No caminho rumo a uma ordem mundial mais igualitária, as potências em ascensão devem, antes de tudo, mostrar que conseguem, entre outras coisas, chegar a um acordo sobre uma estratégia em comum. Até conseguirem isso, não há sentido em denunciar a posição dominante do Ocidente nas instituições internacionais de hoje.

Tampouco conseguiu o BRICS demonstrar uma coesão maior no ano seguinte, quando os EUA escolheram Jim Yong Kim como novo presidente do Banco Mundial. Apesar de contar com o apoio de uma série de oficiais do Banco Mundial, dos jornais, ocidentais ou não, e dos principais acadêmicos, Ngozi Okonjo-Iweala jamais chegou sequer perto de abalar o apoio do mundo desenvolvido pelo candidato norte-americano. Ainda assim, sob a perspectiva dos países do BRICS, foi decepcionante testemunhar uma vitória fácil de Kim sobre

Ngozi Okonjo-Iweala, que sublinhava a persistente incapacidade das potências emergentes em encontrar um denominador comum – algo que muitos enxergam como um passo necessário para se desafiar o controle do Ocidente sobre o discurso global.

"Assumiremos uma posição em conjunto com o BRICS, tomando uma decisão em comum", anunciou o ministro da Fazenda brasileiro, Guido Mantega, no começo do processo de seleção, despertando as esperanças de que a candidata nigeriana viesse a conquistar o apoio geral dos países em desenvolvimento e potências emergentes.[38] Tal gesto poderia, em tese, ter convencido alguns países europeus de que era hora de honrar a retórica ocidental do "processo de seleção aberto e meritocrático" e pôr um fim ao anacrônico acordo informal segundo o qual apenas cidadãos dos EUA podem chefiar o Banco Mundial.

Porém, logo depois, o governo russo declarou seu apoio a Kim, numa decisão tomada sem coordenação com os outros Estados. Como a candidata nigeriana era amplamente vista como mais qualificada, o BRICS perdeu uma oportunidade única de demonstrar unidade e responder aos críticos a respeito de sua univocidade.

Ao imporem seu candidato, os Estados Unidos perderam a chance de ampliar a legitimidade do Banco Mundial entre as potências emergentes, como Brasil e Índia, que acreditam que a sua governança não reflete mais a distribuição global de poder. É provável que a decisão tenha fortalecido aqueles que procuram criar instituições alternativas como o Banco de Desenvolvimento do BRICS.

O controle ocidental sobre a presidência do Banco Mundial, porém, não deverá durar muito mais. É provável que Kim seja o último presidente do Banco Mundial que tenha chegado ao cargo por pressão dos Estados Unidos, na medida em que o poder de voto dentro da própria instituição e do FMI vem sendo transferido, lenta, mas inevitavelmente, às potências emergentes.

Outra questão – a chamada "guerra cambial" – merece breve menção. À época, os Estados Unidos muitas vezes acusaram o governo chinês de manter artificialmente baixo o valor da moeda chinesa, numa tentativa de melhorar suas exportações. Outros países do BRICS, como o Brasil, notavelmente, também ficaram do lado do posicionamento norte-americano por princípio. A Índia tem um déficit comercial pronunciado com a China. O Brasil tem um superávit, mas só por conta de sua exportação de commodities em massa para a China. Em relação aos bens de valor agregado, o governo brasileiro já expressou preocupação semelhante às dos *policy makers* da Índia e dos EUA. Em Brasília, há preocupações, em particular, de que as exportações artificialmente baratas da China venham a destruir mercados importantes de bens brasileiros de valor agregado na América Latina. No entanto, como apontaram Armijo e Roberts, desde que o ministro da Fazenda do Brasil expressou seus receios pela primeira vez, em setembro de 2010, de que pudesse haver uma "guerra cambial" internacional, o BRICS – notadamente o Brasil e a Índia – vem dando apoio ao posicionamento chinês.[39] Diplomatas dos países do BRICS admitem que o problema da moeda chinesa já foi tema de muitas reuniões do grupo (incluindo cúpulas entre seus líderes) e é notável que eles venham criticando a China com muito menos frequência do que os EUA e a Europa costumam criticar, o que sugere que o grupo do BRICS ajudou a China a evitar ser atacada de todos os lados nessa questão.

Além das finanças, o que a cooperação intra-BRICS hoje acarreta? Este capítulo analisa a cooperação numa série de temas, que vão de saúde, administração fiscal e estatística até agricultura, academia e o governo subnacional.

SAÚDE

Segundo os *policy makers* envolvidos na criação do grupo do BRICS, a cooperação na área da saúde pública parecia ser intuitiva, em face dos desafios significativos que todos os membros da área enfrentam.[40] Os países do BRICS são o principal fabricante de remédios e vacinas de baixo custo. Ao mesmo tempo, a Índia continua a ser um dos países com o maior índice de mortalidade infantil e materna, e a expectativa de vida na Rússia vem decaindo substancialmente ao longo das últimas duas décadas.[41] O Brasil, por outro lado, foi bem-sucedido em lidar com o desafio do HIV/aids nos anos 1990, adotando uma abordagem que os outros países do BRICS buscaram aprender.[42] Os países do BRICS também tiveram um progresso notável rumo ao fortalecimento e à cobertura universal de seus sistemas de saúde.[43]

A Índia, o Brasil e a África do Sul já trabalharam juntos em questões de saúde pública, mais precisamente em 2001, quando os três países estiveram envolvidos de forma ativa fazendo lobby a favor de um consenso para tratar dos efeitos negativos do acordo TRIPS (sigla inglesa para Agreement on Trade-Related Intellectual Property Rights ou Acordo sobre Aspectos dos Direitos de Propriedade Intelectual Relacionados ao Comércio) da OMC, que representava, portanto, uma das maiores preocupações do mundo em desenvolvimento, visto que limitava seu acesso a remédios de baixo custo. A campanha levou à decisão do Conselho Geral da OMC de 2003 (a "emenda ao TRIPS"), que permitiu aos países em desenvolvimento exportarem medicamentos genéricos produzidos localmente a países afetados por crises de saúde pública, garantindo que os países pobres teriam acesso a versões mais baratas dos produtos farmacêuticos patenteados.[44] Ao longo da década que se seguiu, os três países continuaram cooperando regularmente no tocante às questões de saúde pública, sobretudo no quadro do grupo do IBAS.[45]

A primeira Reunião dos Ministros da Saúde do BRICS ocorreu em Pequim, em 11 de julho de 2011, um ano após a cooperação intra-BRICS ter sido iniciada oficialmente durante a 2ª Cúpula do grupo em Brasília, em 2010.

A Declaração de Pequim da Primeira Reunião dos Ministros da Saúde do BRICS enfatizou a importância e a necessidade da transferência de tecnologia como meio de aumentar a autonomia dos países em desenvolvimento; a importância dos medicamentos genéricos na realização do direito à saúde; e o estabelecimento das prioridades em pesquisa e desenvolvimento. Além disso, os ministros discutiram a cooperação entre os países do BRICS, inclusive a transferência de tecnologia e inovações tecnológicas.[46]

Um ano depois, na Declaração de Déli, publicada em 29 de março de 2012, foi decidido que as reuniões dos ministros da Saúde do BRICS aconteceriam de forma institucionalizada para que os países do BRICS pudessem tratar em conjunto de objetivos em comum, como o de promover a inovação e o acesso universal a tecnologias de saúde, incluindo medicamentos. O principal desafio identificado foram os custos crescentes e o fardo cada vez maior de doenças transmissíveis e não transmissíveis. Um dos modos de lidar com esse problema foi encorajar o fluxo de conhecimento entre instituições de pesquisa através de projetos em conjunto, oficinas e visitas mútuas, particularmente de jovens cientistas em áreas ligadas à indústria farmacêutica e à saúde.[47] Os envolvidos entrevistados em vários países do BRICS indicaram que, no geral, são fracos os laços entre as instituições de pesquisa do Sul Global e deram boas-vindas à iniciativa. Porém, vários deles também expressaram dúvidas sobre se as atividades de iniciativa do BRICS causariam qualquer impacto tangível.[48]

À margem da Assembleia Mundial da Saúde de maio de 2012, em Genebra, os ministros da Saúde dos países do BRICS se reuniram outra vez e decidiram que as áreas temáticas de trabalho abrigadas na Plataforma de Saúde do BRICS deveriam ser identificadas para cada país. A declaração diz:

> O grupo de trabalho técnico discutirá um programa de trabalho a fim de avançar na cooperação ligada à saúde entre os países do BRICS, em particular o estabelecimento de uma rede de cooperações tecnológicas. As deliberações do grupo de trabalho servirão como preparação para o próximo encontro dos ministros da Saúde do BRICS, tal como referido na Declaração de Déli.[49]

Como foi acordado no plano de ação, cada país identificou uma pessoa responsável por cada área de trabalho a ser coordenada com o principal oficial do país, que estará conduzindo esse tópico em particular e identificará um programa para levar adiante as cooperações ligadas à saúde entre os países do BRICS, em particular o estabelecimento de uma rede de cooperação tecnológica.⁵⁰ Na reunião seguinte dos ministros da Saúde do BRICS, ocorrida em janeiro de 2013, em Nova Déli, os ministros se comprometeram a fortalecer a cooperação intra-BRICS para promover a saúde da população dos países do grupo. Eles discutiram especificamente as recomendações do Grupo de Trabalho Consultivo de Peritos em Investigação e Desenvolvimento, a fim de coordenar e financiar os trabalhos de investigação e desenvolvimento (I&D) de produtos médicos, e receberam de braços abertos a proposta de estabelecer um observatório de I&D de Saúde Global, bem como a decisão de realizar consultas regionais para determinar projetos de demonstração de I&D.

No encontro, Michel Sidibé, diretor executivo da UNAIDS, falou do papel ímpar que cada país do BRICS desempenha, no sentido de aproveitar sua experiência positiva com a resolução da epidemia de HIV para servir como um motor para a inovação, a pesquisa e o desenvolvimento de soluções de saúde para outros países em desenvolvimento. Ele declarou que, "hoje, os [Estados que compõem o] BRICS estão demonstrando quanto cada vez mais a saúde é uma ferramenta da política externa e um veículo para promover a saúde global e o desenvolvimento do mundo inteiro".⁵¹

Os ministros da Saúde do BRICS se reuniram outra vez na Cidade do Cabo, em 7 de novembro de 2013, oportunidade em que renovaram seu "compromisso em fortalecer a cooperação internacional na saúde, em particular a cooperação Sul-Sul, com uma visão dos esforços nos países em desenvolvimento". Por fim, "tomando nota do progresso feito na implementação das decisões tomadas na Reunião dos Ministros da Saúde em Pequim e Déli", os ministros adotaram o "Marco do BRICS para a Colaboração em Projetos

Estratégicos em Saúde".⁵² Dentro desse modelo, foram definidas três linhas de trabalho para a colaboração: saúde pública, sistemas de atendimento de saúde e ciências biomédicas. Os ministros enfatizaram a importância de se monitorar e avaliar o progresso rumo a uma cobertura de saúde universal e comissionaram um quadro de monitoramento para ajudar os países a acompanharem seu progresso.⁵³

A cooperação intra-BRICS na área da saúde pública tem alguma utilidade? A cooperação entre Índia, Brasil e África do Sul na OMC na área do TRIPS foi um dos exemplos mais poderosos de cooperação efetiva entre os países em desenvolvimento. Do mesmo modo, a maioria dos especialistas entrevistados fora dos países do BRICS tinha uma perspectiva altamente positiva sobre a cooperação intra-BRICS na área da saúde pública.⁵⁴ A Organização Mundial de Saúde (OMS) escreve que "as reuniões anuais dos ministros da Saúde do BRICS agora são consideradas essenciais para levar adiante a cooperação intra-BRICS".⁵⁵ Harmer *et al.* escrevem que,

> com a China agora representada na liderança do Quadro Executivo da Organização Mundial de Saúde, enquanto a Índia e a China são responsáveis por intervenções robustas na Assembleia Mundial de Saúde, é possível concluir que os [países do] BRICS têm o potencial de reconfigurar os modelos ocidentalizados de governança global de saúde e assistência de desenvolvimento.⁵⁶

As cúpulas e reuniões dos ministros da Saúde do BRICS sugerem que há uma vontade política contínua por ações coletivas, conforme os líderes políticos acatam o fato de que os países do BRICS têm um papel importante a ser desempenhado na área da saúde global. "O desafio", escrevem Harmer *et al.*, "é aproveitar esse momento para converter a vontade política em ação".⁵⁷

Administração tributária

A administração tributária é um exemplo adicional de uma dimensão da cooperação intra-BRICS que recebeu uma parcela pequena da atenção pública. Em abril de 2012, os ministros das Finanças e presidentes dos Bancos Centrais se reuniram em Washington, D.C., e concordaram em desenvolver uma abordagem cooperativa para questões ligadas a cobrança de impostos internacionais, preços de transferência, intercâmbio de informações e combate à sonegação de impostos.[58] Em comparação com outras áreas, a cooperação tributária é um tanto recente, portanto. Na primeira reunião, em janeiro de 2013, os chefes das receitas deliberaram sobre questões de preocupação mútua ligadas a administração tributária, tributação internacional, preços de transferência, evasão fiscal transfronteiriça e mecanismos de resolução de disputas fiscais.[59]

"Concordamos em estender a cooperação sobre os seguintes assuntos de políticas fiscais e administração tributária, incluindo o desenvolvimento de mecanismos do BRICS para facilitar o combate a operações de evasão fiscal e promover um intercâmbio eficaz de informações", registrou um comunicado em conjunto publicado após a reunião de dois dias dos chefes da receita do BRICS.[60]

Eles também identificaram uma série de áreas de políticas fiscais e administração tributária para estender a cooperação mútua – como a contribuição para o desenvolvimento dos Padrões Internacionais de Tributação Internacional e Preços de Transferência, que levarão em consideração as aspirações dos países em desenvolvimento, fortalecendo os processos de aplicação da lei e realização das ações adequadas contra os casos de não *compliance*, além de destinar mais recursos para a cooperação internacional. Outras ações incluem o compartilhamento de melhores práticas e a capacitação técnica, o compartilhamento de práticas contra o não *compliance* e evasão fiscal, incluindo o abuso de benefícios dos tratados comerciais e transferências de lucros por meio de estruturas empresariais multicamadas complexas, e o desenvolvimento de um mecanismo do BRICS para facilitar o combate às operações, arranjos, paraísos fiscais e esquemas de sonegação de impostos.[61]

Como no caso da saúde, a cooperação intra-IBAS foi anterior à cooperação intra-BRICS na área da administração tributária. Os participantes da reunião apontaram que as lições aprendidas anteriormente, durante a cooperação entre Índia, Brasil e África do Sul, serviriam como uma base útil para fortalecer os vínculos entre os BRICS.[62]

Estatísticas

Desde 2010, a Publicação Estatística Conjunta (*Joint Statistical Publication*) do BRICS vem sendo lançada anualmente durante as cúpulas do BRICS. O documento é preparado por especialistas dos países-membros que se reúnem com regularidade para esse fim.[63]

O primeiro encontro dos institutos de estatística dos então BRICs ocorreu em fevereiro de 2010, em Nova York, à margem da reunião do Comitê de Estatística da ONU. Uma cooperação mais institucionalizada intra-BRICs no âmbito da estatística foi acordada na 2ª Cúpula do BRICS em Brasília, em abril de 2010.[64] No mesmo ano, a Segunda Reunião dos chefes dos órgãos estatísticos do Brasil, da China, da Índia e da Rússia aconteceu no Brasil (de 29 de novembro a 1º de dezembro de 2010).

Desde então, os Institutos de Estatísticas do BRICS vêm realizando reuniões bianuais. No final de cada ano, ocorre uma reunião para definir o escopo da próxima publicação. Alguns meses depois, antes da Cúpula dos Líderes do BRICS, ocorre uma segunda reunião para discutir assuntos técnicos, em sua maior parte ligados a como harmonizar as estatísticas nacionais para que sejam comparáveis. Cada nova publicação é apresentada aos chefes de Estado e governo das Cúpulas dos Líderes.

Durante a 6ª Cúpula do BRICS de 2014, o Instituto Brasileiro de Geografia e Estatística (IBGE) divulgou a nova edição da Publicação Estatística Conjunta dos países do BRICS,[65] uma publicação anual que inclui indicadores econômicos, demográficos e sociais, bem como informações extensivas sobre taxas de desemprego, indústria, transporte e tecnologia de informação. A publicação visa ampliar a compreensão mútua e permitir que os *policy makers* identifiquem áreas em que os países do BRICS têm diante de si problemas em comum.[66]

Alinhar dados estatísticos sobre a situação socioeconômica de cada país pode parecer um trabalho insignificante, mas ele deve ser compreendido como mais um pequeno passo rumo ao estreitamento das relações Sul-Sul, ajudando os governos do BRICS a fortalecer interações em múltiplos níveis. Ao mesmo tempo, parecem precoces as sugestões de que a cooperação nesse campo é capaz de representar um primeiro passo rumo à criação de um "OCDE do Sul". A OCDE e o BRICS podem ter semelhanças, no sentido de que ambos procuram fornecer uma plataforma para comparar experiências de políticas, desenvolver respostas a problemas comuns e identificar boas práticas. Porém, a OCDE também tenta – e por vezes consegue – coordenar as políticas domésticas e internacionais de seus membros, algo que o grupo do BRICS ainda não faz.

Segurança Nacional

As origens do grupo do BRICS podem ser econômicas e os assuntos de suas primeiras reuniões foram sobre governança financeira global, mas, em maio de 2009, ocorreu, pela primeira vez, a reunião dos Assessores de Segurança Nacional dos BRICs. Seguiram-se reuniões adicionais na sequência, por exemplo, em Sochi, em 2010, e Nova Déli em 2013. Como comenta Rajeev Sharma, "era só uma questão de tempo para [...] que questões de segurança nacional aparecessem também na agenda e se tornassem um elemento importante".[67] Em

Déli, no começo de 2013, os assessores de segurança nacional do Brasil, da Rússia, da Índia, da China e da África do Sul discutiram questões sobre terrorismo, segurança on-line e pirataria, bem como também os conflitos em andamento na Síria, na Líbia e em Mali. Enquanto a Rússia e a Índia já eram países experientes no combate ao terrorismo, o Brasil começou também a se preocupar com o tema como parte de sua preparação para sediar a Copa do Mundo em 2014 e as Olimpíadas em 2016.

Uma segunda reunião de segurança nacional aconteceu em dezembro de 2013, na Cidade do Cabo.[68] Os representantes trataram de um número de questões de segurança em preparação para a próxima cúpula do BRICS em 2014. Ao refletirem sobre questões de segurança on-line (após as revelações dos atos de espionagem do governo dos EUA), os representantes concordaram em estabelecer um grupo de trabalho de peritos a fim de concluir um conjunto concreto de propostas a serem adotadas na Cúpula dos Líderes.[69] Além disso, os participantes decidiram fortalecer a cooperação em relação à segurança de transporte, incluindo iniciativas antipirataria quanto ao compartilhamento de conhecimento e à construção de capacidade com os Estados em áreas afetadas por essas práticas.[70]

Durante as entrevistas com os participantes da reunião, porém, todos argumentaram que eram prematuras e pouco realistas as expectativas de que o BRICS visaria articular uma arquitetura real de segurança ao longo dos anos. Em vez disso, as reuniões foram vistas como oportunidades úteis para realizar consultorias mútuas e identificar áreas de preocupação em comum.

Agricultura

As grandes diferenças entre a produtividade agrícola do Brasil e da Índia e seus posicionamentos distintos durante as negociações comerciais são muitas vezes usados para argumentar que a cooperação

Sul-Sul será sempre um sonho ilusório. De fato, a Índia foi acusada de ser "do contra" no âmbito dos problemas agrícolas no contexto das negociações comerciais.[71]

Pode parecer surpreendente que a agricultura e a segurança alimentar estejam entre os primeiros temas que o grupo dos BRICs começou a discutir ao procurar modos de cooperação. Na verdade, na 1ª Cúpula dos Líderes dos BRICs em Ecaterimburgo, foi publicada uma declaração à parte sobre segurança alimentar, sublinhando a importância dessa questão.[72]

No documento, o grupo afirmou estar "comprometido com a oposição ao protecionismo, estabelecendo um regime comercial internacional justo e razoável para produtos agrícolas e dando aos agricultores de países em desenvolvimento os incentivos para trabalhar na produção agrícola". O documento propõe que "os países desenvolvidos e em desenvolvimento devem tratar da questão de segurança alimentar segundo o princípio da responsabilidade em comum, porém diferenciada", um conceito que viria a se tornar marca registrada das futuras declarações do BRICS, particularmente no campo da mudança climática. Por fim, o grupo anunciou seu interesse pela cooperação ao "compartilharem as melhores práticas para operar programas bem-sucedidos de distribuição pública".[73]

Os ministros da Agricultura e Desenvolvimento Agrário do grupo se reuniram pela primeira vez numa reunião própria em Moscou, em 26 de março de 2010, um ano após a primeira declaração sobre segurança alimentar, e chegaram a um consenso sobre as seguintes ações para a cooperação agrícola sob esse mecanismo: em primeiro lugar, a criação de um sistema de banco de dados agrícola; em segundo lugar, o desenvolvimento de uma estratégia geral para garantir o acesso da população mais vulnerável à alimentação; a redução do impacto negativo da mudança climática sobre a segurança alimentar e a adaptação da agricultura à mudança climática; e, em quarto e último lugar, aumentar a cooperação na tecnologia agrícola e em suas inovações.[74] A Declaração de Moscou também incluía ênfase à "cooperação pragmática" e "medidas tangíveis a serem adotadas para ampliar a produtividade agrícola doméstica, que desempenharam papel positivo em promover a segurança alimentar e manter a estabilidade econômica".[75]

Para implementar o consenso atingido na reunião de Moscou, a primeira Reunião do Grupo de Trabalho para Cooperação Agrícola do BRICS ocorreu em Pequim, na China, em agosto de 2011.[76] Os participantes concordaram em formular o "Plano de Ação para a Cooperação Agrícola dos países do BRICS" para o período de 2012-2016, aprovado na Segunda Reunião dos Ministros da Agricultura e Desenvolvimento Agrário do BRICS.[77] Além do mais, os países-membros estabeleceram um calendário anual de atividades, que levam em consideração os princípios adotados pelo Plano de Ação.[78]

Dada sua experiência no campo da agricultura e da segurança alimentar, o Brasil parece estar numa boa posição para assumir a liderança nessa área. Como consequência, os países do BRICS concordaram que o desenvolvimento de uma estratégia geral para garantir o acesso das populações mais vulneráveis à alimentação deveria ser coordenado pelo governo brasileiro. Como definido no Plano de Ação, o Brasil realiza seminários para intercâmbio de políticas e experiências entre os membros, a fim de garantir a segurança alimentar das populações mais vulneráveis e fortalecer a cooperação tecnológica e industrial para a pecuária e a pesca, sobretudo na área de aquicultura de água doce e salgada.[79] Além do mais, o Brasil coordena o estabelecimento do grupo do BRICS na Organização das Nações Unidas para a Alimentação e a Agricultura (Food and Agriculture Organization – FAO, na sigla em inglês), que é chefiada por um brasileiro. O grupo ainda age dentro do Programa Alimentar Mundial das Nações Unidas para coordenar iniciativas que promovem a segurança alimentar, projetos na área de segurança alimentar e merenda escolar, bem como para incentivar os mecanismos de compra de alimentos locais.

Para a China e a Índia, a segurança alimentar é igualmente uma das preocupações cruciais de segurança nacional: com uma população de 2,5 bilhões, as duas nações precisam aumentar dramaticamente a produtividade agrícola e manter fornecedores confiáveis de alimentos no exterior.[80] Eventual escassez alimentar tem o potencial de levar à inquietação social e pode derrubar a legitimidade dos governos em ambos os países. Seu interesse no conhecimento brasileiro sobre produtividade agrícola é, portanto, vital.

Tudo isso, claro, não significa que a competição intra-BRICS seja uma coisa do passado – longe disso. Embates como os que ocorreram entre o Brasil e a África do Sul sobre exportação de carne de aves em 2012 continuarão acontecendo.[81] De fato, dado o papel cada vez maior do BRICS no comércio global, esses embates deverão tornar-se cada vez mais frequentes. As batalhas por recursos, entre a China e a Índia em particular, deverão ser ferozes nas próximas décadas, conforme os dois países vão se tornando as duas maiores economias do mundo.

A terceira Reunião dos Ministros da Agricultura e Desenvolvimento Agrário do BRICS aconteceu em Pretória, em outubro de 2013, com o seguinte tema: "O efeito negativo da mudança climática sobre a segurança alimentar mundial." Na declaração final dos ministros, os participantes reafirmaram seu "compromisso em fortalecer áreas de cooperação, a saber, a troca de informações, a segurança alimentar, a mudança climática, a inovação, o comércio e o investimento agrícolas e expandir gradualmente a cooperação, de modo a tratar dos outros desafios à segurança alimentar".[82]

A reunião também anunciou o estabelecimento do Sistema Básico de Intercâmbio de Informações Agrícolas dos países do BRICS, ao mesmo tempo que apontou que "um tal sistema não deve ser uma duplicata do Sistema de Informação de Mercado Agrícola (SIMA) criado sob o G20 e administrado pela FAO das Nações Unidas".[83]

Judiciário

Talvez o mais surpreendente para os observadores externos tenha sido o fato de que os países do BRICS também passaram a cooperar nas questões ligadas ao judiciário. Após assinarem, em 2009, o Protocolo de Intenção entre as Supremas Cortes dos países dos BRICs, aconteceu o "I Programa de Intercâmbio de Magistrados e Juízes dos países dos BRICs" em março de 2010, no Brasil. O cronograma de atividades foi preparado pela Escola Nacional de Formação e Aperfeiçoamento de Magistrados (ENFAM), visando apresentar aos juízes a composição e o funcionamento do sistema judiciário do Brasil, permitindo aos visitantes compartilhar experiências de seus países quanto à organização de questões contemporâneas relacionadas ao judiciário, como independência e reforma jurídica.

Juízes da Rússia, da China, da Índia e do Brasil participaram das atividades da primeira edição, que teve duração de mais de 12 dias. Essa visita ao Brasil e a experiência de aprender sobre diferentes interpretações e aplicações da lei podem ter sido particularmente relevantes para os juízes da China e da Rússia, onde as cortes são controladas pelo governo. É claro que é mais questionável, no entanto, quanto um jurista brasileiro ou indiano poderá aprender com suas contrapartes russas e chinesas.

Possivelmente por conta dessas restrições, o programa de intercâmbio do BRICs foi descontinuado após a sua primeira edição. No Brasil, o programa incluía itens como "Projetos recentes na área dos direitos humanos", um tópico que pode ter sido difícil de discutir com os participantes chineses.[84]

Ainda assim, segundo os burocratas entrevistados, a interação que era parte do programa de intercâmbio para juízes foi estabelecida porque todos os Estados do BRICS sofrem de problemas parecidos que os judiciários poderiam resolver: imensa acumulação de casos que reduzem a competitividade do BRICS, legislações que precisam ser simplificadas e desburocratizadas, bem como corrupção em larga escala que pode reduzir o investimento estrangeiro no BRICS.[85]

Não houve mais reuniões subsequentes desde 2010, o que sugere que o intercâmbio de juízes não foi mais visto como prioridade política no contexto de fortalecer a cooperação intra-BRICS – ou que esse intercâmbio não tenha produzido os resultados desejados.

GOVERNO SUBNACIONAL

Em 2008, quatro cidades dos BRICs – Rio de Janeiro, São Petersburgo, Mumbai e Qingdao – estabeleceram parceria. Durban entrou mais tarde, depois que a África do Sul se tornou membro do BRICS, no final de 2010.[86] A lógica subjacente para a cooperação era que os países do BRICS poderiam aprender lições úteis entre si sobre a relação entre crescimento, redução da pobreza e urbanização. Essa última questão em particular propõe desafios fundamentais às sociedades do BRICS, sobretudo aquelas que ainda contêm grandes populações rurais. Enquanto o Brasil e a Rússia são, em sua maior parte, nações urbanizadas, uma alta porcentagem da população da China e da Índia ainda vive no interior. O sucesso econômico a longo prazo da China e da Índia dependerá de sua capacidade para lidar com o inevitável processo de urbanização, desafio que será muito maior do que o enfrentado pelos países industrializados de hoje: enquanto os países desenvolvidos na Europa e na América do Norte foram se urbanizando ao longo de séculos, a China e a Índia estão passando por grandes transformações no intervalo de apenas algumas décadas.[87]

A experiência de cada país do BRICS com a urbanização tem suas características distintas. No Brasil, o fracasso para se preparar para a migração interna nas cidades deu origem às favelas. A China, por outro lado, procurou lidar com a urbanização desde cedo em sua estratégia de desenvolvimento nacional, sendo bem-sucedida em tirar milhões da pobreza – ao mesmo tempo, porém, um número significativo de moradores urbanos da China não tem direitos residenciais permanentes nas cidades. A Rússia está procurando tratar dos efeitos negativos da migração de planejamento central da época da União Soviética, que levou à criação de cidades em regiões inconvenientes com economias que sofrem para se diversificar. Na Índia, talvez o pior dos casos, falta uma abordagem coerente para tratar do crescimento da mão de obra rural que não pode ser absorvida apenas pela atividade agrícola. Se cada um dos países do BRICS estudar as estratégias dos outros para lidar com a urbanização e a proliferação de megalópoles, isso provavelmente trará benefícios mútuos, sobretudo para a Índia, que ainda tem uma população majoritariamente rural. Os oficiais da cidade não estão encarregados sozinhos de criar as políticas de urbanização do país, por isso o impacto em potencial de uma cooperação intra-BRICS de governos subnacionais será sempre limitado.

Em dezembro de 2011, aconteceu o primeiro "Fórum de Cooperação Governamental Local e Cidades Amigas do BRICS", que reuniu oficiais de governo municipal e local, bem como especialistas e representantes de empresas, da China, do Brasil, da Rússia, da Índia e da África do Sul, que prometeram tratar dos desafios da urbanização por meio da cooperação e do compartilhamento de experiências e histórias de sucesso.[88]

A segunda Reunião de Cidades Amigas foi organizada em Mumbai, em janeiro de 2013.[89] Um segundo "Fórum de Urbanização do BRICS", que também serviu como o 3º Fórum de Cooperação Governamental Local e Cidades Amigas, foi sediado em Durban em novembro de 2013. O evento, que teve três dias de duração, foi sediado sob o tema "Rumo à urbanização sustentável".[90] Na declaração final, os membros das delegações se comprometeram a "compartilhar conhecimento e experiência no tocante a métodos e instrumentos para promover a inclusão social, tais como planejamento e orçamentos participativos e a seleção local de ferramentas e dispositivos mais adequados para a democracia participativa".[91]

Dado o fato de que os *policy makers* locais e regionais não têm experiência com política externa (a chamada "paradiplomacia", ainda subdesenvolvida na maioria dos países), não há certezas, a esta altura, se a iniciativa das cidades amigas do BRICS produzirá quaisquer resultados tangíveis. É possível que, nesse caso, a diferença entre os tipos de regimes políticos tenha papel relevante: a urbanização na China autoritária terá um tratamento muito diferente da experiência da democracia vibrante e caótica da Índia – e é por esse motivo que os projetos urbanos demoram muito mais para ser implementados. Só o tempo dirá se valerá a pena essa reunião de oficiais urbanos do BRICS ser levada a cabo. À primeira vista, o Brasil não está levando a ideia muito a sério: em vez de participar das reuniões pessoalmente, o prefeito do Rio de Janeiro enviou representantes que não devem ter autoridade suficiente para tomar decisões com implicações relevantes.

Academia

Um exemplo adicional da cooperação intra-BRICS que foi institucionalizado na Cúpula dos BRICs de 2010, em Brasília, foi uma reunião de acadêmicos e observadores de políticas – uma cúpula de "Faixa II", denominada "Fórum Acadêmico dos BRICs". O Fórum Acadêmico geralmente ocorre algum tempo antes da Cúpula dos Líderes e, ao fim da reunião, um documento final com recomendações de políticas é desenvolvido por "chefes de equipe nacional" designados.

O estabelecimento de um diálogo entre acadêmicos e observadores de políticas atende a um duplo propósito. Em primeiro lugar, porque fornece uma plataforma para pensadores desenvolverem novas ideias, nas quais podem, desfrutando idealmente de certa liberdade quanto a pressões políticas, testar conceitos que, por sua vez, podem ser adotados pelos *policy makers*. Além disso, o Fórum Acadêmico deveria estabelecer laços entre organizações da sociedade civil, possivelmente funcionando como um degrau rumo a uma cooperação mais ampla entre as instituições, envolvendo programas de intercâmbio e publicações em conjunto.

A Índia sediou o primeiro Fórum Acadêmico dos BRICs – apesar de ainda não institucionalizado – em maio de 2009, como um evento preparatório antes da Cúpula do grupo dos BRICs em Ecaterimburgo, na Rússia, em junho de 2009.[92] Desde a Cúpula em Brasília, os fóruns acadêmicos vêm ocorrendo no mesmo país que sedia a Cúpula dos Líderes. Cada Ministério das Relações Exteriores designa uma instituição que fica encarregada de reunir uma equipe de pensadores para representar o país na reunião. O 6º Fórum Acadêmico do BRICS aconteceu em março de 2014, no Rio de Janeiro.[93]

O Fórum Acadêmico produziu algum resultado tangível até o momento? Quanto ao estabelecimento de laços mais fortes entre as instituições de pesquisa do BRICS, não há dúvidas de que a resposta é sim. Graças ao Fórum Acadêmico do BRICS, os laços intra-BRICS em nível de sociedade civil agora estão mais fortes do que nunca. Quanto ao desenvolvimento de novas ideias, porém, o resultado das reuniões é um tanto incerto. As recomendações da comunidade dos institutos de pesquisa e da academia por vezes se revelaram, paradoxalmente, ainda mais genéricas do que o que consta na Declaração da Cúpula dos Líderes. Poucas novas ideias surgiram dos primeiros seis Fóruns Acadêmicos do BRICS.

Tais críticas, no entanto, ignoram a grande dificuldade que é negociar uma declaração detalhada num único dia. Isso se dá particularmente porque os analistas de políticas e acadêmicos não funcionam segundo os princípios hierárquicos que se aplicam aos diplomatas – por exemplo, não há motivo para acreditar que os analistas independentes da Índia irão todos concordar em como deve ser a imagem do grupo do BRICS no futuro. O grupo da África do Sul poderia muito bem ser composto por pensadores que não concordam com as políticas de seu próprio governo em relação ao BRICS. Ainda que na Rússia e na China seja bastante comum (talvez até mesmo esperado) que eles apoiem as políticas do governo, esse claramente não é o caso no Brasil, na África do Sul e na Índia. Grandes ideias sobre o futuro da cooperação do BRICS podem de fato aparecer em artigos individuais, mas, por conta de uma falta de consenso, é improvável que as ideias mais audaciosas cheguem às declarações finais – e os *policy makers*, por sua vez, sequer se dão conta da existência delas.

Isso traz à tona o questionamento de se uma reunião dessas deveria ter uma declaração "final" – inevitavelmente inócua – e se não seria preferível meramente publicar uma série de artigos para fortalecer o debate público e acadêmico.

Além do Fórum Acadêmico do BRICS, a África do Sul tomou a iniciativa de lançar um Consórcio de *Think Tanks* do BRICS antes da 5ª Cúpula em Durban. Uma reunião para discutir os detalhes da organização e outros assuntos se deu em Durban entre 8 e 9 de março de 2013. O Consórcio, batizado de Conselho de *Think Tanks* do BRICS, foi lançado em 11 de março de 2013.[94]

CIÊNCIA E TECNOLOGIA

As primeiras reuniões de oficiais seniores na área de Ciência e Tecnologia aconteceram em 2011. Os ministros de Ciência de Tecnologia do BRICS se reuniram pela primeira vez em fevereiro de 2014, em Kleinmond (África do Sul).[95] Os ministros decidiram fortalecer a cooperação em cinco áreas: mitigação da mudança climática e desastres naturais (liderada pelo Brasil), recursos hídricos e tratamento da poluição (liderada pela Rússia), tecnologia geoespacial e suas aplicações (liderada pela Índia), novas energias, energia renovável e eficiência energética (liderada pela China) e astronomia (liderada pela África do Sul).[96] Em sua declaração, eles anunciaram que, na próxima reunião ministerial, durante a presidência *pro tempore* do Brasil, deverá ser assinado um memorando sobre a compreensão na área, visando estabelecer um quadro estratégico para a cooperação nos campos de ciência e tecnologia.[97] O memorando visava fomentar a promoção de parcerias com outros acionistas do mundo em desenvolvimento, com base nas experiências e complementaridades do BRICS. O governo brasileiro descreve as áreas de oceanografia e pesquisa polar, inclusive do continente antártico, como particularmente promissoras.[98] Considerando quanto as tentativas de cooperação do BRICS nessa área em particular são recentes, ela ainda está para produzir resultados tangíveis.

COMÉRCIO

Uma das críticas mais comuns dirigidas ao grupo do BRICS é a de que suas economias são incompatíveis.[99] E, de fato, à exceção da China, que tem fortes laços econômicos com todos os outros países do BRICS, o comércio intra-BRICS é surpreendentemente fraco. Com base nos dados de 2012, o comércio do Brasil com a Índia, por exemplo, era de meros US$10 bilhões, seis vezes menor do que os laços econômicos do Brasil com a China.[100] O mesmo se aplica aos outros Estados do BRICS, cujo comércio é dominado pelos laços com a China. O comércio intra-BRICS total de 2012 era menor do que o comércio do BRICS com a África, o que mostra sua desunião na frente econômica.[101] Mas há um potencial considerável. Em 2011, por exemplo, o comércio bilateral entre África do Sul e China cresceu 32%; com a Índia, 25%; e com o Brasil, 20%.[102]

No geral, o comércio intra-BRICS aumentou quinze vezes na última década, e seus PIB e volume comercial chegaram a representar 20% do total global, mas, em comparação com as proporções de população e território dos países do BRICS, esses números deixam "muito a desejar", segundo Wang Jinzhen, vice-presidente do *China Council for the Promotion of International Trade*, no 2º Fórum Financeiro do BRICS em Pequim, em 2013.[103] De fato, por volta de 2012, o comércio bilateral entre China e outros países do BRICS chegou a US$300,3 bilhões, meros 7,8% das importações e exportações totais da China. Nenhum dos outros quatro países do BRICS consta no top 10 de países investidores na China.[104]

Gráfico 5.1 – Exportações brasileiras para o BRICS

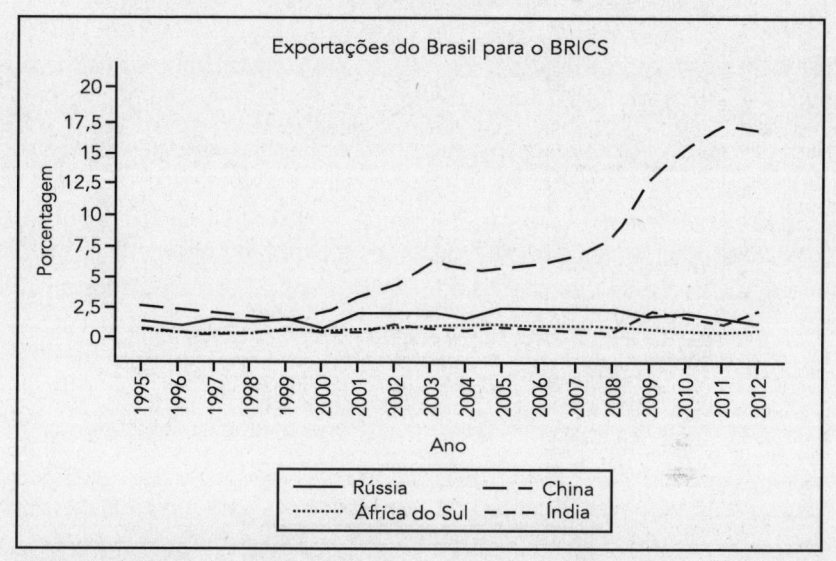

Exportações do Brasil para o BRICS

Eixo Y: Porcentagem (0 a 20)
Eixo X: Ano (1995 a 2012)

Legenda: Rússia — China — África do Sul — Índia

Fonte: Estatísticas do UNCTAD.

Gráfico 5.2 – Importações brasileiras do BRICS

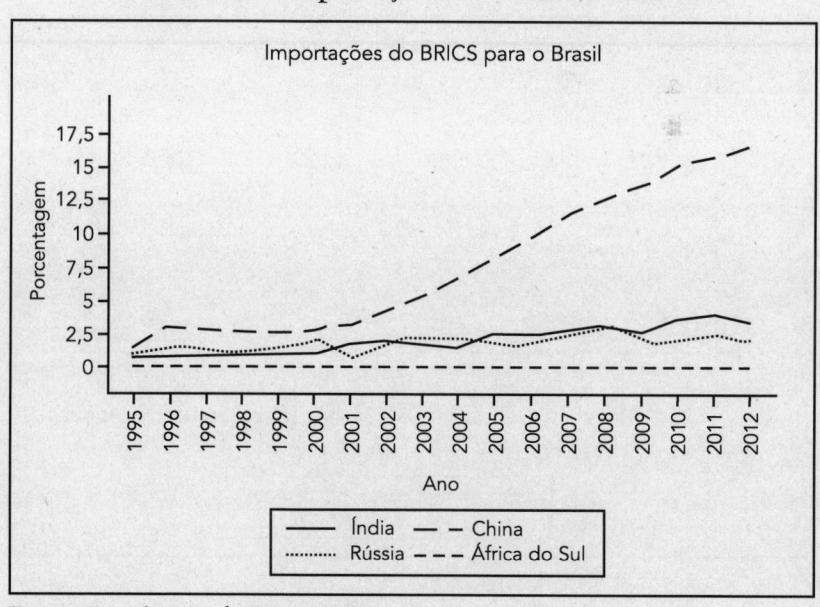

Importações do BRICS para o Brasil

Eixo Y: Porcentagem (0 a 17,5)
Eixo X: Ano (1995 a 2012)

Legenda: Índia — China — Rússia — África do Sul

Fonte: Estatísticas do UNCTAD.

Gráfico 5.3 – **Exportações russas para o BRICS**

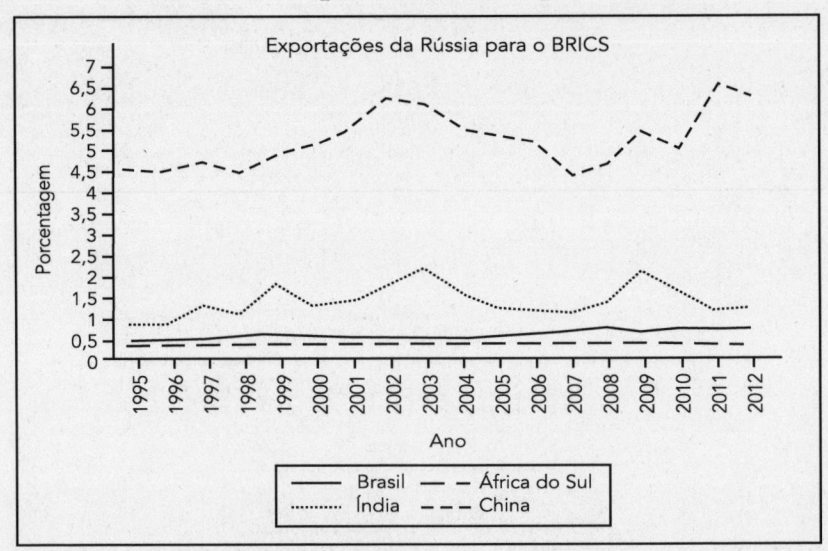

Fonte: Estatísticas do UNCTAD.

Gráfico 5.4 – **Importações russas do BRICS**

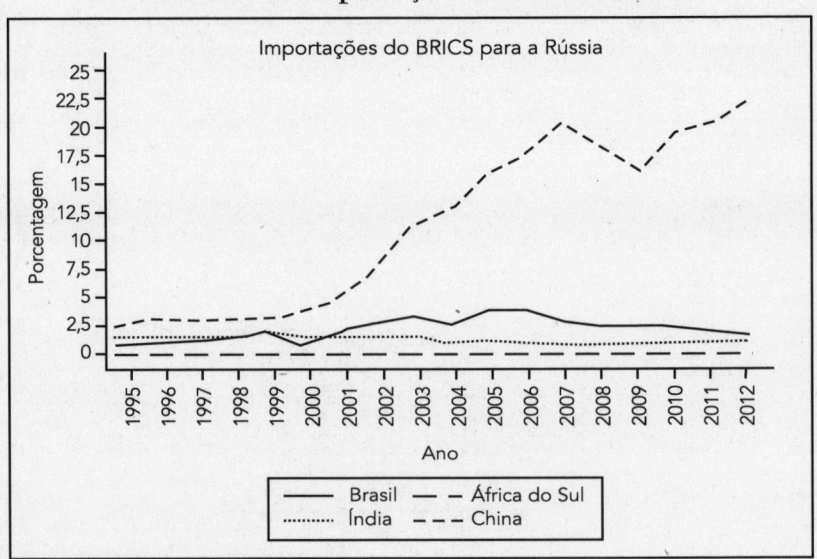

Fonte: Estatísticas do UNCTAD.

Gráfico 5.5 – Exportações indianas para o BRICS

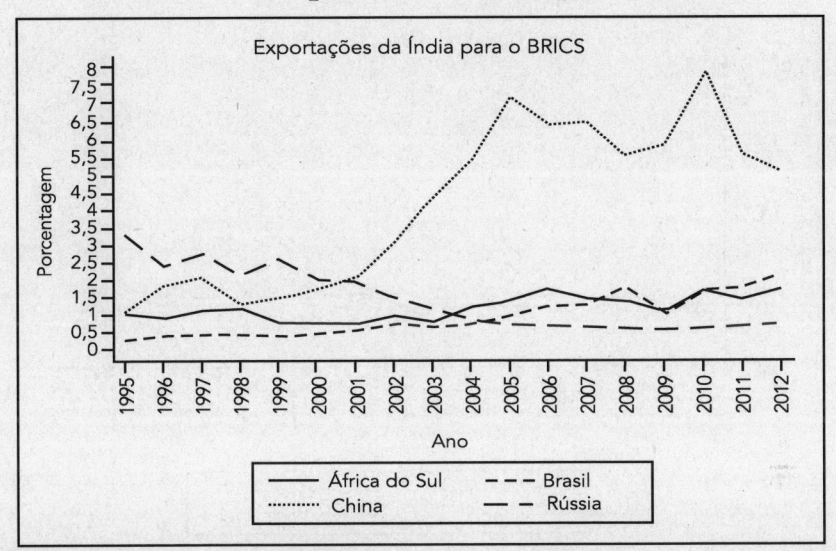

Fonte: Estatísticas do UNCTAD.

Gráfico 5.6 – Importações indianas do BRICS

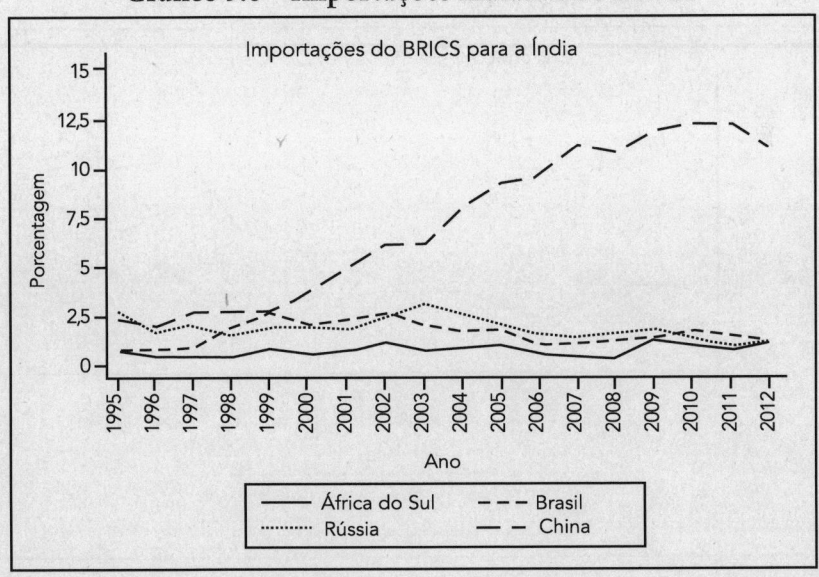

Fonte: Estatísticas do UNCTAD.

Gráfico 5.7 – Exportações chinesas para o BRICS

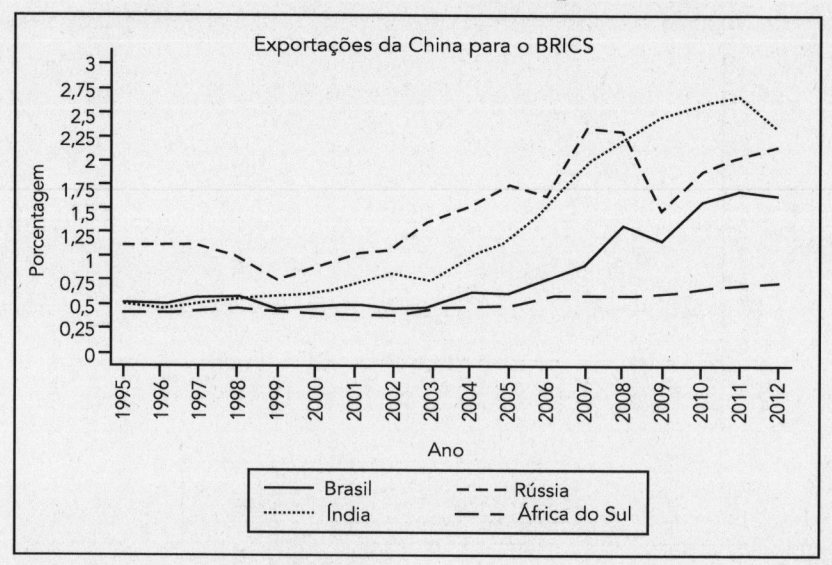

Exportações da China para o BRICS

Fonte: Estatísticas do UNCTAD.

Gráfico 5.8 – Importações chinesas do BRICS

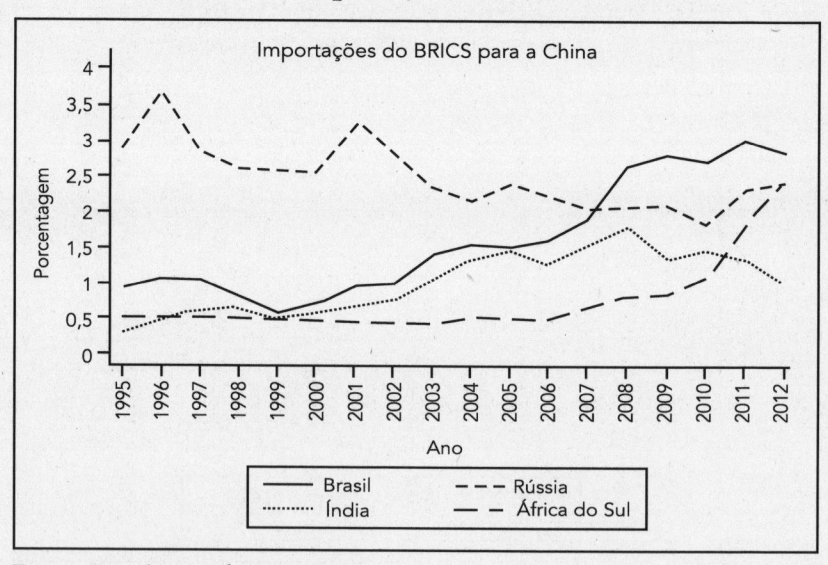

Importações do BRICS para a China

Fonte: Estatísticas do UNCTAD.

Gráfico 5.9 – Exportações sul-africanas para o BRICS

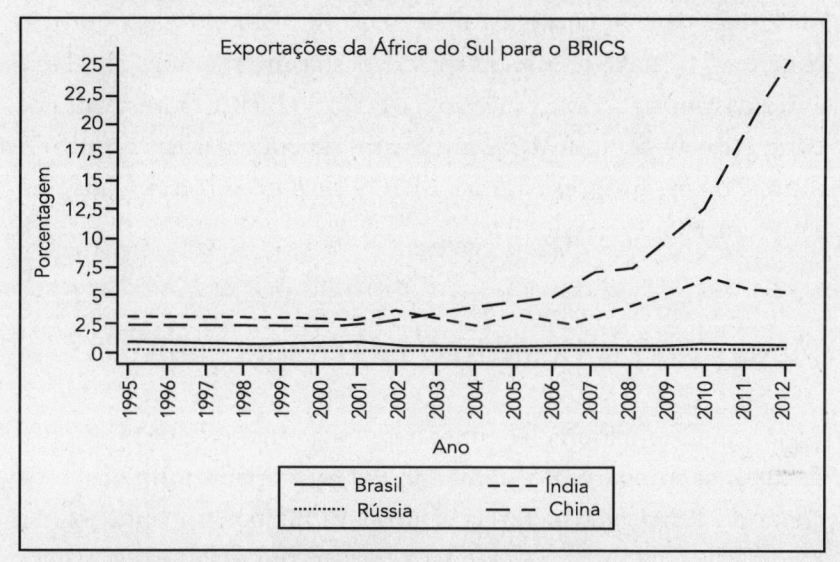

Fonte: Estatísticas do UNCTAD.

Gráfico 5.10 – Importações sul-africanas do BRICS

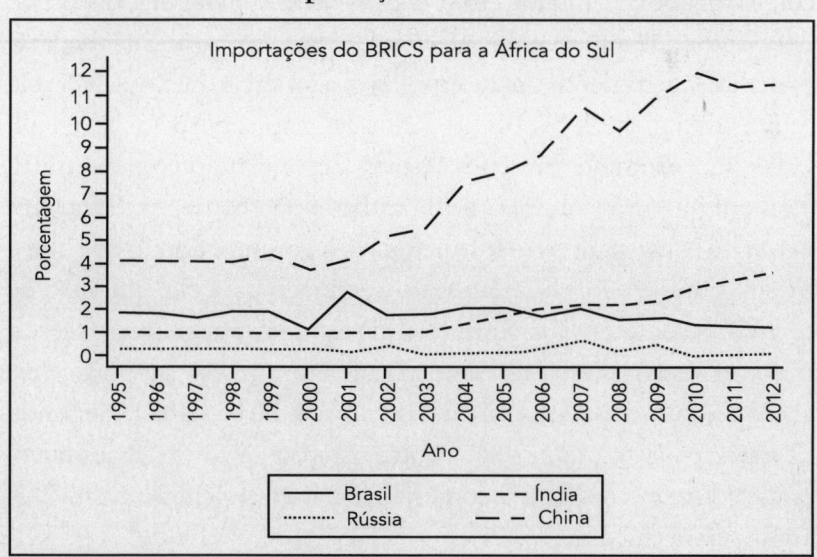

Fonte: Estatísticas do UNCTAD.

Em resposta, os governos do BRICS determinaram uma série de iniciativas para tratar do assunto e encontrar modos de ampliar o comércio. Quatro dessas soluções se destacam: reuniões regulares entre os ministros do Comércio Exterior do BRICS, autoridades de competitividade do BRICS, um fórum de cooperativas do BRICS e um Fórum Empresarial do BRICS (junto com um Conselho Empresarial).

Ministros do Comércio Exterior do BRICS

Após uma reunião inicial em Sanya, na China, no dia 13 de abril de 2011, os ministros do Comércio Exterior criaram um grupo de contato encarregado da tarefa de propor um quadro institucional e medidas concretas para expandir a cooperação econômica entre os países do BRICS. O grupo de contato se reuniu pela primeira vez em 2 de dezembro de 2011, em Pequim. Desde então, tanto os ministros como o grupo de contato vêm se encontrando com regularidade. Um dos pontos que têm recebido atenção é o da cooperação alfandegária e facilitação comercial para ampliar o comércio intra-BRICS. Há muitas dificuldades nisso, por conta das várias burocracias envolvidas. Por exemplo, um entrevistado nesse estudo comentou um caso em que uma empresa de TI indiana não conseguiu levar um perito ao Brasil para treinar funcionários por um período de quatro meses, porque não havia um visto adequado para ele: um visto de turista ou conferencista permitia uma estadia de apenas três meses, mas um visto de trabalho também não era uma opção, porque ele ainda recebia seu salário da sede da companhia na Índia.[105] Segundo os representantes de negócios entrevistados, as dificuldades burocráticas fazem com que o comércio e o investimento intra-BRICS ainda sejam trabalhosos.

O Fórum Empresarial do BRICS

O Fórum Empresarial do BRICS (às vezes chamado de cúpula *"track III"*) aconteceu pela primeira vez em 2010, antes da 2ª Cúpula dos BRICs em Brasília, e vem ocorrendo todos os anos desde então. O Fórum Empresarial em Déli, em 2012, convocou os governos para ampliarem a cooperação, a fim de facilitar o comércio entre os países do BRICS.[106] O Fórum Empresarial do BRICS de 2013, em Durban, contou com a presença de aproximadamente seiscentas companhias dos países do BRICS. Os executivos, no entanto, reclamaram que só haviam recebido as listas de participantes no dia do Fórum, o que reduziu, de modo significativo, o potencial para a criação de laços relevantes.

Em 2013, foi criado um Conselho Empresarial adicional do BRICS, que tentará reunir associações de negócios de cada um dos países do BRICS e promover o envolvimento frequente entre as comunidades empresariais. O Conselho consiste em cinco CEOs de empresas de cada país. Os representantes brasileiros são Vale, Weg, Gerdau, Banco do Brasil e Marcopolo (chefe do setor brasileiro). Os membros do Conselho, por sua vez, devem enviar suas recomendações aos líderes da Cúpula do BRICS.[107]

Cooperativas do BRICS

De forma semelhante, as cooperativas no BRICS estão buscando se aproximar cada vez mais. Em abril de 2010, aconteceu a primeira Reunião das Cooperativas do BRICS em Brasília. Desde então, os representantes das cooperativas vêm se reunindo à margem das Cúpulas dos Líderes do BRICS. Apesar do número significativo de cooperativas em cada país – só na China, há mais de cinquenta mil empresas trabalhando dentro do sistema de cooperativa –, a cooperação ainda é muito limitada. Além de fortalecer a cooperação, a plataforma procura trocar experiências e as melhores práticas.[108]

O Fórum de Competitividade do BRICS

Os presidentes dos órgãos que representam as autoridades sobre competitividade do Brasil (SEAE), Rússia (FAS), Índia (CCI) e China (SAIC) organizaram a primeira Conferência de Competitividade do BRIC em setembro de 2009, em Kazan, na Rússia. Desde então, seu objeto proclamado consiste em combater práticas anticompetitivas em todos os níveis e contribuir para a evolução de mecanismos e processos transparentes em seus mercados. Os tópicos das reuniões incluíram combate a cartéis, cooperação entre agências e defesa da competitividade.[109]

Rumo a um comércio intra-BRICS mais forte?

O que todas essas iniciativas podem alcançar? É improvável que levem rapidamente a projetos significativos, como um acordo de livre comércio do BRICS. Essa ideia foi articulada pelo governo chinês antes da 8ª Cúpula em 2016, mas os outros membros responderam que não havia, no momento, apoio político para esse passo. Em vez disso, os *policy makers* tenderão a se limitar a questões burocráticas, como procedimentos de visto e alfândega, promovendo conexões frequentes de voo e fretagem e o uso das moedas próprias dos países do BRICS para as transações comerciais. Quando indagados sobre se as atividades anteriormente descritas haviam fortalecido o comércio entre os membros do BRICS, a maioria dos *policy makers* respondeu afirmativamente. Representantes dos setores privados, por outro lado, em geral não tinham conhecimento das atividades nessa área ligadas ao BRICS.[110]

Apesar de a estrutura institucional do BRICS ser, de fato, limitada, as reuniões demonstram os esforços dos cinco governos para aproximar suas administrações e sociedades. Ainda assim, virtualmente todas as reuniões ligadas ao BRICS mantêm natureza distinta, oficial e de motivação do Estado.

Uma comparação com o IBAS

As informações internas analisadas neste capítulo não nos permitem inferir quaisquer conclusões mais amplas sobre a cooperação entre tipos de regime democráticos e não democráticos. Elas meramente demonstram que a cooperação intra-BRICS é mais sofisticada e diversificada do que, em geral, os observadores externos presumem. Além do mais, é notável que apenas em algumas áreas de cooperação há alguma sensação mais forte de que os tipos diferentes de regime político impedem o envolvimento em múltiplos níveis.

As evidências aqui reunidas não confirmam as expectativas de muitos internacionalistas liberais de que os tipos diferentes de regime dificultariam a cooperação – ainda que a cooperação intra-BRICS permaneça seletiva e relativamente superficial, não podendo ser comparada à cooperação intra-UE e intra-OTAN.

Porém, a vontade política de fomentar a cooperação intra-BRICS parece maior do que entre grupos só de democracias, como o IBAS. Contrariando as expectativas assinaladas, a cooperação no contexto do grupo do IBAS parece ser menos avançada e diversificada, e, ainda que o destino do IBAS seja incerto, não há virtualmente qualquer sinal de que o grupo do BRICS deixará de existir no futuro próximo. Outros determinantes em potencial, como a importância crescente da China, devem ser levados em consideração nesta análise.

No contexto da cooperação intra-IBAS, 16 grupos de trabalho foram estabelecidos na última década. Porém, ao contrário do BRICS, a maioria dessas reuniões não envolvia ministros, e poucas delas produziram resultados tangíveis.[111]

As reuniões organizadas no contexto do grupo do BRICS certamente não são menos frequentes ou amplas do que as reuniões organizadas no contexto do grupo do IBAS (vide a tabela a seguir).

Tabela 5.2 – Número de reuniões e interações entre o IBAS WG e fóruns não governamentais (2003-2012)

GRUPO DE TRABALHO	ANO DE CRIAÇÃO	NÚMERO DE REUNIÕES (ATÉ FEVEREIRO DE 2014)
Administração Pública	2005	6
Administração Tributária & de Receita	2007	7
Agricultura	2005	4
Assentamentos Humanos	2007	5
Ciência e Tecnologia	2004	6
Comércio e Investimento	2004	6
Cultura	2005	4
Defesa	2004	4
Desenvolvimento Social	2005	2
Educação	2005	3
Energia	2004	5
Meio Ambiente	2007	3
Saúde	2004	2
Sociedade de Informação	2004	4
Transporte & Infraestrutura	2005	4
Turismo	2007	3

Há apenas duas áreas problemáticas em que a cooperação intra-IBAS é de fato mais avançada do que a intra-BRICS: o alívio da pobreza e os exercícios militares em conjunto. Antes de tudo, o IBAS estabeleceu o Fundo IBAS para o Alívio da Fome e da Pobreza, através do qual os projetos de desenvolvimento são executados com os fundos do IBAS nos países aliados em desenvolvimento. Cada país-membro contribui com um valor anual de US$1 milhão. O IBAS recebeu o prêmio MDG de 2010 de cooperação Sul-Sul em 17 de setembro de 2010, em Nova York, que reconheceu o trabalho dos três países em usar abordagens inovadoras para partilhar experiências de desenvolvimento em outras partes do mundo.[112] Pelo menos até a criação do Banco de Desenvolvimento do BRICS em julho de 2014, o grupo do BRICS ainda não tinha um projeto comparável.

Os projetos do IBAS dão cobertura a Haiti, Cabo Verde, Burundi, Camboja, Palestina, Guiné-Bissau e Serra Leoa, entre outros países. Um complexo esportivo foi completado e inaugurado em 2011, em Ramallah, com os fundos do IBAS. Apesar de notável, essa cooperação continua envolvendo valores pequenos em comparação com as instituições de desenvolvimento já existentes, e o Banco de Desenvolvimento do BRICS, que foi proposto mais tarde, supera o fundo do IBAS.

A segunda área notável da cooperação intra-IBAS é o IBASMAR (exercícios militares intra-IBAS), que aconteceu pela primeira vez em maio de 2008, nas águas próximas à África do Sul. Uma conferência de planejamento inicial (IPC) para o Exercício IBASMAR II aconteceu em Mumbai, na Índia, em outubro de 2009.[113] O IBASMAR é conduzido pelo Grupo de Trabalho Conjunto de Defesa, que é um dos 16 grupos de trabalho conjunto das três nações que visam cuidar de várias iniciativas de cooperação. A Marinha indiana participou dos exercícios marítimos Índia-Brasil-África do Sul (IBASMAR, 2010) conduzidos no Oceano Índico, nas águas próximas a Durban. O IBASMAR II contou com 11 navios colaborando com as Marinhas da Índia, do Brasil e da África do Sul. Como comentou à época o *Times of India*, "os jogos de guerra trilaterais, IBASMAR, serão parte da iniciativa estratégica lançada dentro do quadro do IBAS para reunir as forças marítimas das três democracias e economias dinâmicas dos três continentes sob uma só égide".[114] Em outubro de 2012, por exemplo, o IBASMAR III, realizado nas águas internacionais próximas à principal base da marinha da África do Sul em Simon's Town, incluía um exercício para combate de desastres que simulava uma incursão militar numa pequena comunidade litorânea, exigindo o envolvimento de uma equipe de segurança, do corpo de bombeiros e de equipes médicas.

Porém, o principal motivo para a cooperação muito mais sofisticada intra-IBAS nesse campo em particular pode ser simplesmente o fato de que coordenar exercícios militares entre cinco países é um desafio logístico maior do que entre apenas três países. Um motivo adicional pode ser que, em face do poderio militar da Rússia e da China e de sua postura algo antagônica aos Estados Unidos, os membros do BRICS não querem parecer um grupo de conotações militares.[115] Os exercícios militares do IBASMAR são notáveis, mas estão longe de ser um aspecto crucial da cooperação militar dos países envolvidos. Os encontros foram raros e não houve mais nenhum desde 2012.

Após cinco anos de fortalecimento dos laços entre os países do BRICS, há poucos indícios de que a instauração de um regime democrático na China ou na Rússia levaria a uma aceleração ou um aumento significativo das atividades em conjunto – afinal, os laços entre a Índia e o Brasil, por exemplo, são muito mais limitados do que entre o Brasil e a China. Em vez disso, interesses econômicos e estratégicos parecem ter um papel muito mais importante. A cooperação nas áreas de comércio, agricultura e atendimento de saúde, por exemplo, pode ser conduzida à base de uma crença genuína na possibilidade de que a cooperação entre os membros do BRICS trará benefícios tangíveis praticamente sem custos, em grande parte porque o BRICS, a essa altura, ainda não está institucionalizado o suficiente para impor normas vinculativas a seus países.

Conclusão

Sempre que os líderes do BRICS se reúnem para as cúpulas anuais, analistas do mundo inteiro examinam brevemente a dinâmica da reunião e da declaração da cúpula, depois oferecem sua perspectiva sobre o futuro do grupo. Porém, como demonstrou este capítulo, as cúpulas anuais são meramente uma das partes do edifício do BRICS. As Cúpulas dos Líderes do BRICS são uma expressão simbólica importante de compromisso político, porém é igualmente importante a cooperação em andamento intra-BRICS, que continua ocorrendo todos os anos.

Os céticos podem argumentar que o mero ato de organizar uma sequência sem-fim de reuniões não significa a criação de uma cooperação sustentável. Isso é verdade, e o impacto de várias das reuniões listadas acima pode não ter tido o efeito desejado. Quando lhe perguntaram em que medida os BRICs poderiam cooperar, Roberto Jaguaribe, embaixador do Brasil nas cúpulas do BRICS de 2009 e 2010, deu a resposta enigmática de que "o fórum dos BRICs não é um fórum normativo, não é um fórum para negociações, mas um fórum para convergências".[116] Apenas o tempo dirá em que grau essas reuniões poderão gerar uma cooperação mais sustentável – e vários diplomatas expressaram, em privado, suas dúvidas sobre a sustentabilidade de longo prazo da cooperação frequente em nível ministerial em tantas áreas diferentes. De fato, há algumas evidências de que o número de reuniões diminuiu um pouco após o auge em 2011-2013. Ao mesmo tempo, as reuniões mostram, de fato, que está havendo uma cooperação intra-BRICS em muitas áreas distintas. Aqueles que criticam o conceito do BRICS já não podem mais meramente dar uma rápida olhada nas cúpulas anuais entre os líderes; em vez disso, a cooperação intra-BRICS vem crescendo ao longo dos anos e se tornou complexa demais para ser descartada assim tão facilmente.

Apesar da constituição informal do BRICS, ainda é cedo demais para avaliarmos com eficácia a utilidade das tentativas de cooperação. Isso não quer dizer que seus objetivos sejam equivocados. Parece que não há dúvidas que a promoção da cooperação Sul-Sul trouxe benefícios significativos para todos os envolvidos. A dúvida permanece, porém, sobre em que medida o grupo do BRICS ajudou os países a realizarem esses objetivos. O comércio entre os cinco membros cresceu, junto com o conhecimento mútuo, porém não está claro se isso pode ser atribuído ao grupo do BRICS. Como consequência, a maioria dos observadores externos ao governo mantém uma postura cética quanto à avaliação da utilidade do grupo do BRICS.

Além disso, como a cooperação continua a ocorrer num nível relativamente superficial, ainda é cedo demais para identificarmos quaisquer evidências conclusivas sobre se os tipos diferentes de regimes têm um efeito negativo ou não sobre a capacidade e disposição dos países em colaborar num nível técnico. Em vez disso, após compararmos os grupos do BRICS e do IBAS e pesquisarmos a natureza do grupo do BRICS, podemos meramente declarar que há poucas evidências de que os tipos diferentes de regimes representem um obstáculo à cooperação técnica intra-BRICS.

6.
DÉLI, DURBAN, FORTALEZA, UFÁ E GOA: O BANCO DE DESENVOLVIMENTO DO BRICS E O ARRANJO CONTINGENTE DE RESERVAS (2012-2016)

Este capítulo descreve a história do grupo BRICS após a primeira participação da África do Sul na Cúpula em Sanya, em 2011, o que inclui as cúpulas em Nova Déli (2012), Durban (2013), Fortaleza (2014), Ufá (2015) e Goa (2016). A análise tem como enfoque a criação do Banco de Desenvolvimento do BRICS e o Arranjo Contingente de Reservas (ACR), e analisa se o episódio implica um processo significativo de institucionalização ou se, como argumenta Eichengreen,[1] não passa de "simbolismo vazio".

A CÚPULA DE 2012 EM DÉLI

Após o sucesso da inclusão da África do Sul em 2011, o grupo BRICS continuou a se institucionalizar e a expandir lentamente a cooperação intra-BRICS. Como apontou Manmohan Singh, após a inclusão da África do Sul, "a agenda do BRICS foi além do puramente econômico para incluir questões como terrorismo internacional, mudança climática e segurança alimentar e energética".[2]

Porém, para a maioria dos observadores, o grupo continuou parecendo uma peculiaridade, um grupo em "busca de posições comuns", como apontou uma analista antes da 4ª Cúpula dos países do BRICS em Nova Déli.³ "A relevância real" da próxima cúpula, escreveu Khadija Patel antes da cúpula, "será [...] a capacidade dos membros do BRICS de concordarem em relação a algo de concreto".⁴

À época, Saran e Sharan comentaram que "as nações do BRICS têm de fato uma oportunidade histórica – após a crise financeira global e as reviravoltas recentes em várias partes do mundo – para criar ou reconstruir uma nova plataforma multilateral sustentável e relevante, que procure atender aos interesses do mundo emergente, além de gerenciar o grande deslocamento de poder do Ocidente para o Oriente". O que o BRICS precisava desenvolver, eles argumentaram, era "uma visão não ocidental" das questões globais.⁵

> Por que [...] o grupo BRICS deveria depender de canais multilaterais lentos como a Organização Mundial de Comércio (OMC) ou tentar impregnar perspectivas pragmáticas ocidentais em questões que são puramente de interesse comum? É engraçado ouvir soluções para a pobreza e a desigualdade, modelos de atendimento de saúde para a base da pirâmide, opções de habitação de baixo custo, educação, fornecimento de energia e água etc. vindas dos sábios das organizações e instituições dos países do Atlântico. Quando foi a última vez que eles tiveram de lidar com a pobreza nessa escala, com esse grau de deficiência energética ou sofreram com desafios dessas proporções na saúde? As respostas aos desafios enfrentados pelo mundo em desenvolvimento residem em soluções que precisam ser elaboradas de forma orgânica.⁶

Saran e Sharan citam a assistência ao desenvolvimento como um campo no qual o grupo BRICS precisa se dissociar de instituições estabelecidas como o Banco Mundial e criar suas próprias plataformas – um argumento que ganhou mais apoio depois que o presidente Obama indicou outro norte-americano para chefiar a instituição, quebrando a promessa antiga de dar mais espaço às potências emergentes. Em resumo, os autores propuseram uma organização como a OCDE para os países do BRICS:

O grupo BRICS poderia sistematicamente criar estruturas que oferecessem opções de políticas e desenvolvimento para o mundo emergente e em desenvolvimento e assumir o papel de um verdadeiro *think tank* de políticas para tais nações, semelhante ao papel exercido pela Organização para a Cooperação e Desenvolvimento Econômico (OCDE) no século 20. Portanto, o BRICS deve criar seu próprio secretariado [...] de pesquisa e políticas para tratar de questões específicas, como reformas comerciais e mercadológicas, desafios para a urbanização, respostas às crises regionais, atendimento de saúde universal, segurança alimentar e desenvolvimento sustentável.[7]

Durante a 4ª Cúpula do BRICS em Nova Déli, em 2012, os líderes, pela primeira vez, declararam que estudariam a viabilidade de um Banco de Desenvolvimento do BRICS, o que à época foi visto como um passo significativo rumo à institucionalização do grupo. O número de questões debatidas na cúpula foi ampliado outra vez, indo desde geopolítica e crise na Síria até a crise econômica e os desafios domésticos, como educação e atendimento de saúde.[8]

Fora as cúpulas anuais, vários grupos de trabalho e reuniões regulares em nível ministerial foram estabelecidos após 2011 para áreas como defesa, saúde, educação, finanças, comércio, agricultura, ciência e tecnologia, o que criou um grau sem precedentes de interação – mais de cinquenta reuniões oficiais – entre os países do BRICS. Além disso, as Autoridades Nacionais do BRICS – embaixadores das cúpulas, presidentes dos bancos centrais, peritos em urbanização, representantes de institutos de pesquisa e empresários – começaram também a se reunir com regularidade.

O BRICS estabeleceu, portanto, um sistema que Joseph Nye chama de "transgovernamentalismo", que implica os grupos travarem contato, em variados países e departamentos de Estado, com grupos semelhantes, de maneira a criar elos com seus pares em outras nações.[9] No entanto, o *Times of India* escreveu que a declaração final da cúpula "não conseguiu ir além de declarações genéricas, nem dar uma propulsão significativa ao bloco".[10] Do mesmo modo, o *New York Times* escreveu que os membros do BRICS "sofreram para achar uma base em comum necessária para agir como uma aliança geopolítica unificada".[11]

Ao avaliar a dinâmica da cúpula, Indrani Bagchi, do *Times of India*, escreveu que:

> [...] debaixo do sentimento de camaradagem [...], há sérias diferenças. Na frente econômica, há a disputa entre a Índia e a China, enquanto a Rússia faz pressão por uma agenda política na qual o BRICS apoia o ponto de vista russo, particularmente no tocante à Síria e ao Irã. A Índia e o Brasil vêm fazendo pressão em conjunto pela reforma do Conselho de Segurança da ONU, que não conta com muito entusiasmo por parte da China, apesar de ter o apoio da Rússia. Por mais que a declaração conjunta do BRICS tenha culpado a zona do euro pela crise da economia global, os oficiais indianos viram a situação como um meio para a China fugir das críticas de manipulação de sua própria moeda, o que também levou a várias distorções.[12]

Porém, apesar dessas críticas, o BRICS serviu como um veículo importante para fortalecer o chamado "diálogo Sul-Sul". Ao institucionalizarem o bloco aos poucos, os países do grupo tomaram posse do conceito e o transformaram em algo muito mais político do que Jim O'Neill pretendia que fosse. Porém, apesar da frequência dos encontros em múltiplos níveis de governo, o BRICS ainda não constituía uma organização internacional, por mais que fosse, à época, muitas vezes chamado de "clube". Ele não possui uma secretaria física ou equipe ou mesmo uma carta fundacional. E o mais importante é que as cúpulas de seus líderes e reuniões ministeriais produziram declarações e acordos, mas nenhuma decisão vinculativa que limitasse o comportamento dos participantes. Ainda assim, considerando quanto essas atividades diplomáticas são recentes, é notável o escopo das questões debatidas, bem como o grande número de agentes envolvidos em múltiplos níveis de governo.[13]

Para promover o comércio em moedas locais, o BRICS assinou dois acordos, a fim de fornecer linhas de crédito para a comunidade empresarial e decidiu examinar a possibilidade de criar um banco de desenvolvimento. "Os acordos assinados hoje pelos bancos de desenvolvimento dos países do BRICS irão ampliar o comércio ao oferecerem crédito em nossas moedas locais", declarou o primeiro-ministro Manmohan Singh após a reunião.[14]

Como as cúpulas anteriores, a 4ª Cúpula do BRICS recebeu pouca atenção no Ocidente, onde foi descrita, como assinalou Simon Tisdall, do *The Guardian*, "como uma sessão de fotos e bate-papo".[15] No entanto, ele argumentou que:

> essa negligência, ou desdém, pode também refletir o fato de que o grupo BRICS, representando quase metade da população mundial e cerca de um quinto da produção econômica global, é um desafio indesejado à ordem mundial estabelecida, tal como definida pelo Conselho de Segurança da ONU, o FMI e o Banco Mundial, todos dominados pelos EUA.[16]

Ao fim da cúpula, o bloco do BRICS lançou um alerta ao Ocidente e a Israel contra uma possível ação militar, por conta do polêmico programa nuclear iraniano. Segundo a declaração final do grupo, conforme a Cúpula do BRICS em Nova Déli chegava ao fim, o único modo de resolver as crises na Síria e no Irã seria por meio do diálogo. A declaração do bloco alertou sobre "consequências desastrosas" caso se permitisse que o conflito no Irã se intensificasse.[17] Ela também apoiou os esforços da ONU para resolver a crise síria por "meios pacíficos".[18]

De Nova Déli a Durban

A 5ª Cúpula do BRICS foi sediada na África do Sul, no dia 27 de março de 2013, sob o tema abrangente "O BRICS e a África: Parceria pelo Desenvolvimento, Integração e Industrialização". Na Cúpula em Durban, a África do Sul assumiu a presidência do grupo do BRICS, antes mantida pela Índia. A Cúpula foi precedida por uma variedade de eventos pré-Cúpula: a reunião do Fórum Acadêmico do BRICS em Durban, entre 10-13 de março de 2013; o Fórum Financeiro do BRICS, em 25 de março de 2013; a reunião dos ministros do Comércio Exterior do BRICS e o Fórum Empresarial do BRICS, no dia 26 de março de 2013. Uma reunião dos ministros das Finanças do BRICS, apesar de não ser uma reunião regular pré-Cúpula, foi também sediada pela África do Sul nesse mesmo dia.

Assim como as cúpulas anteriores, a 5ª Cúpula do BRICS em Durban – a primeira em solo africano – foi recebida com ceticismo generalizado pela mídia internacional. Artigos de opinião no *The Atlantic* e *The Telegraph* argumentaram que a ideia do BRICS "dera o que tinha que dar" e que era "hora de inventar um novo acrônimo".[19] Porém, apesar de essas análises terem como enfoque apenas as taxas de crescimento – o critério inicial de Jim O'Neill para inventar o grupo –, não conseguiram reconhecer que o grupo do BRICS havia muito se tornara um projeto político. Afinal de contas, se tamanho de mercado e taxas de crescimento fossem tudo o que importava, o grupo teria convidado como seu quinto membro a Indonésia, e não a África do Sul, no final de 2010. Um diplomata indiano à época, ao aconselhar o BRICS sobre a estrutura de seu painel de membros, comentou que "era como dizer para a OTAN excluir a Bulgária, porque o país fica longe demais do Atlântico Norte".[20]

Mais do que em qualquer cúpula anterior, essa cúpula sublinhou a seriedade do BRICS em sua empreitada para reformar, lenta, mas certamente, a ordem mundial, de modo que reflita melhor o deslocamento de poder global, saindo das mãos da Europa e dos Estados Unidos para, cada vez mais, passar para as mãos do mundo emergente.

Pela segunda vez, houve uma longa discussão sobre questões de segurança em Durban. Antes da conferência, o presidente Bashar al-Assad, da Síria, havia pedido ao grupo do BRICS que mediasse o conflito em seu país. A China e a Rússia, fazendo uso de seus poderes de veto no Conselho de Segurança da ONU, haviam bloqueado várias tentativas de impor sanções a Al-Assad.[21] Em seu comunicado final, os cinco líderes do BRICS expressaram seu apoio por um processo de transição "guiado pela própria Síria" com "amplo diálogo nacional", que respeitasse a "independência, a integridade territorial e a soberania da Síria".[22]

Como em todas as cúpulas anteriores, os países do BRICS sublinharam seu interesse pela reforma das estruturas de governança global:

> Fazemos um chamamento pela reforma das instituições financeiras internacionais para torná-las mais representativas e para refletir o peso crescente do grupo BRICS e de outros países em desenvolvimento. Continuamos preocupados com o ritmo lento da reforma do FMI. Vislumbramos a necessidade urgente de implementar, conforme acordado, a reforma de 2010 da Governança e das Quotas do Fundo Monetário Internacional (FMI). Instamos todos os membros a tomar todas as medidas necessárias para alcançar um acordo sobre a fórmula das quotas e completar a próxima revisão geral das cotas até janeiro de 2014.[23]

Além disso, a declaração mencionava um grau crescente de cooperação intra-BRICS. Como declarou o artigo 41 do documento final,

> Notamos as seguintes reuniões realizadas na implementação do Plano de Ação de Déli:
>
> • Reunião dos Ministros das Relações Exteriores à margem da Assembleia Geral das Nações Unidas (AGNU).

- Reunião de Altos Representantes Responsáveis por Segurança Nacional, em Nova Déli.
- Reuniões dos Ministros das Finanças e presidentes dos Bancos Centrais em Washington e Tóquio.
- Reunião de Ministros do Comércio em Puerto Vallarta.
- Reuniões de Ministros da Saúde em Nova Déli e Genebra.[24]

O Plano de Ação de eThekwini foi o mais amplo em qualquer declaração do BRICS até agora. Ele incluía:

1. Reunião de Ministros das Relações Exteriores do BRICS à margem da AGNU.
2. Reunião de Altos Representantes Responsáveis pela Segurança Nacional dos BRICS.
3. Reunião intermediária de Sherpas e Sub-Sherpas.
4. Reuniões dos Ministros das Finanças e presidentes dos Bancos Centrais à margem das reuniões do G20, do Banco Mundial/FMI, bem como de reuniões específicas, quando solicitadas.
5. Reuniões de Ministros de Comércio do BRICS à margem de eventos multilaterais, ou reuniões avulsas, quando solicitadas.
6. Reunião de Ministros da Agricultura e do Desenvolvimento Agrário do BRICS, precedida por reunião preparatória de peritos sobre agroprodutos e questões de segurança alimentar e de Reunião do Grupo de Trabalho de Peritos em Agricultura.
7. Reunião de Ministros da Saúde do BRICS e reuniões preparatórias.
8. Reunião dos funcionários do BRICS responsáveis por população, à margem de eventos multilaterais relevantes.
9. Reunião de Ministros de Ciência e Tecnologia do BRICS e reunião de Altos Funcionários em Ciência e Tecnologia do BRICS.
10. Reunião de Cooperativas do BRICS.
11. Reuniões de autoridades financeiras e fiscais à margem das reuniões do Banco Mundial/FMI, ou reuniões avulsas, quando solicitadas.

12. Reuniões do Grupo de Contato do BRICS sobre Temas Econômicos e Comerciais (CGETI).
13. Reunião das Cidades-Irmãs dos BRICS e do Fórum de Cooperação em Governança Local do BRICS.
14. Reunião do Fórum de Urbanização do BRICS.
15. Reunião de autoridades em Concorrência do BRICS em 2013, em Nova Déli.
16. 5ª Reunião de Chefes de Instituições Nacionais de Estatísticas do BRICS.
17. Consultas entre Missões Permanentes e/ou Embaixadas do BRICS em Nova York, Viena, Roma, Paris, Washington, Nairóbi e Genebra, quando solicitadas.
18. Reunião consultiva de Altos Funcionários do BRICS à margem de foros internacionais relevantes relacionados a desenvolvimento sustentável, meio ambiente e clima, quando solicitada.

Novas áreas de cooperação a serem exploradas:

– Fórum BRICS de Diplomacia Pública.
– Cooperação BRICS sobre Anticorrupção.
– Empresas estatais/companhias estatais do BRICS.
– Agências Nacionais Responsáveis pelo Controle de Drogas.
– Secretariado virtual do BRICS.
– Diálogo BRICS sobre políticas para a Juventude.
– Turismo.
– Energia.
– Esportes e Megaeventos Esportivos.[25]

Uma das diferenças-chave entre a 5ª Cúpula do BRICS e os encontros anteriores foi um evento para entrar em contato com os países da região anfitriã. O Fórum de Diálogo de Líderes do BRICS e da África foi realizado na tarde do dia 27 de março, sob o tema "Liberando o potencial da África: Cooperação entre BRICS e África em Infraestrutura", que contou com a participação de 14 líderes do BRICS e 14 líderes africanos, incluindo presidentes da União Africana e NEPAD (sigla para New Partnership for Africa's Development, em português: Nova Parceria para o Desenvolvimento da África), outros três Estados africanos representados em alto nível, o presidente da Comissão da UA, bem como chefes executivos de oito comunidades econômicas regionais africanas.[26] Considerando que o presidente da África do Sul, Jacob Zuma, havia convidado apenas 15 presidentes, a alta taxa de aceitação pode ser vista também como uma aprovação implícita das ambições de liderança regional da África do Sul. Dos convidados, apenas a Etiópia não foi representada na reunião. Deve-se levar em consideração, porém, que é possível que tenha sido a presença da China o principal motivo para essa alta taxa de participação.

O BRICS E A ÁFRICA – UMA PARCERIA PELA INTEGRAÇÃO E INDUSTRIALIZAÇÃO?

A 5ª Cúpula do BRICS em Durban deu ênfase àquilo que o grupo considerou um dos fenômenos mais importantes das questões internacionais do século 21: a ascensão da África. O Brasil, a Índia, a Rússia e a China estão rapidamente aumentando sua presença na África, causando uma alteração fundamental nas dinâmicas de poder de um continente que no passado representava pouco mais do que um objeto da ajuda externa do Ocidente. À época, a expectativa foi que o comércio BRICS-África iria duplicar, de US$150 bilhões em 2010 para US$300 bilhões em 2015 – o que de fato ocorreu. Em 2009, a China superou os Estados Unidos como o maior parceiro comercial da África, enquanto o Brasil e a Índia constam, no momento, entre o 6º e o 10º maiores parceiros, respectivamente. "BRICS e África: Parceria para o Desenvolvimento, Integração e Industrialização" foi o tema da 5ª Cúpula do BRICS. Há um assunto-chave que se destacou na cúpula: a promoção do desenvolvimento da infraestrutura africana com o estabelecimento de um banco de desenvolvimento administrado pelo BRICS.

Porém, será que as potências emergentes de hoje poderão sustentar a ascensão econômica da África? Parece evidente que as potências emergentes se beneficiam enormemente de seus vínculos econômicos com as nações africanas. Fora a China, a presença da Índia vem observando um crescimento considerável. O Brasil procurava, à época, estabelecer laços mais fortes com países africanos não lusófonos, e mesmo a Rússia vinha buscando maior visibilidade no continente. Mas as relações entre a África e os países emergentes estão longe de ser livres de problemas. A reputação chinesa vem sofrendo em vários países africanos (Thabo Mbeki, o ex-presidente da África do Sul, descreveu a busca da China por recursos naturais na África como "uma nova forma da aventura neocolonialista"), e tanto a Índia como o Brasil poderão, em breve, ser vistos sob essa ótica negativa se sua presença econômica continuar aumentando.

VOLTANDO AO BRASIL

A princípio determinada para acontecer em março de 2014, a 6ª Cúpula do BRICS ocorreu em meados de julho. O presidente da China, Xi Jinping, havia marcado uma visita bilateral em Brasília ao término da Copa do Mundo, e a China sinalizou que Xi não estava disposto a viajar para o Brasil duas vezes no mesmo ano. A data da cúpula foi vista como problemática pela maioria, dado o final da Copa do Mundo apenas poucos dias antes, e foi criticada por várias organizações não governamentais que buscaram preparar eventos paralelos. Por volta de 2014, as Cúpulas do BRICS haviam também se tornado pontos de referência para a sociedade civil no Sul Global para interação e coordenação de ações em conjunto. Nesse sentido, a ideia do BRICS havia sido um sucesso: ainda que incipientes, os laços intra-BRICS em nível de sociedade civil tiveram um aumento notável desde que os líderes do governo decidiram desenvolver um formato mais institucionalizado. As cúpulas no Brasil, na Índia e na África do Sul são particularmente importantes, porque permitem uma interação livre e espontânea entre acadêmicos, legisladores e representantes de ONGs. As cúpulas na China, por outro lado, costumam acontecer em locais de difícil acesso, e até mesmo os eventos "track II" (a chamada diplomacia de segunda via) entre acadêmicos na China acabam oferecendo pouco espaço para debates francos.

A presidente Rousseff decidiu organizar a Cúpula do BRICS em Fortaleza como um favor para um aliado político, o governador Cid Gomes do estado do Ceará, o que foi visto como um elemento crucial pelos rivais de Rousseff em sua campanha pela reeleição em outubro de 2014.

A decisão de adiar a cúpula teve uma consequência importante: em vez da participação de Manmohan Singh, que esteve em todas as cúpulas desde 2009, quem veio foi o novo primeiro-ministro Narendra Modi, o que permitiu que os debates da reunião lançassem um olhar mais confiante para o futuro. Foi uma das primeiras viagens internacionais do novo líder eleito, e serviu para testar o comprometimento a longo prazo da Índia com o grupo.

A 6ª Cúpula do BRICS foi, portanto, um sucesso notável. Nenhuma das cúpulas anteriores gerou mais interesse da mídia global do que essa. Enquanto os grandes jornais ocidentais vinham negligenciando consistentemente as reuniões anuais no passado, algumas das principais vozes globais, como a *The Economist* e o *The Financial Times*, fizeram a cobertura da reunião.[27] Apesar do local distante da cúpula, a sociedade civil teve uma presença forte e organizou um grande arranjo de eventos à margem da cúpula, envolvendo acadêmicos, ativistas e ONGs que trabalham com direitos humanos e questões ambientais.

Além disso, a reunião conseguiu realizar seu objetivo principal: cinco anos após sua 1ª Cúpula Presidencial em 2009, o grupo do BRICS agora ganhava dimensão institucional. A criação do Banco de

Desenvolvimento do BRICS e do Arranjo Contingente de Reservas (ACR) foi discutida ao longo de anos e, ainda assim, acabou sendo uma surpresa para a maioria dos analistas ocidentais, que argumentavam consistentemente que os países do BRICS eram diferentes demais entre si para conseguirem um dia chegar a um acordo sobre qualquer coisa relevante.

Por fim, é notável a grande quantidade de questões citadas na Declaração de Fortaleza, junto com o assim chamado Plano de Ação. Partes do documento sofreram duras críticas. O pesquisador canadense Alan Alexandroff escreveu sobre a "audácia" do grupo, "de tirar o fôlego", ao mesmo tempo que condenou a ação unilateral, argumentando que "nenhum Estado deve fortalecer sua segurança à custa da segurança alheia", sem, no entanto, mencionar a anexação da Crimeia.[28] Pode não ter sido uma coincidência, então, que a administração dos EUA tenha anunciado novas sanções econômicas contra a Rússia enquanto o presidente Putin ainda estava no Brasil. O BRICS nunca se havia colocado como um grupo antiamericano, mas ficou evidente que difere profundamente do Ocidente quando o assunto é lidar com a Rússia.

O Novo Banco de Desenvolvimento (NBD) do BRICS e o Arranjo Contingente de Reservas (ACR): um teste definitivo para o grupo

A análise anterior mostra que o bloco do BRICS deu passos significativos rumo à institucionalização durante a 4ª, 5ª e 6ª cúpulas do BRICS em Nova Déli, Durban e Fortaleza, respectivamente.[29] Ao longo desses três encontros, os líderes do BRICS discutiram pela primeira vez e, então, decidiram fundar o Novo Banco de Desenvolvimento do BRICS (NBD) e um Arranjo Contingente de Reservas (ACR), os quais estabelecerão elos sem precedentes entre os governos para os cinco Estados-Membros.

Enquanto o BRICS foi, até 2014, marcado principalmente por sua falta de normas vinculativas, um banco de desenvolvimento em conjunto e um Arranjo Contingente de Reservas podem ser interpretados como a etapa inicial para uma cooperação financeira institucionalizada. Além disso, eles exigem que os países do BRICS desenvolvam regras e normas que orientem as ações de ambas as iniciativas. Por exemplo, quais relações terão os empréstimos com os mecanismos de monitoramento e supervisão e condicionalidades de políticas? Como funcionarão? De acordo com qual paradigma eles serão desenvolvidos, se não forem seguir uma lógica inspirada na do Banco Mundial? A retórica das políticas do BRICS deixa poucas dúvidas de que eles têm interesse em articular mudanças num sistema global que não mais reflete a distribuição de poder vigente. Será que o BRICS aspira a alguma coisa além de simplesmente ocupar posições de poder, sem causar quaisquer outras mudanças ao sistema?

Como comentou Radhika Desai, após a 5ª Cúpula do BRICS em Durban, em 2013:

> os países do BRICS têm, de fato, algo que os une: sua experiência em comum e sua rejeição ao modelo de desenvolvimento neoliberal das últimas décadas e ao FMI e ao Banco Mundial, que ainda o defendem [...] Há muito suas exigências por reformas do FMI e do Banco Mundial vêm encontrando resistência. Em vez de esperarem, então, eles decidiram agir.[30]

Porém, com o que os BRICS procuram substituir o modelo de desenvolvimento neoliberal, e qual o papel que instituições como o Novo Banco de Desenvolvimento e acordos como o Arranjo Contingente de Reservas irão exercer num mundo vislumbrado pelo BRICS? Para muitos pensadores no Sul Global, a criação de ambas as instituições – NBD e ACR – representa uma "manobra significativa por parte das economias emergentes para romper com o modelo tradicional, defendido há mais de seis décadas pelas nações ocidentais, de doador e beneficiário".³¹ De modo semelhante, Pravin Gordhan, o ministro das Finanças da África do Sul, argumentou que "devemos enxergar o banco do BRICS como parte de um novo paradigma para compartilhar recursos e [...] chegar a um resultado que beneficie a todos".³² Mas o que exatamente isso significa na prática?

O estabelecimento de estruturas mais institucionalizadas, como o Novo Banco de Desenvolvimento (NBD) do BRICS e o Arranjo Contingente de Reservas (ACR), deverá forçar, nos próximos anos, o BRICS a articular com muito mais clareza suas visões fundamentais sobre como conquistar a estabilidade e o desenvolvimento econômicos e garantir um futuro sólido para o sistema financeiro e econômico global. Como argumenta Narlikar, a criação dessas instituições pode "ser um primeiro passo rumo a um papel mais proativo por parte dos BRICS em determinar a agenda política", e uma chance para que o BRICS vá além de uma postura de reação e torne seu engajamento mais assertivo.³³ Ele também irá obrigar os países do BRICS a decidir quanto eles querem de fato desafiar o *status quo*.

A indagação se o BRICS irá estabelecer ou não novos paradigmas para o desenvolvimento ou para as finanças internacionais está ligada a uma questão mais ampla em torno de se e como a cooperação Sul-Sul – uma categoria à qual pertence o Banco de Desenvolvimento do BRICS – difere qualitativamente da cooperação Norte-Sul. Muitas das análises da cooperação Sul-Sul se baseiam numa noção implícita e algo vaga de que essa cooperação seria menos exploratória do que a Norte-Sul, bem como na crença de que as interações econômicas entre os Estados do Sul responderiam melhor às necessidades de desenvolvimento do Sul. A ideia da cooperação Sul-Sul evoca uma imagem positiva de solidariedade entre os países em desenvolvimento por meio da troca de recursos, tecnologia e conhecimento. Segundo essa narrativa, a cooperação Sul-Sul visa descobrir e explorar o conceito de "complementaridade" na cooperação em produção, consumo, comércio, investimento e tecnologia e desenvolvimento. Esses processos podem, por sua vez, gerar ligações econômicas a montante e a jusante, que podem, por fim, produzir sinergias positivas nas economias do Sul.³⁴ Como consequência, há um forte entusiasmo pelo Banco do BRICS, em particular entre os diplomatas africanos, que têm esperanças quanto à operação do banco no continente.

Essa narrativa, porém, não é de todo incontestada. Por exemplo, os críticos da noção de que a cooperação Sul-Sul e a ascensão do BRICS serão sempre benéficas para todos os envolvidos já apontaram para aquilo que vêm chamando de a "Partilha da África" do BRICS, indicando que a cooperação Sul-Sul tem semelhanças cada vez maiores com a interação econômica entre o Norte e o Sul, à medida que potências emergentes como a Índia e a China vão-se transformando em grandes polos da economia global e vão aumentando as disparidades do Sul Global.³⁵ Como escreve Bond, assim como a Conferência da África em Berlim em 1884-85, a 5ª Cúpula do BRICS, que aconteceu em março de 2013 em Durban – durante a qual o BRICS decidiu criar seu próprio banco para o desenvolvimento – buscou "partilhar a África", sem o fardo das preocupações "ocidentais" sobre democracia e direitos humanos.³⁶

Esse não é um debate novo. Antes da 2ª Cúpula do BRICs, em Brasília, em 2010, Rathin Roy, chefe do IPC-IG, um projeto em conjunto entre o PNUD e o governo brasileiro para promover a Cooperação Sul-Sul, se indagava:

> Será que a ascensão das economias emergentes não será só uma ampliação do "grande jogo", tendo como único resultado uma margem de manobra maior para os países em desenvolvimento em seu engajamento com as economias do G20? Ou será que o Sul Global irá aproveitar essa oportunidade para forjar um novo paradigma mais inclusivo que garantirá um desenvolvimento mais rápido e mais sustentável para todos os cidadãos? [...] Podemos criar expectativas de mudanças de paradigma nos discursos sobre comércio global, ajuda externa, cooperação para o desenvolvimento e retórica da melhor prática? Será que os blocos emergentes regionais e globais permitirão novas vias para a cooperação eficaz no desenvolvimento?³⁷

Para tratar dessas questões, este capítulo irá analisar tanto o Novo Banco de Desenvolvimento (NBD) do BRICS como o Arranjo Contingente de Reservas (ACR), para responder se eles de fato representam uma mudança paradigmática.

O Banco de Desenvolvimento do BRICS

Em 2011, durante a 3ª Cúpula do BRICS em Sanya, reuniu-se um grupo de estudos que contava com representantes dos respectivos bancos de desenvolvimento do BRICS, com o objetivo de discutir modos de fortalecer a cooperação entre si.[38]

Durante a 4ª Cúpula do BRICS em Nova Déli, em 2012, o acordo do marco da cooperação financeira dentro do Mecanismo de Cooperação Interbancária do BRICS foi assinado pelos bancos de desenvolvimento dos países-membros com o objetivo de facilitar futuras consolidações de laços comerciais e de investimento. Igualmente importante, os líderes concordaram em estudar a possibilidade de um banco de desenvolvimento administrado em conjunto. Nos doze meses que se seguiram, um grupo de *policy makers* dos Ministérios das Finanças e Relações Exteriores de cada país se encontrou com regularidade e redigiu um relatório de viabilidade, que foi apresentado um ano depois, durante a 5ª Cúpula do BRICS. Lá, o BRICS decidiu dar um passo adiante e iniciar o processo de criação da instituição:

> Em vista do relatório dos nossos ministros das Finanças, estamos satisfeitos com a constatação de que o estabelecimento de um novo Banco de Desenvolvimento é factível e viável. Concordamos em estabelecer um Novo Banco de Desenvolvimento.[39]

A nova instituição visaria "mobilizar recursos para projetos de infraestrutura e desenvolvimento sustentável em países em desenvolvimento e economias emergentes do BRICS e outros". Isso faz do banco do BRICS o primeiro grande financiador multilateral desde o Banco Europeu para a Reconstrução e o Desenvolvimento em 1991. Além disso, os respectivos bancos nacionais de desenvolvimento assinaram o "Acordo de Cooperação Multilateral e Cofinanciamento para o Desenvolvimento Sustentável dos BRICS", que busca fortalecer a coordenação e o intercâmbio de informações entre as instituições de desenvolvimento dos cinco países.[40] Porém, poucos detalhes foram revelados sobre quanto cada país iria contribuir: "A contribuição inicial ao Banco deverá ser substancial e suficiente para que ele seja eficaz no financiamento à infraestrutura", lê-se na Declaração de eThekwini de 2013.[41] Por fim, na Cúpula de Fortaleza de 2014, a declaração final dizia:

> O Banco terá capital inicial autorizado de US$100 bilhões. O capital inicial subscrito será de US$50 bilhões, divididos igualmente entre os membros fundadores. O primeiro presidente do Conselho de Governadores será da Rússia. O primeiro presidente do Conselho de Administração será do Brasil. O primeiro presidente do Banco será da Índia. A sede do Banco será localizada em Xangai. O Centro Regional Africano do Novo Banco de Desenvolvimento será estabelecido na África do Sul concomitantemente com sua sede. Instruímos nossos ministros das Finanças a definir as modalidades para sua operacionalização.[42]

Rumo à institucionalização

Esse desdobramento foi dos mais significativos, pois foi o primeiro passo tomado rumo à institucionalização do bloco, alterando fundamentalmente suas características anteriores de um grupo de consulta informal, não vinculativo.

É interessante também constatar que o ímpeto intelectual inicial para o Banco de Desenvolvimento do BRICS partiu do Norte Global. Ao longo dos últimos anos, Nicholas Stern, Joseph Stiglitz, Amar

Bhattacharya e Mattia Romani (todos acadêmicos em instituições norte-americanas ou europeias) vieram fazendo campanhas globais a favor de um novo banco – e essa campanha fornecia o conteúdo das propostas de que o governo indiano havia escolhido promover a questão dentro do quadro do BRICS em 2012, o ano da 4ª Cúpula do BRICS em Déli. No cerne do seu argumento, jazia o fato de que, no momento, muitos países em desenvolvimento têm vastas reservas de câmbio estrangeiro, e a questão é se essas reservas podem ser reunidas em benefício dos países, de modo que possam ser investidas, e não acumuladas.

Como apontaram os quatro economistas:

> é claramente necessário um novo banco de desenvolvimento. São enormes as exigências de infraestrutura nas economias de mercados emergentes e países de baixa renda – 1,4 bilhão de pessoas ainda não têm acesso contínuo a eletricidade, 900 milhões não têm acesso a água limpa e 2,6 bilhões não contam com saneamento básico. Cerca de 2 bilhões de pessoas irão se mudar para centros urbanos nos próximos 25 anos. Os *policy makers* devem garantir que os investimentos serão ambientalmente sustentáveis. Para dar conta deste e de outros desafios, as despesas com infraestrutura terão de subir de cerca de US$800 bilhões para pelo menos US$2 trilhões por ano nas próximas décadas, ou será impossível obter uma redução da pobreza e um crescimento inclusivo a longo prazo.[43]

Muitos mercados emergentes e países de baixa renda exigem aumentos imensos nos investimentos de infraestrutura para aliviar as restrições de crescimento, responder às pressões da urbanização e cumprir com seus objetivos cruciais de desenvolvimento, inclusão e sustentabilidade ambiental.[44] Em 2009, o Banco Mundial estimou que só a África precisava investir US$93 bilhões em infraestrutura todos os anos para dar conta dos objetivos almejados de desenvolvimento nacional.[45] A escala da infraestrutura necessária para fomentar o crescimento, superar a pobreza e promover a responsabilidade ambiental e climática nos países emergentes e em desenvolvimento, que estão passando por um rápido processo de urbanização, exigirá cerca de US$1 trilhão por ano em investimentos nas próximas décadas.[46] Em abril de 2012, logo após a 4ª Cúpula do BRICS, quando a ideia do Banco foi proposta pela primeira vez, Romani, Stern e Stiglitz argumentaram que uma tal instituição era "uma ideia cuja hora já havia chegado, num mundo em que um mercado emergente e os países em desenvolvimento estão se tornando os motores do crescimento e das poupanças".[47]

Uma instituição cuidadosamente estudada pelo comitê foi a Corporação Andina de Fomento (CAF) – Banco de Desenvolvimento da América Latina, que envolve 18 nações e financia mais obras de infraestrutura do que o Banco Mundial e o Banco Interamericano de Desenvolvimento juntos. Um detalhe particularmente importante sobre o CAF é que, diferentemente do restante dos financiadores da América Latina, ele é o único que é financiado quase inteiramente pelos mesmos países aos quais ele empresta.[48] Com a emenda dos Artigos do Acordo do CAF, outras nações latino-americanas e caribenhas foram incorporadas como membros com os mesmos direitos das nações fundadoras.

Como o Banco poderá obter uma classificação de risco de crédito AAA? Aqui o exemplo do CAF pode ser instrutivo: o CAF às vezes é descrito como um "modelo de eficiência", um dos motivos que lhe permitiu obter uma classificação de risco de crédito de grau de investimento, embora seja composto por membros que individualmente não fazem parte dessa categoria. Houve um aumento de disciplina de mercado para 14 bancos privados que constam entre seus membros.[49]

As discussões preliminares sugeriam que o foco dos investimentos do Banco do BRICS será em infraestrutura e energia, o que foi confirmado quando os primeiros projetos – um em cada país do BRICS – foram escolhidos em 2016. Mwase e Yang argumentam que a concentração dos financiamentos do BRICS em projetos de infraestrutura poderá ter efeitos positivos de crescimento ao lidarem com déficits de infraestrutura nos países mais pobres, aumentando a produtividade ao reduzir os custos empresariais tanto para setores comerciais como para não comerciais, e dando apoio para a expansão do comércio e investimento.[50] Porém, os críticos apontam que isso seria um retorno à ajuda externa com foco na infraestrutura que os doadores tradicionais abandonaram quando passaram a investir no setor social.

Além disso, há quem tenha ficado preocupado com o impacto sobre a sustentabilidade do déficit, com os créditos de exportação subsidiados recebidos pelas empresas do BRICS e com as leis trabalhistas.[51] Como escréve Dani Rodrik:

> [...] é decepcionante que o BRICS tenha escolhido se concentrar no financiamento de infraestrutura como a primeira grande área de colaboração. Essa abordagem representa uma visão da década de 1950 sobre desenvolvimento econômico, que há muito tempo foi suplantada por uma perspectiva mais variada, que reconhece uma multiplicidade de restrições – que vão desde problemas de governança até fracassos do mercado – de importância variada em países diferentes.[52]

O Consenso do BRICS versus o Consenso de Washington?

Como se configurou na prática o Consenso de Washington? E como foi que o BRICS se apropriou, adotou, adaptou ou abandonou aspectos específicos desse paradigma de políticas transnacionais? O que isso significa para o futuro da ordem econômica global?

Os membros do grupo BRICS, como argumentam Cornel Ban e Mark Blyth, "tiveram seus surtos impressionantes de crescimento num contexto internacional dominado por ideias econômicas neoliberais e narrativas sobre o que se deve e o que não se deve fazer para o desenvolvimento, mas, ainda assim, eles reclamaram um papel do Estado no desenvolvimento que ia muito além dos limites do quadro do Consenso de Washington".[53]

Ao longo da última década, a relação do BRICS com o Consenso de Washington aconteceu em um ambiente político e econômico internacional em grande parte carente da principal ferramenta das instituições de Bretton Woods para esse paradigma de políticas transnacionais: a condicionalidade das políticas internacionais. Apesar de vários dos países do BRICS terem lembranças vívidas de se sujeitarem a condicionalidades de política, sua ascensão recente foi marcada pela capacidade de se esquivar dessas tais normas e agir de forma independente – e uma imensa pressão política doméstica para fazer as coisas de outro jeito.

O resultado, como esclarecem Ban e Blyth, foi uma proliferação de híbridos institucionais e ideacionais que traziam a marca das "edições" distintivas feitas pelo Consenso de Washington para que fossem mais compatíveis com o contexto doméstico. No entanto, eles concluem, com razão, que nenhuma dessas modificações equivalia a um "contramodelo" ou uma tentativa de derrubar a ordem econômica global.

A Índia e o Brasil, por exemplo, institucionalizaram uma forma híbrida de governança econômica que se posiciona entre o paradigma de políticas do Consenso de Washington e os imperativos domésticos nacionais. Enquanto a China exibe várias formas de intervenção estatal na economia que dão ao capitalismo chinês um aspecto bastante distinto daquele estabelecido pelo Consenso de Washington, essas adaptações locais não necessariamente representam uma antítese, nem uma alternativa, a ele. Não faz muito sentido, portanto, falar de um Consenso de Pequim ou um Consenso do BRICS coerente que possa desafiar as noções incorporadas no Consenso de Washington, o que é particularmente importante para os *policy makers* do mundo em desenvolvimento que procuram copiar o modelo chinês na esperança de descartar por completo o Consenso de Washington. Em vez de rejeitarem o Consenso de Washington, os BRICS parecem tê-lo transformado.

Rumo a novos paradigmas de empréstimos?

Será que o novo banco desenvolverá paradigmas de empréstimo diferentes daqueles criados pelo Banco Mundial e por outros bancos bem estabelecidos? Alguns dizem que o banco tentará evitar as condicionalidades que vêm junto com os empréstimos do Banco Mundial. E, de fato, há um consenso entre os BRICS de que a condicionalidade vai contra o princípio da soberania.

Isso poderia levar observadores ocidentais a acusarem o Novo Banco de Desenvolvimento do BRICS de oferecer "empréstimos ilícitos" e de comprometer as tentativas do Ocidente de promover a boa governança no mundo em desenvolvimento.[54]

O mais interessante é que o Banco do BRICS também poderá ser considerado um fracasso se meramente replicar as características das grandes instituições de desenvolvimento financeiro. A retórica sobre os novos paradigmas da cooperação Sul-Sul gerou expectativas de que as potências emergentes do Sul teriam alguma contribuição significativa a ser feita no debate global sobre o desenvolvimento.

Como argumentaram os diplomatas dos cinco países do BRICS, o Banco de Desenvolvimento do BRICS seguirá um conjunto de normas e regras que orientaram as estratégias de desenvolvimento dos países individuais do grupo.[55] Entre elas, consta o enfoque dado aos benefícios mútuos sem condicionalidades de políticas de governança, política econômica ou reforma institucional. Todos os países do BRICS enfatizam a importância da "soberania nacional" e o desenvolvimento da responsabilidade de seus parceiros para seu próprio desenvolvimento.

Considerando que o Banco Mundial já oferece empréstimos sem condicionalidade em vários casos, é improvável, portanto, que o Banco do BRICS desenvolva paradigmas fundamentalmente novos que possam ameaçar os bancos já existentes, como o próprio Banco Mundial. Na verdade, Jim Yong Kim, o presidente do Banco Mundial, recebeu de braços abertos a perspectiva de um banco do BRICS para ajudar a dar conta das necessidades de infraestrutura em países de renda média.[56]

No que se refere às relações entre os membros, a criação do banco – junto com o Arranjo Contingente de Reservas (ACR) – deverá fortalecer a relação entre os Bancos Centrais, os bancos nacionais de desenvolvimento e os Ministérios das Finanças. Porém, a existência do banco deverá ser usada para firmar laços adicionais não apenas entre países, mas também entre sociedades que se conhecem muito pouco. Há vários modos pelos quais o Banco poderá servir como plataforma. Por exemplo, o NBD deverá encorajar alunos de doutorado em economia dos países do BRICS a passar um tempo em sua sede em Xangai, para conduzirem suas pesquisas. Isso ajudaria a transformar o NBD em algo mais que um banco: uma plataforma para gerar e promover conhecimento de ponta sobre desenvolvimento.

O impacto do Novo Banco de Desenvolvimento sobre as práticas de empréstimo só ficará evidente nos próximos anos. Como apontam Green e Kalomeris:

> por um lado, o banco pode ser visto como uma alternativa à condicionalidade ocidental das instituições existentes. As condições dos bancos multilaterais de desenvolvimento são muitas vezes excessivas e até mesmo hipócritas quando as exigências excedem as ações de um fiador que esteja num ponto semelhante de desenvolvimento. Por outro lado, se ele der apoio a projetos polêmicos com suspeitas ambientais, sociais ou de corrupção, então o NBD se torna vulnerável às críticas.[57]

É interessante também o que disse Lou Jiwei, ministro das Relações Exteriores da China, na cerimônia de abertura do NBD:

> Este banco dará ênfase maior às necessidades dos países em desenvolvimento, maior respeito à situação nacional desses países e incorporará mais plenamente seus valores. [...] O desenvolvimento é um processo dinâmico. O que se chama de "melhores práticas", na verdade, não existe.[58]

O Sr. Kamath prometeu que iria fazer o banco passar "das melhores práticas para as práticas do futuro", acrescentando que os empréstimos tradicionais para o desenvolvimento muitas vezes são "rígidos demais, inflexíveis e lentos".[59]

O impacto do NBD sobre a governança global permanece, talvez, como a dúvida mais interessante, embora ainda sejam necessários alguns anos até termos uma compreensão mais clara de se e como ele afetará as estruturas existentes.

Muitos observadores enxergam o banco como prova de que o BRICS tem uma agenda revisionista. Varun Sahni, por exemplo, argumenta que o estabelecimento do NBD é "um forte exemplo de agregação de poder revisionista, na medida em que desafia as estruturas e a legitimidade do Banco Mundial e do Fundo Monetário Internacional".[60] Outros apontam que o Banco é uma reação natural das potências emergentes a uma ordem que ou não pode ou não quer incluí-los adequadamente. Kamath, presidente do NBD, insiste que "nosso objetivo não é desafiar o sistema já existente tal como é, mas melhorá-lo e complementá-lo à nossa própria maneira". Por mais que o site do NBD afirme que o Banco "opera [...] como uma alternativa às opções já existentes e dominadas pela influência dos EUA, o Banco Mundial e o Fundo Monetário Internacional", seria equivocado chamar os países do BRICS de revisionistas. Muito pelo contrário, o lançamento do NBD sublinha a disposição do BRICS em ajudar a consertar um sistema que não mais atende às demandas existentes. Apenas quem enxerga a liderança norte-americana, e não as normas e a funcionalidade do sistema, como o elemento decisivo da ordem de hoje chamará o BRICS de revisionista.

O lançamento do NBD foi um passo imenso para o BRICS, mas seus maiores desafios ainda estão por vir. Criar um banco de desenvolvimento globalmente ativo envolve uma dificuldade alarmante, e será uma demonstração de juízo por parte dos responsáveis do BRICS se eles se inspirarem nas experiências das instituições existentes.

O CASO DA AJUDA EXTERNA

As filosofias do BRICS para o financiamento do desenvolvimento hoje podem oferecer um indicador confiável quanto ao modo como o Banco do BRICS poderia operar. Pode-se dizer que suas abordagens diferem daquelas dos doadores tradicionais (membros do OCDE-CAD) de três formas significativas.

Primeiro, o engajamento do BRICS se fundamenta na ideia de benefícios mútuos. Segundo, eles oferecem financiamento não monetário sem quaisquer condicionalidades políticas. Além disso, a estratégia de muitos países do BRICS consiste em projetar a ajuda financeira de modo a facilitar e complementar o investimento estrangeiro direto. Isso inclui a prática da "ajuda condicionada" (*tied aid*), que os doadores estabelecidos cada vez mais buscam evitar.[61] O financiamento pelo BRICS muitas vezes complementa o Investimento Estrangeiro Direto (IED) e chega como parte de um "pacote" complexo, que envolve financiamentos ao longo de múltiplos anos e inclui bolsas, empréstimos e linhas de crédito com vários participantes.[62] Isso dificulta o trabalho de distinguir entre ajuda e projetos de IED. Como escrevem Mwase e Yang, a China e, por vezes, a Índia avaliam a assistência ao projetarem o uso de competitividade dos custos e tempo de conclusão como parâmetros de sucesso – o que difere radicalmente dos doadores tradicionais, que dedicam muito mais tempo a estudos de viabilidade, processos de consulta com acionistas e salvaguarda ambiental. Por fim, o BRICS costuma dar maior enfoque à microssustentabilidade de projetos individuais, enquanto os doadores tradicionais se preocupam mais com a sustentabilidade do débito a longo prazo.[63]

Por esse aspecto, a nova instituição deveria ter, de fato, diferenças fundamentais em relação às normas estabelecidas. Quanto à questão da ajuda externa, os países do BRICS vêm demonstrando relutância em se envolver em grandes esforços multilaterais que restrinjam sua liberdade de manobra em termos de políticas de ajuda. Eles evitaram endossar com muito entusiasmo quaisquer princípios de desenvolvimento humanitário que são a política padrão para os doadores do CAD ou permitir que seu discurso sobre o humanitarismo ou desenvolvimento seja moldado pelas conexões fortes com os outros doadores.

Uma exceção interessante a essa tendência foi a adoção, pelo Brasil, da Iniciativa de Doação de Bem Humanitário (GHD, sigla de Good Humanitarian Donorship), um grupo de países (em sua maioria, ocidentais) que concordou com um conjunto amplo de princípios para encorajar a responsabilidade dos doadores e ampliar a eficácia das ações de ajuda humanitária. Quando questionados sobre esse aparente paradoxo, os responsáveis brasileiros apontaram que não há nada de errado nesses princípios, nada que contradiga as ideias mais amplas que eles defendem sobre aquilo em que deve consistir o humanitarismo. Em privado, porém, alguns descartaram a participação brasileira como irrelevante, porque não há mecanismos para colocá-la em prática e porque as diretrizes são vagas o suficiente para que suas próprias visões se encaixem confortavelmente nesse modelo. Segundo eles, não há qualquer custo em pertencer à GHD; apenas alguns benefícios de legitimidade.

O Arranjo Contingente de Reservas do BRICS

Enquanto as discussões em torno da 5ª Cúpula do BRICS em Durban foram dominadas pela criação do Banco de Desenvolvimento do BRICS, outra decisão importante acabou ignorada por muitos: os líderes do BRICS decidiram criar um Arranjo Contingente de Reservas (ACR) de US$100 bilhões para enfrentar qualquer possível crise financeira nas economias emergentes. Diferente do Banco do BRICS, a ideia do ACR é relativamente recente e foi discutida pela primeira vez entre os líderes do BRICS durante uma reunião à margem do G20 em Los Cabos, em junho de 2012.[64] Os ministros das Finanças do BRICS e presidentes dos Bancos Centrais então começaram a estudar a criação do ACR.[65] Na Declaração da Cúpula do BRICS, os líderes declararam que os ministros das Finanças do BRICS e os presidentes dos Bancos Centrais:

> concluíram que o estabelecimento de um arranjo contingente de reservas autogerido teria efeito de precaução positivo, ajudaria os países do BRICS a evitar pressões de liquidez de curto prazo, forneceria apoio mútuo e reforçaria adicionalmente a estabilidade financeira. Contribuiria, igualmente, para o fortalecimento da rede de segurança financeira global e complementaria os acordos internacionais existentes como uma linha de defesa adicional. Entendemos que o estabelecimento do Arranjo Contingente de Reservas (ACR) com um tamanho inicial de US$ 100 bilhões é factível e desejável, sujeito aos marcos legais internos e às salvaguardas pertinentes. Instruímos nossos ministros das Finanças e presidentes dos Bancos Centrais a continuar trabalhando para seu estabelecimento.[66]

Diferente do Banco de Desenvolvimento, o fundo de contingente requeria bem menos negociações políticas, o que explica por que começou a operar mais cedo. Levou apenas um ano para os países aprovarem as legislações relevantes.

A constituição das reservas do ACR foi mais simples porque não precisou de estrutura física para operar. As reservas não são coletadas fisicamente num fundo comum, mas, em vez disso, são guardadas pelos bancos centrais nacionais e destinadas a esse propósito. O fundo contingente só começará a operar quando a economia de um dos países-membros entrar em crise, atuando como um amortecedor ou um *back-up*. Considerando a frequência cada vez maior e a magnitude das crises financeiras globais ao longo das últimas décadas, a criação de mais um fundo adicional que os principais países possam mobilizar com rapidez nas épocas de crise deverá melhorar a confiança dos investidores.

A China contribui com uma conta de US$41 bilhões, seguida por Brasil, Rússia e Índia, com US$18 bilhões cada um, e a África do Sul, com US$5 bilhões.[67] As preocupações com a distribuição desigual de poder dentro desse arranjo são infundadas, porque, diferentemente do proposto no Banco de Desenvolvimento do BRICS, em que os direitos de voto foram estabelecidos com base na contribuição financeira de cada país, os votos da China, do Brasil, da Índia ou da Rússia já bastam para autorizar o desembolso, fazendo da África do Sul o único agente que não exerce controle pleno sobre o fundo.

Para vários observadores, a criação de um acordo contingente de alívio de US$100 bilhões é uma manobra que pretende lançar as sementes de uma estrutura financeira alternativa para os países em desenvolvimento, com o argumento de que ele poderia representar um desafio direto ao FMI. Após a 5ª Cúpula, a mídia indiana louvou a criação do ACR como "uma imensa vitória para a campanha da Índia em prol da reforma da arquitetura financeira global".

Porém, em sua maior parte, essa interpretação por ora é infundada. O principal motivo para isso é porque um fundo de US$100 bilhões é relativamente modesto para os padrões globais. Os países do BRICS controlam quase US$5 trilhões em reservas internacionais. Se contribuíssem com 16% de suas reservas para um fundo de contingente, o ACR resultante contaria com um total de US$800 bilhões, contra os US$780 bilhões dos recursos do FMI. É claro que um ACR de US$100 bilhões poderia ser um primeiro passo para algo muito maior, que poderia comprometer de verdade a ordem financeira global.

Uma réplica da Iniciativa Chiang Mai?

Já existem, no entanto, acordos parecidos com o ACR, e eles não derrubaram o FMI. Segundo o ex-ministro da Fazenda brasileiro, Guido Mantega, o ACR do BRICS teve como modelo a Iniciativa de Chiang Mai (ICM),[68] um acordo assinado em maio de 2000 entre os países da Associação de Nações do Sudeste Asiático (ASEAN), China, Japão e Coreia do Sul.[69] A iniciativa tem como objetivo fortalecer a capacidade da região de se proteger contra riscos na economia global.[70] Pretende-se que ela forneça um estoque de liquidez emergencial para os países-membros em crise[71] – evitando a necessidade de depender do FMI, que teria cometido abusos de poder em seus empréstimos de emergência durante a crise financeira asiática de 1997-98.[72] Na região, a crise é muitas vezes chamada de "a crise do FMI".[73] O IMC de fato dá a suas economias já fortes mais poder de voto, mas não de veto (como têm os EUA no Banco Mundial) e foi feita para beneficiar economias menores.[74] Os ministros das Finanças da ASEAN+3 revisaram a ICM em 2004-5 e deram início à "fase dois", dobrando o tamanho nominal dos *swaps*. Após estabelecerem sua sede em Cingapura, em 2009, a ICM foi rebatizada de Iniciativa de Multilateralização Chiang Mai (IMCM). Por multilateralização, os países-membros querem dizer a coletivização numa base regional, a criação formal de acordos de agregação de reservas (*reserve pooling*), um sistema de votos com pesos individuais distintos para o desembolso dos fundos e uma ampliação das capacidades de supervisão. Hoje, ele fornece a seus membros acesso a US$240 bilhões em liquidez de emergência para proteger a região dos choques financeiros globais.

Apesar de os Estados participantes terem considerado a possibilidade da agregação das reservas numa única conta que poderia ser depositada, administrada e desembolsada por uma secretaria, como é o caso do FMI, foi decidiu-se que ela separaria reservas para um fundo em comum e, em vez disso, faria seu depósito nas contas dos Bancos Centrais nacionais e Ministérios das Finanças.[75]

No entanto, a prova de que a IMCM não é uma ameaça ao FMI é a norma de que um país sob a égide da IMCM só poderia ter acesso a uma proporção pequena de sua linha de crédito de emergência sem ser forçado a entrar em negociações com o FMI por um acordo de *standby*. Só 30% da cota de um membro é acessível sem um programa com o FMI. Para os 70% restantes, o Estado-Membro precisa concordar com um programa do FMI, incluindo as muito desprezadas prescrições de políticas. Esse elo com o FMI sofreu algumas críticas no começo, oriundas de países como a Malásia, que defendeu a completa independência da IMCM em relação ao FMI.[76] A IMCM também foi designada como um acordo de apoio de liquidez em dólares americanos, excluindo, portanto, *swaps* cambiais locais.[77]

Alguns descreveram a IMCM como um passo imenso rumo à criação de um fundo monetário asiático (Asian Monetary Fund – AMF) que fosse completamente autônomo em relação ao FMI.[78] Porém, como um rompimento com o FMI exigiria a criação de um mecanismo de supervisão regional, os membros participantes decidiram que os acordos de *swap* deveriam continuar apenas complementando as instalações do FMI. À época, foi o Japão em particular que fez pressão a favor do vínculo com o FMI para aumentar a credibilidade da nova iniciativa. A Malásia, no entanto, só concordou com isso sob a condição de que se estabelecesse um grupo de estudos para avaliar modos de, no futuro, romper esses vínculos com o FMI. Não houve passos significativos nessa direção desde então, o que foi atribuído a uma falta de confiança entre os países participantes.[79] A IMCM é, portanto, uma "linha de defesa paralela" ao financiamento pelo FMI.

O ACR do BRICS também inclui vínculos com o FMI. Nesse sentido, está longe de ser um contrapeso para a ordem atual, centrada na instituição. Muito pelo contrário, ele também está inserido no sistema atual. Como consequência, escreve Barry Eichengreen que:

> lá se vai a ideia do ACR como alternativa ao FMI. E, se a inclusão dessas provisões não for reveladora o suficiente, então há também o fato de que os compromissos do BRICS com o ACR se expressam em dólares americanos. O NBD faz sentido para o BRICS e tem futuro. Mas o ACR é um simbolismo vazio, e é assim que será lembrado.[80]

Apesar dessas críticas, a criação do mecanismo do ACR do BRICS – composto de acordos de *swap* para manter a liquidez quando o crédito no setor financeiro ficasse apertado – foi um passo notável. Diferentemente do Banco do BRICS, não há a restrição de que as contribuições sejam feitas em cotas iguais. Isso torna o ACR potencialmente ainda mais vital do que o Banco, por mais que ainda seja cedo demais para avaliar suas implicações a longo prazo.

Além da condicionalidade?

A condicionalidade – *i.e.*, oferecer contingente de assistência financeira condicionado à implementação de políticas econômicas e políticas específicas – é um dos elementos-chave do Artigo do Acordo do FMI, que aponta que as políticas recomendadas deveriam evitar "medidas destrutivas para a prosperidade nacional ou internacional". As condicionalidades garantem que os recursos são disponibilizados temporariamente "sob salvaguardas adequadas". Devido à ameaça de um perigo moral, o pagamento dos empréstimos ficaria comprometido sem essas condições. Portanto, segundo o FMI, tais regras são cruciais para assegurar o caráter rotatório dos recursos do fundo, porque aumentam as chances de os empréstimos serem pagos.[81] Os países do BRICS, vários dos quais já receberam ajuda externa, há muito criticam a aplicação das condicionalidades por uma série de motivos. Elas não apenas ameaçam a democracia e a autodeterminação, como também são uma ferramenta para os fortes dominarem os fracos, considerando que os países politicamente mais fracos muitas vezes recebem obrigações de ajuste mais rigorosas. Além do mais, os membros do grupo BRICS alegam que o FMI muitas vezes prescreve doses erradas de austeridade devido a uma falta de *expertise* e conhecimento sobre as economias afetadas.[82]

Aqueles que apoiam as condicionalidades argumentam que seria errôneo representar as condicionalidades de políticas como um tratamento forçado de um paciente involuntário. Como aponta Vreedland, os governos que recebem empréstimos podem, de fato, preferir algum grau de condicionalidade para aumentar seu poder doméstico de barganha contra as facções que se opõem à reforma. As sanções impostas pelo FMI são, portanto, bem-vindas, e a instituição é usada como "bode expiatório" no debate doméstico para empurrar as medidas necessárias.[83]

Embora isso seja verdadeiro em algumas instâncias, é falho o argumento de que o FMI impõe condicionalidades para manter sua própria saúde financeira. Dreher aponta que há poucas evidências que apoiem a hipótese de que a condicionalidade aumenta as chances de os empréstimos serem pagos. Os governos, como ele mostra, quase sempre acabam pagando os empréstimos no momento combinado, independentemente de implementarem as políticas recomendadas ou não. E o mais preocupante é que, para um país, aceitar um empréstimo do FMI e suas prescrições de políticas não serve para colocá-lo "no caminho certo": a probabilidade dos futuros programas do FMI não está, portanto, diminuindo, mas aumentando com os programas atuais do FMI.[84]

Quando os países asiáticos discutiram os vínculos da IMCM com o FMI, estavam plenamente conscientes da experiência dolorosa da crise de 1997-1998, e havia um forte consenso de que tal cenário não deveria se repetir. Mais forte ainda foi a percepção entre os credores (sobretudo Japão e China) de que eles precisavam associar condições com as quais a região não seria capaz de concordar.[85] Do mesmo modo, os países do BRICS estavam indispostos e se mostravam incapazes de concordar com o novo conjunto de normas.

Masahiro Kawai defende que, se os países participantes fossem desconectar a IMCM do FMI, deveriam tomar os seguintes passos:

- Esclarecer as normas para ativação de empréstimos, incluindo a possibilidade de fornecer empréstimos por precaução (pré--crise) ou ignorar a condicionalidade política no caso de uma crise ou turbulência financeira causada externamente ou por comportamento de manada.
- Estabelecer um fórum conjunto para os ministros das Finanças e presidentes dos Bancos Centrais intensificarem o diálogo de políticas entre si;
- Fazer do recém-criado ASEAN+3 Macroeconomic Research Office (AMRO) um forte secretariado profissional, com as necessárias *expertise* analítica e experiência política, a fim de apoiar a supervisão econômica regional por meio do ERPD, ativar a IMCM e formular condicionalidades independentemente do FMI;
- Ampliar o tamanho das instalações da IMCM para que uma quantidade suficiente de liquidez seja fornecida aos países--membros necessitados; e
- Ir além da simples etapa de "compartilhamento de informação" para uma etapa mais rigorosa de "revisão por pares e pressão", até chegar à etapa da "diligência prévia", a fim de melhorar a qualidade de supervisão econômica.[86]

Se os países do BRICS estivessem em algum ponto dispostos a desligar o Arranjo Contingente de Reservas do FMI, eles se veriam forçados a discutir a possibilidade de criação de um processo semelhante. Até o momento, eles participaram apenas de um fórum conjunto de ministros das Finanças e presidentes do Banco Central para intensificar o diálogo político entre si.

Rumo a novos paradigmas?

Apesar de o ACR não forçar os BRICS a desenvolverem novas regras e normas, terá de desenvolver regras e normas que servirão como princípios para orientação do Banco de Desenvolvimento do BRICS, o que exigirá a articulação de seus pontos de vista fundamentais sobre o desenvolvimento econômico e a cooperação financeira.

No caso do Banco de Desenvolvimento do BRICS, o grupo começou a estabelecer essas regras implicitamente, como efeito colateral de seu papel crescente como doadores. Como mostrado anteriormente, a China e os outros países do BRICS têm muito desejo de evitar as condicionalidades de políticas no contexto de seus empréstimos, uma vez que isso é visto como interferência indevida nos assuntos internos dos outros países. Se as estratégias individuais do BRICS como fiadores de empréstimos para infraestrutura servirem de exemplo – e há motivos para se acreditar que esse é o caso –, então o Banco do BRICS operará sem muitas das condicionalidades de políticas que marcam o modo como o Banco Mundial opera, o que poderá representar um desafio aos paradigmas que orientam as instituições financeiras atuais.

Em que medida seu comportamento pode transformar-se num paradigma consolidado e coerente que desafie o consenso ocidental atual depende da possibilidade de os países do BRICS conseguirem ampliar seus esforços a níveis necessários para o Banco do BRICS se comparar ao Banco Mundial. Isso, por sua vez, não só depende de seu futuro crescimento econômico, como também da disposição do grupo em encontrar um denominador comum e fazer pressão em conjunto em que seja imposto um paradigma alternativo.

Nada disso parece estar claro por enquanto. O Brasil, a Índia, a Rússia e a China fornecem muito mais dinheiro para o FMI e o Banco Mundial do que para o Banco de Desenvolvimento do BRICS e o ACR. A Rússia, por exemplo, se preparava para solicitar a participação na OCDE até que suas relações com o Ocidente amargaram depois da anexação da Crimeia. Após o impeachment de Dilma Rousseff, um número cada vez maior de *policy makers* brasileiros clamou para que fossem fortalecidas as relações entre a OCDE e o Brasil, o que levaria o país a aderir a muitos padrões ocidentais, particularmente no tocante a projetos de ajuda externa. Contanto que lhe seja concedido um espaço maior no Banco Mundial e no FMI, o Brasil pode sentir-se mais confortável lidando com as instituições já existentes do que dando apoio a instituições novas. A Índia, por sua vez, pode sentir-se relutante em apoiar um Banco do BRICS que parece dominado pela China. Os *policy makers* da África do Sul também podem sentir uma pressão doméstica crescente para evitar que o país fique preso à China, especialmente quando a opinião pública africana se voltar contra a crescente presença chinesa. Também é possível que o desejo de todos do grupo BRICS de estabelecer uma nova instituição diminua à medida que forem ganhando um espaço e uma responsabilidade cada vez maiores no Banco Mundial e no FMI. A democratização das instituições de Bretton Woods ainda parece ser a melhor aposta das potências já estabelecidas para preservar a ordem global e financeira atual.

Por fim, a manobra para a institucionalização precisa ser compreendida dentro do contexto de um *"backlash* contra o BRICS" cada vez maior. A partir de 2011, muitos observadores começaram a argumentar que havia um exagero no entusiasmo em torno do BRICS, apontando que as taxas de crescimento do tal mundo emergente eram muito menores do que as previstas por Jim O'Neill na década anterior. Exceto pela China, nenhum dos países dos BRICS teve um crescimento superior a 6%, e os Estados Unidos estavam crescendo na mesma velocidade que o

Brasil. Analistas de todo o espectro político anunciavam que a era do BRICS já tinha passado.[87] Muitos propuseram que agora era hora de olhar para os MINTs (México, Indonésia, Nigéria e Turquia).[88] De fato, todos os países do BRICS foram mais afetados pela crise financeira global do que se esperava. Foi decepcionante o trabalho das equipes econômicas dos governos de Nova Déli, Pretória e Brasília. Como escreve Eduardo Gomez, "as últimas duas décadas giraram em torno do BRICS: um grupo de cinco países (Brasil, Rússia, Índia, China e África do Sul) que chegou ao superestrelato econômico e gradualmente dominou a influência geopolítica. Mas agora, com o desaquecimento de suas economias, esses dias parecem ter passado".[89]

No entanto, se comparados com as projeções originais feitas sobre os BRICs há uma década, os países emergentes ainda estão se saindo bem (o que se esquece muitas vezes é que, em 2003, a Índia teve um crescimento de apenas 3,8%. Em 2002, o do Brasil foi de apenas 1,1%). Como apontou a *The Economist* à época, a Goldman Sachs esperava que o PIB combinado das quatro economias fosse equivalente a US$8,7 trilhões em 2013. A realidade foi bem melhor: mesmo incluindo os anos recentes de menor crescimento, o PIB combinado equivale a mais de US$15 trilhões. O Brasil, a Rússia, a Índia e a China cresceram até mais rápido do que Jim O'Neill esperava.[90]

Como escreve Peter Hall, os membros do grupo BRICS estavam sem dúvida passando pelas dores do crescimento, mas elas não foram tão severas quanto os críticos de hoje dizem. A maioria dos balanços das economias do BRICS, embora não tão robustos quanto eram no período pré-crise, continuaram saudáveis. A China, em particular, tinha ampla margem de manobra política para evitar um desaquecimento brusco.[91]

O baixo crescimento econômico no Sul Global não pôde desfazer os avanços históricos das potências emergentes, sobretudo ao longo da última década, que testemunhou um grau sem precedentes de emancipação do Sul Global – inclusive o continente africano. A estagnação do mundo emergente não afetou as previsões a longo prazo de que a China superaria a economia norte-americana. Apesar dos problemas atuais, prevê-se que a Índia deverá tornar-se um dos principais pilares da economia mundial ao longo desta década. A economia mundial não retornará à distribuição de poder do final do século 20.

Como argumenta Zachary Karabell:

> as opiniões podem ter mudado dramaticamente nos últimos meses, mas há uma diferença substancial entre isso e o colapso e a crise estruturais. Sim, as economias do mundo emergente estão passando por um crescimento mais lento em relação às taxas aceleradas dos últimos anos, e, sim, não é fácil a transição para uma economia doméstica impulsionada pela demanda. Mas isso não é o mesmo que reescrever o roteiro da década passada e transformar em miragem as conquistas de muitos desses países.
>
> Quando chegar a hora de escrever a história dos primeiros anos do século 21, a narrativa global não será só sobre a luta dos Estados Unidos para se ajustarem a um mundo de poder mais difuso, ou sobre a ascensão da China e a decadência da Europa. Ela deverá tratar do modo como porções substanciais do planeta emergiram de uma situação de pobreza agrária rumo às primeiras etapas de riqueza urbana. Deverá tratar do modo como a revolução da internet e da comunicação móvel, ancorada na ascensão da China, começou a remodelar as vastas regiões da África subsaariana; como as classes médias indianas começaram a redefinir o país e como milhões de latino-americanos conseguiram livrar-se de décadas de incompetência autoritária e começaram a florescer. Nunca na história humana mais pessoas subiram de vida mais rapidamente do que nos primeiros anos do século 21.[92]

Ufá: o grupo BRICS retorna à Rússia

Os documentos assinados na 7ª Cúpula do BRICS na Rússia fornecem algumas revelações importantes sobre a dinâmica que moldou o grupo no ano de 2015 – e sobre como pensar seu potencial para os próximos anos. A vasta maioria de analistas que discutiram a cúpula não os levou em consideração – afinal, eles têm mais de cem páginas ao todo –, mas vale a pena analisá-las: um estudo da Universidade de Toronto demonstra que o BRICS conseguiu uma taxa de cumprimento (*compliance*) de 70% com os compromissos da Cúpula de Fortaleza feitos em 2014, continuando sua alta taxa de cumprimento das cúpulas anteriores.[93] Os autores concluem que "os países do BRICS cumpriram bem os compromissos de desenvolvimento que repousam no cerne de sua agenda (com uma média de +0,60 ou 80% ao longo de todas as quatro cúpulas)", mas também apontam que o desempenho nas questões comerciais é desigual, com uma média geral de +0,10 (55%). Isso demonstra que as declarações finais da cúpula são mais do que apenas declarações vazias. Quais eram os principais assuntos para nos conscientizarmos na Declaração de Ufá?

Instituições Multilaterais

De modo semelhante a todas as declarações anteriores, a Declaração de Ufá do BRICS sublinha repetidamente seu "compromisso com as Nações Unidas, como uma organização universal multilateral incumbida do mandato de ajudar a comunidade internacional a preservar a paz e a segurança internacionais, impulsionar o desenvolvimento global e promover e proteger os direitos humanos". Vários parágrafos na declaração são dedicados a agências específicas da ONU, como UNCTAD, Unesco e Unido, a Estratégia Antiterrorista Global da ONU, o Grupo de Ação Financeira Internacional (GAFI, ou FATF, na sigla inglesa) e a Convenção da ONU contra Corrupção (UNCAC). Desse mesmo modo, os BRICS afirmam seu compromisso com a Organização Mundial do Comércio (OMC), o que aponta para uma realidade muitas vezes ignorada pelos analistas ocidentais: os membros do grupo BRICS não buscam suplantar a ordem global; em vez disso, eles procuram reformar as estruturas existentes ou criar outras complementares. Nenhuma das propostas do grupo questiona as regras e normas básicas que sustentam a ordem global de hoje, e a legitimidade de instituições-chave, como o Conselho de Segurança da ONU, não é questionada.

A Reforma do Conselho de Segurança da ONU: falta um Consenso no BRICS

Assim como em todas as declarações anteriores, a China e a Rússia reiteraram "a importância que atribuem ao status e papel de Brasil, Índia e África do Sul nos assuntos internacionais", apoiando "sua aspiração de desempenhar um papel maior nas Nações Unidas". Em essência, isso significa que a China e a Rússia não apoiam explicitamente as campanhas do Brasil e da Índia em prol de assentos permanentes no Conselho. Notavelmente, isso faz com que a China (e a Rússia também, em algum grau) mostre-se mais hostil à posição do Brasil e da Índia do que os outros membros permanentes. Os Estados Unidos apoiam abertamente a candidatura da Índia, enquanto a Grã-Bretanha e a França apoiam as campanhas tanto da Índia como do Brasil. É improvável que Pequim mude seu posicionamento sobre o assunto em um futuro próximo, o que destaca, em algum grau, seu papel como uma potência do *status quo*, indisposta a fazer pressão por uma reforma mais fundamental da ordem global.

Direito Internacional e a Guerra na Ucrânia

No que foi possivelmente a parte mais polêmica da Declaração de Ufá, de uma perspectiva ocidental, os países do BRICS afirmaram que:

> a coexistência pacífica entre as nações é impossível sem a aplicação universal, escrupulosa e coerente dos princípios e normas amplamente reconhecidos do direito internacional. A violação de seus princípios fundamentais resulta na criação de situações que ameaçam a paz e a segurança internacionais. Insistimos que o direito internacional provê ferramentas para a realização da justiça internacional, com base nos princípios da boa-fé e igualdade soberana. Enfatizamos a necessidade da adesão universal aos princípios e às normas do direito internacional em sua inter-relação e integridade, descartando o recurso a "critérios duplos" e evitando que os interesses de alguns países sejam colocados acima dos de outros.

Eles também declaram: "Condenamos intervenções militares unilaterais e sanções econômicas em violação ao direito internacional e a normas universalmente reconhecidas das relações internacionais."

Apesar de essas afirmações não fazerem referência direta aos conflitos atuais no Leste Europeu (há uma única menção à Ucrânia no final da declaração), é provável que alguns observadores acusem os BRICS de não terem condenado a anexação russa da Crimeia, ao argumento de que as potências emergentes buscam o privilégio de poder infringir as normas quando necessário ou de ser seletivas em seu cumprimento – assim como os Estados Unidos vêm fazendo com frequência desde o final da Segunda Guerra Mundial, mais notavelmente em 2003, quando invadiram o Iraque sem um mandado da ONU.

Fortalecendo os Elos intra-BRICS/ A Estratégia a Favor da Parceria Econômica do BRICS

Os líderes do BRICS afirmaram que trabalham "para facilitar vínculos entre mercados, crescimento robusto e uma economia mundial inclusiva e aberta, caracterizada pela distribuição eficiente de recursos, pela movimentação livre de capital, trabalho e bens, e por uma concorrência justa e eficientemente regulada".

Reduzir os obstáculos para um maior movimento de capital, mão de obra e bens entre os países do BRICS é claramente o maior desafio do grupo. Olhando para os compromissos firmados nas últimas cúpulas, o único compromisso no qual os países do BRICS não conseguiram fazer qualquer progresso foi a reforma do Entendimento sobre Solução de Controvérsias da Organização Mundial de Comércio (OMC). Apesar do apoio de longa data ao comércio multilateral e da primazia da OMC, os membros do BRICS não conseguiram levar adiante as negociações sobre a reforma do Sistema de Solução de Controvérsias no período de monitoramento. Houve algum progresso no âmbito das leis sobre vistos, mas os diplomatas ainda não conseguiram concordar quanto a um acordo de isenção de necessidade de vistos em todo o BRICS.

A Estratégia para uma Parceria Econômica do BRICS determina diretrizes cruciais para expandir o comércio e o investimento, o processamento de manufatura e minérios, energia, cooperação agrícola, ciência, tecnologia e inovação, cooperação financeira, conectividade e cooperação em TIC. Por mais que as atenções nos próximos anos possam voltar-se ao Novo Banco de Desenvolvimento, o sucesso definitivo do grupo do BRICS será definido, em grande parte, pela capacidade de cooperação econômica dos membros.

A declaração também menciona o fortalecimento da cooperação no G20, uma área na qual os BRICS vêm conseguindo colaborar de forma *ad hoc* em algumas questões.

O Novo Banco de Desenvolvimento (NBD) e o Arranjo Contingente de Reservas (ACR)

Como esperado, a reunião de Ufá marcou a inauguração do Novo Banco de Desenvolvimento e o Arranjo Contingente de Reservas, as primeiras manifestações institucionais tangíveis do grupo do BRICS.

Na Declaração de Ufá, os líderes afirmaram que "o NBD servirá como um instrumento pujante para o financiamento de investimentos em infraestrutura e dos projetos de desenvolvimento sustentável nos BRICS e outros países em desenvolvimento e economias emergentes de mercado, e para aprimorar a cooperação econômica entre nossos países".

Embora os primeiros empréstimos tenham sido dados para projetos nos países do BRICS, o NBD procurará dar apoio a projetos em outros países em desenvolvimento nos próximos anos, como parte de um esforço para mostrar que eles estão comprometidos em compartilhar riquezas e assumir a liderança internacional.

Expansão do uso de moedas nacionais

Os países do BRICS não progrediram de forma significativa em sua busca para reduzir gradualmente a predominância do dólar americano. Como o yuan chinês é a única moeda com uma chance séria de se tornar uma moeda de reserva global, o projeto depende, em boa parte, da disposição de Pequim em levá-lo adiante. A declaração, portanto, é um tanto inócua:

> Reconhecemos o potencial para expandir o uso de nossas moedas nacionais nas transações entre os países do BRICS. Pedimos às autoridades relevantes dos países do BRICS que continuem a discutir a viabilidade de um uso mais amplo de moedas nacionais no comércio mútuo.

Governança da internet

A Rússia tentou incluir uma série de ideias, em antecipação da cúpula, que teriam suscitado críticas ferozes no Ocidente, como a proposta de que a União Internacional de Telecomunicações (UIT) da ONU deveria substituir o governo dos EUA como supervisor da Corporação da Internet Para Atribuição de Nomes e Números (ICANN, na sigla em inglês). Muitos dos que criticaram essa ideia disseram que ela permitiria que regimes autoritários desafiassem a abertura da internet. Apesar de a ideia contar com o apoio da China, não teve o aval do Brasil, considerando sua liderança no tocante à questão na NetMundial de 2014 em São Paulo. Na Declaração de Ufá, o assunto foi abordado de maneira pouco polêmica: "É necessário garantir que a ONU desempenhe um papel facilitador no estabelecimento de uma política pública internacional relativa à internet."

Iniciativas adicionais

A Declaração de Ufá incluiu uma longa lista de novas iniciativas, que vão desde a criação de uma plataforma para discussão em conjunto da cooperação comercial entre os países do BRICS por meio da ampliação do diálogo entre as Agências de Crédito de Exportação do BRICS, cooperações mais fortes na área do *e-commerce*, bem como um compromisso para ampliar as cooperações já existentes, como administração tributária, energia, agricultura, ciência, tecnologia e saúde pública – questões especificadas em mais detalhes no Plano de Ação de Ufá. Por fim, o BRICS explorará a possibilidade de desenvolver um site do BRICS "como um secretariado virtual" – um gesto que poderá ajudar os observadores a compreenderem melhor o escopo da cooperação intra-BRICS.

Como é o caso de muitas declarações dessa natureza, o documento final da Cúpula de Ufá – de 43 páginas – contém um grande número de truísmos de pouca consequência tangível, como os comentários bastante óbvios feitos sobre o conflito em Burundi, na República Centro-Africana ou no Afeganistão ("Acreditamos que um amplo e inclusivo processo de reconciliação nacional no Afeganistão que seja liderado e apropriado pelos afegãos é o caminho mais seguro para a paz duradoura").

A história do grupo do BRICS pode, portanto, ser dividida em três fases. Na primeira fase (2001-2007), "BRICs" (então ainda sem a África do Sul) não significava muito mais do que uma categoria de investimento inventada pela Goldman Sachs. A segunda fase (2008-2014) foi testemunha de uma emergência do BRICS como plataforma política, ainda que de uma natureza primariamente informal. A partir de 2015, começa a transição para uma terceira fase, marcada por um processo de institucionalização e pela abertura do Novo Banco de Desenvolvimento e do Arranjo Contingente de Reservas. A institucionalização gerou amplas oportunidades, mas também expectativas, o que facilitará a avaliação do desempenho do grupo e sua capacidade de lidar com desafios globais no futuro.

A Cúpula de Goa em 2016

Uma década após os ministros das Relações Exteriores do Brasil, da Rússia, da Índia e da China se reunirem pela primeira vez à margem da Assembleia Geral da ONU em Nova York para discutir desafios globais (a Guerra do Líbano de 2006 dominava o diálogo de então), a Índia sediou a 8ª Cúpula do BRICS, entre 15 e 16 de outubro de 2016, em Goa.

Segundo a ministra de Relações Exteriores da Índia, Sushma Swaraj, a Índia adotaria "uma abordagem em cinco frentes durante a nossa presidência. São elas a Construção de Instituições, a Implementação, a Integração, a Inovação e a Continuidade com Consolidação", disse ela num discurso à ocasião. "Construir Soluções Responsivas, Inclusivas e Coletivas é o tema principal da nossa presidência do

BRICS, com enfoque especial para a construção de instituições, a implementação dos compromissos anteriores e a exploração de soluções inovadoras num espírito de continuidade com consolidação", dizia uma declaração do Ministério de Relações Exteriores.

Três coisas ficaram claras durante a cúpula:

A Índia, uma economia com crescimento impressionante em comparação ao resto do mundo, procurou usar a cúpula para destacar sua condição principal entre as potências emergentes, com um crescimento mais rápido do que o de qualquer outra grande economia. De fato, o governo indiano está muitíssimo consciente de que seu país é um dos raros países cujos dados econômicos permitem nutrir sentimentos de esperança, o que lhe confere imensa legitimidade. O PIB per capita da Índia equivale a apenas 10% dos níveis dos EUA e está muito abaixo do PIB per capita da China, o que sugere que há um espaço enorme para correr atrás do prejuízo, e a Índia pode ser um dos principais motores da economia global nas próximas décadas. Considerando-se o crescimento menor na China e o desastre econômico no Brasil, na Rússia e na África do Sul, foi relativamente fácil para a Índia ofuscar os outros participantes na cúpula. O alto índice de crescimento da Índia, combinado com o tamanho dominante da China, fez do BRICS um clube de predominância ainda mais asiática.

Em segundo lugar, apesar da possibilidade de várias novas iniciativas serem propostas antes da cúpula, o enfoque da cúpula do BRICS foi a consolidação das instituições existentes. O Novo Banco de Desenvolvimento anunciou seus primeiros empréstimos nos meses que antecederam a cúpula; por isso, as discussões tinham como enfoque os detalhes em torno da estrutura da instituição, seus padrões para empréstimo etc. Segundo o Ministério de Relações Exteriores da Índia:

> as interações interpessoais, empresariais, esportivas e da juventude serão as principais áreas de prioridade para a nossa presidência do BRICS. O Torneio de Futebol Sub-17 do BRICS, o Festival de Cine-

ma do BRICS, o Conclave das Cidades Amigas do BRICS, o Fórum de Bem-estar do BRICS, a Feira Comercial do BRICS, a Cúpula da Juventude do BRICS, o Fórum de *Think Tanks* do BRICS, o Conselho Acadêmico do BRICS etc. serão sediados durante a presidência da Índia. Será encorajada a participação de pessoas de todos os Estados em vários eventos do BRICS durante a presidência da Índia. Os eventos do BRICS também serão organizados em diferentes Estados em todo o país.

Por fim – e isso não deve ser nenhuma surpresa a qualquer um que tenha estudado o assunto –, o BRICS há muito se transformou em algo muito maior do que a maioria dos analistas ocidentais gostaria de admitir, e a institucionalização tornou extremamente provável sua existência continuada pelos anos subsequentes. Apesar de os comentadores que escrevem artigos com títulos como "Esqueçam o BRICS" ainda acreditarem que a principal cola que une os membros do grupo seja o alto crescimento econômico (e que o bloco deveria, consequentemente, deixar de existir, dadas as taxas menores de crescimento atuais), a institucionalização já avançou muito mais do que esperavam os analistas mais conhecidos. A Cúpula do BRICS agora consta entre os principais pilares da rotina anual de viagem dos presidentes de todos os países-membros, independentemente de orientação ideológica – simbolizado, acima de tudo, pela decisão do presidente Temer de participar da reunião. De fato, apesar da incerteza de que todas as iniciativas que chegam ao documento final darão frutos, tudo isso aponta para a tendência geral continuada da expansão, e não da redução, da cooperação intra-BRICS.

7.
O GRUPO BRICS NO CONSELHO DE SEGURANÇA DA ONU: O CASO DA RESPONSABILIDADE DE PROTEGER

INTRODUÇÃO

Este capítulo analisa o comportamento dos países do BRICS quanto à soberania e à intervenção humanitária porque é nessa área que muitos analistas descrevem com mais frequência as potências emergentes como "irresponsáveis" ou como resistentes à ordem ocidental global. Os resultados, portanto, fornecem um olhar adicional importante sobre as consequências da multipolarização em relação aos assuntos globais.

O período de análise é 2011, um ano durante o qual todos os países do BRICS estavam ocupando um assento no Conselho de Segurança da ONU (CSNU), o que lhes forneceu uma visibilidade global sem precedentes. Um dos debates mais importantes no Conselho na época da presença do BRICS foi sobre o conceito de "Responsabilidade de Proteger" (*Responsibility to Protect* ou R2P, na abreviação em inglês), um assunto em sua maior parte dominado pelas potências estabelecidas tanto em nível acadêmico como político.[1]

Apesar de vários pensadores e potências não ocidentais terem apoiado a criação da R2P desde cedo e do fato de que a R2P foi adotada unanimemente pela Cúpula Mundial da ONU de 2005, a maioria dos analistas ainda identifica uma "oposição coletiva" à norma por parte das potências emergentes, particularmente quando colocá-la em prática envolve o uso da força.² Se potências emergentes como a China, a Índia e o Brasil – que logo, espera-se, serão a primeira, a terceira e a quarta maiores economias do mundo, respectivamente – parecem ambíguas quanto à R2P, o que isso significa para o futuro da norma? Com o poder, tanto da OTAN como dos EUA significativamente limitados num "Mundo Pós-Ocidental",³ será que os legisladores dos países do BRICS⁴ estão dispostos a assumir a responsabilidade de não apenas tolerar, mas também implementar e fortalecer ativamente a R2P? David Bosco, indicando que o futuro da R2P depende do BRICS, escreveu em 2011 que "a fissura na ONU entre um grupo intervencionista liderado pelas potências ocidentais e um 'bloco da soberania', liderado por Moscou e Pequim, mas com apelo real a potências emergentes como o Brasil, a África do Sul e a Índia [...], pode ser uma das dinâmicas mais críticas da ONU. No momento, o Ocidente ainda tem fôlego para se impor. Mas ninguém tem como saber se isso ainda será verdade daqui a uma década".⁵ Bosco claramente não esperava que as potências não ocidentais estariam dispostas a manter a R2P como uma norma global.

Este capítulo começa analisando o posicionamento do BRICS em relação à R2P ao descrever a visão dos países do grupo de cada um dos três pilares da R2P. Dessa forma, considerando as evidências reunidas, o artigo buscará avaliar como os posicionamentos das potências emergentes sobre a R2P influenciarão o debate global sobre o assunto. As mudanças atuais na distribuição global de poder implicariam o fim da R2P como a conhecemos?

Rumo a um Mundo Pós-Ocidental

O ano de 2001 se revelou importante para as relações internacionais, por múltiplas razões. Fora os atentados terroristas do 11 de Setembro e a "Guerra ao Terror" que se desdobrou ao longo da década seguinte, esse ano viu o nascimento tanto do conceito da Responsabilidade de

Proteger (R2P) como dos BRICs. A emergência da R2P e dos BRICs simboliza a dupla transformação dos assuntos internacionais: a R2P aponta para uma reconfiguração fundamental do papel da soberania, e o termo BRICS representa um processo histórico de multipolarização. Essas duas tendências não só parecem irreversíveis, como ainda ocorreram em uma rapidez notável.[6]

No meio da década de 1990, não havia nenhum consenso claro sobre questões de se e quando era justificável violar a soberania de outro país que fosse incapaz ou não estivesse disposto a proteger os seus cidadãos. Ao mesmo tempo, a unipolaridade parecia ser a característica dominante do sistema global e poucos esperavam que as potências em ascensão fossem desempenhar qualquer papel significativo no futuro próximo.[7]

Porém, nos anos que se seguiram após a sua criação, ambos os conceitos – a R2P e o BRICS – ganharam propulsão. Como descrito no Capítulo 1, a influência de um artigo sobre os BRICs publicado pela Goldman Sachs em 2003 ultrapassou os limites do mundo financeiro.[8] Em 2009, os líderes dos BRICs se reuniram pela primeira vez para uma cúpula oficial dos BRICs em 2009. Em 2010, a Goldman Sachs chamou os primeiros dez anos do século 21 de a "Década dos BRICs".[9] A R2P, de sua parte, também chegou a uma posição de destaque mais rápido do que muitos haviam antecipado. O conceito, cunhado em 2001 pela Comissão Internacional sobre Intervenção e Soberania Estatal (ICISS, na sigla em inglês), foi adotado por unanimidade pelos chefes de Estado e Governo da Cúpula Mundial da ONU de 2005. Nessa ocasião, os chefes de Estado expressaram "a disposição de prestar ações coletivas rápidas e decisivas", de modo a proteger as populações contra ameaças de genocídio, crimes de guerra, limpeza étnica e crimes contra a humanidade através do Conselho de Segurança, quando os meios pacíficos se revelarem inadequados e for evidente o fracasso das autoridades nacionais em realizá-los. Segundo Martin Gilbert, a Cúpula simbolizou "o ajuste mais significativo à soberania nos últimos 360 anos".[10]

Em 2009, o mesmo ano em que o grupo dos BRICs se tornou uma realidade política, o CSNU reafirmou, na Resolução 1894, o princípio R2P, e a ONU estabeleceu uma Assessoria Conjunta pela Prevenção do Genocídio e a Responsabilidade de Proteger.[11] Pouco menos de uma década após a sua criação, tanto a R2P como o BRICS já haviam se tornado conceitos conhecidos na política internacional.[12]

Por um lado, essas duas tendências parecem caminhar juntas. O aumento da proeminência dos desafios globais como mudança climática, Estados falidos, pobreza e atrocidades em massa contribuiu para um consenso crescente de que países como o Brasil, a Índia e a China eram indispensáveis nos esforços para desenvolver soluções significativas.[13]

Paradoxalmente, porém, esses dois desenvolvimentos paralelos também tinham uma tensão significativa em relação um ao outro, pois os países do BRICS costumam ser vistos como os membros mais relutantes da comunidade internacional em dar apoio à Responsabilidade de Proteger.[14] Apesar de potências emergentes terem várias vezes apoiado a R2P, aos olhos de muitos, as potências estabelecidas pró-intervencionismo e as potências emergentes pró-soberania são as que vêm monopolizando os debates sobre questões que possam implicar o uso de força se um dado governo for incapaz ou se mostrar indisposto a proteger seus cidadãos de atrocidades em massa. A resposta à pergunta de como lidar com as atrocidades cometidas na Síria foi fortemente influenciada por um sentimento de paralisia, devido à indisposição russa e chinesa de tolerar uma resolução da CSNU que criticasse o regime Al-Assad, com receio de que ela pudesse servir de pretexto para alguma outra intervenção como ocorreu na Líbia, com vistas à mudança de regime. O Brasil, a Índia e a África do Sul pareciam concordar, em sua maior parte, com o posicionamento russo declarado na 4ª Cúpula do BRICS, em que os chefes de governo do BRICS juntos exortaram as potências estabelecidas a "respeitar a independência, a integridade territorial e a soberania da Síria".[15] Celso Amorim, ex-ministro das Relações Exteriores, propôs alguns dos argumentos mais fortes contra a R2P, tendo-a chamado, famosamente, de *"droit d'ingérence com roupagem nova"*.[16] Esse comentário foi feito no contexto da Guerra do Iraque, que teve efeito danoso sobre as opiniões das potências emergentes quanto à R2P.[17] "Uma divisão no Conselho", comentou um diplomata ocidental em novembro de 2011, "é a da soberania nacional *versus* interferência".[18] Compreendia-se implicitamente que esse diplomata estava traçando uma distinção geral entre um Ocidente pró-intervencionismo e um resto relutante. A clara distribuição de papéis era tão nítida que os grupos de interesse fizeram um esforço explícito para tentar "desocidentalizar" a R2P. Como comentou Steve Crawshaw já em 2007, do Human Rights Watch (HRW), "se a R2P der a impressão de ser coisa dos EUA e da UE, então já perdemos a discussão antes de começar. De certa forma, talvez o mais importante seja acender essa chama no Sul".[19] Matias Spektor confirma que, "se for para as noções de proteção a civis se tornarem parte da paisagem normativa emergente, então elas deverão ser adotadas pelas principais potências em ascensão, e as primeiras delas seriam os membros do BRICS (Brasil, Rússia, Índia, China e África do Sul)".[20]

O BRICS está pronto para adotar e apoiar a R2P? A R2P poderia sobreviver depois que os Estados Unidos – até hoje o único agente capaz de implementar intervenções humanitárias em larga escala – se tornarem meramente "um dentre vários agentes", como previsto, e o BRICS assumir uma posição mais dominante? Michael Ignatieff teria razão quando fez a previsão de que, "à medida que potências como o Brasil, a Índia e a China ascenderem ao topo da ordem internacional, sua resistência às intervenções irá se tornar cada vez mais influente"?[21]

O BRICS E A R2P

Antes do relatório da Comissão Internacional sobre Intervenção e Soberania Estatal (ICISS, acrônimo em inglês para International Commission on Intervention and State Sovereignty) em 2001, o BRICS, no geral, enxergava com suspeita quem quer que defendesse uma doutrina de "soberania contingente", que implica que a soberania de uma nação dependeria de sua capacidade e de sua disposição para proteger seus cidadãos.[22] Apesar de Bellamy apontar, com razão, que a "soberania como responsabilidade" não era, por si só, uma noção ocidental, os únicos países do Sul Global pioneiros dessa ideia eram os membros da União Africana, e, à exceção da África do Sul, que se uniu aos BRICs em 2011, nenhum dos países do BRICS teve qualquer parte ativa na promoção do conceito.[23]

Nos debates anteriores à Cúpula Mundial da ONU de 2005, quando os governos não africanos dos BRICs começaram a levar o conceito a sério, a Índia ameaçou tornar-se o principal dissidente do grupo, quando seu Representante Permanente, Nirupem Sen, desafiou abertamente as bases jurídicas e morais da R2P, quase descarrilando, portanto, o processo.[24] Após a R2P ter sido incluída com sucesso no documento final da cúpula – produto da maior reunião já feita por chefes de Estado e governo (como parte dos artigos 138 e 139), a China reclamou que não concordava com a ideia, na verdade, e que o acordo da Cúpula Mundial meramente comprometia os Estados a prosseguirem com o debate sobre a R2P. O Brasil adotou, de forma temporária, um posicionamento parecido. Foi, em grande parte, por conta do medo do veto russo e chinês que a R2P acabou não sendo usada mais vezes nos anos após a cúpula.

Após a Cúpula Mundial da ONU, o Conselho de Segurança levou seis meses para adotar a Resolução 1.674, que não fazia muito mais do que reafirmar a responsabilidade de proteger – quando a resolução finalmente passou, o Brasil, que à época com frequência dava voz à sua oposição ao conceito, já havia saído do Conselho. Em 2007, o

Centro de Direitos Humanos da Universidade de Berkeley listou, num relatório, os chamados "países retrocedentes" – aqueles que haviam mudado de posição em relação ao mandato da R2P depois de concordarem com seus princípios básicos na Cúpula Mundial de 2005. A lista dos 11 países incluía China, Índia, Rússia e África do Sul.[25] O relatório também declara que, "na Ásia, nem os governos nem as ONGs adotaram a R2P, dada a sua crença de que a R2P comprometerá a soberania estatal".[26] Das ONGs listadas que promovem a existência da R2P, nenhuma tinha origem não ocidental. Durante os primeiros quatro anos de existência da R2P, o posicionamento dos BRICs sobre o assunto parecia ser marcado pelo ceticismo, a cautela e a disposição ocasional de obstruir o avanço do conceito.

A narrativa geral sobre o posicionamento dos países dos BRICs parecia válida para muitos observadores por volta do fim da década. Durante a Assembleia Geral de 2009, o presidente da Assembleia Geral apontou como consultor especial sobre a Responsabilidade de Proteger o indiano Nirupem Sen, um dos detratores mais declarados do conceito. Essa indicação levou a um artigo conceitual altamente crítico que apontava que "o colonialismo e o intervencionismo usavam como argumento a responsabilidade de proteger".[27] No mesmo ano, acreditava-se amplamente que o Conselho de Segurança da ONU não aprovaria uma resolução sobre a crise humanitária na Guiné por conta da oposição da China e da Rússia àquilo que os dois países chamaram de uma interferência nos assuntos domésticos daquele país. A Índia, ao mesmo tempo, não tinha uma posição forte sobre o assunto, o que indica que os dois membros dos BRICs com assentos permanentes no Conselho de Segurança da ONU têm visões um tanto quanto distintas da R2P em relação aos outros três membros do grupo.

Em consequência, a discussão da R2P hoje continua a ser vista, em sua maior parte, no contexto de um Norte Global pró-intervencionismo e de um Sul Global pró-soberania, junto com o bloco do BRICS. Como apontou Michael Ignatieff nos primeiros dias da crise na Síria, "a doutrina da responsabilidade de proteger foi criada depois do Kosovo para construir uma ponte sobre o abismo que separa o Norte Global e o Sul Global no tocante ao tema da intervenção". Considerando os debates após a crise na Líbia e o impasse em torno da Síria, ele observa que "essas pontes ainda não foram construídas".[28] De fato, a R2P é muitas vezes vista como um conceito ocidental. Apesar de as bases intelectuais do princípio serem atribuídas a vários pensadores não ocidentais, como o sudanês Francis Deng, e à norma de "não indiferença" que indiretamente levou à R2P,[29] a vasta maioria dos pensadores que continuam no debate vem de países ricos desenvolvidos do Norte Global.[30] Além disso, em particular depois de 2005, muitas potências emergentes muitas vezes criticaram a R2P e em alguns casos procuraram minar seu desenvolvimento em norma global.[31] Os governos hostis, em particular – não os BRICs, porém –, criticaram a norma pelo uso de argumentos de especificidade cultural, argumentando que o Ocidente buscava impor "certas concepções ideológicas de direitos humanos" sobre os pobres.[32] Como consequência, têm sido comuns comentários como os feitos por Chris Keeler, que afirmou que "os países dos BRICs/IBAS estão começando a se unir em torno do ceticismo (à R2P), em combate ao entusiasmo ocidental",[33] desde a concepção da R2P.

As perspectivas do BRICS são mais complexas

Porém, apesar dessas evidências aparentemente avassaladoras, a atitude do BRICS em relação à R2P é muito mais complexa e cheia de nuances do que creem muitos analistas ocidentais. A China, a Rússia, o Brasil, a África do Sul e a Índia apoiaram o conceito da R2P na Cúpula Mundial da ONU em 2005 e em várias outras ocasiões depois disso – na verdade, o BRICS apoiou a R2P no CSNU na maioria das vezes. O mesmo foi válido em 2011, quando o

BRICS votou coletivamente a favor das resoluções que invocavam a responsabilidade de proteger diante dos conflitos na República Centro-Africana, Guiné-Bissau, Sudão e Costa do Marfim, entre outros.[34]

Já na Cúpula de 2005, a África do Sul encorajou ativamente outras nações africanas a apoiarem a R2P.[35] A China apoiou várias resoluções da CSNU que aludiam à R2P após a polêmica da Líbia. A R2P não pode mais, portanto, ser tratada assim tão levianamente como uma questão de norte-sul.[36] O governo indiano vem usando com frequência em sua retórica o conceito da R2P, por exemplo, ao convocar o governo do Sri Lanka para proteger sua população civil. A decisão do ministro das Relações Exteriores da Rússia, Sergey Lavrov, de aludir explicitamente à R2P ao justificar a intervenção na Geórgia em agosto de 2008 (ainda que, nesse caso, o conceito tenha sido claramente interpretado de maneira equivocada) demonstra que a Rússia concorda, em tese, com a noção de que violar a soberania de um outro país pode ser justificado se o país cometer atrocidades em massa contra seus próprios cidadãos. Isso independe do fato de que o argumento da Rússia sobre o risco de um genocídio iminente na Geórgia tenha sido rejeitado por praticamente todos os governos e experts – se Moscou enxergasse a R2P como algo fundamentalmente errado, o termo não teria sido usado para defender suas próprias ações.[37] Muito pelo contrário, Moscou usou a R2P para legitimar sua intervenção, reconhecendo a reputação da norma. O Brasil, de sua parte, começou há pouco a se envolver com a R2P[38] e agiu por um breve período como empreendedor da norma ao lançar o conceito de "Responsabilidade ao Proteger".[39] A África do Sul, talvez o país mais ativo de todos, foi instrumental em negociar a transição da "não intervenção" para "não indiferença" na África entre as décadas de 1990 e 2000.[40]

O BRICS E O OCIDENTE DISCORDAM SOBRE O "COMO", E NÃO SOBRE O "SE" DA INTERVENÇÃO

Quando analisados com cuidado, fica claro que, apesar de serem muitas vezes representados como vilões, ociosos e obstrucionistas, os membros do grupo BRICS muitas vezes se recusaram a assumir um papel de liderança na oposição à R2P. Por exemplo, durante o debate da Assembleia Geral de 2009, apenas quatro países (Cuba, Venezuela, Sudão e Nicarágua) pediram uma renegociação do acordo de 2005, enquanto os BRICs adotaram uma linha de argumentação mais moderada – os países do grupo claramente optaram por não exercer o papel negativo que tantas vezes lhes é atribuído na mídia internacional. Em parte como consequência, Alex Bellamy sugere que, apesar da crítica, a R2P nunca foi mais aceita do que é hoje.[41] Ele propõe o argumento de que os debates em torno da R2P não giram em torno de *se* o genocídio, a limpeza étnica, os crimes de guerra ou crimes contra a humanidade devem ser combatidos, mas sim *como* se deve combatê-los.[42] E, de fato, é aqui que as potências estabelecidas e os Estados do BRICS discordam com mais veemência. A questão de como proteger civis é um assunto altamente complexo, e a falta de acordo provavelmente seria mais preocupante do que os debates que estão acontecendo no momento entre as potências estabelecidas e emergentes. O BRICS está alinhado com as potências estabelecidas na maioria dos aspectos da Responsabilidade de Proteger, um fato que muitas vezes escapa aos comentadores que defendem que o BRICS não concorda com a R2P.[43]

Meramente passar o foco para a visão pluralista das potências emergentes arrisca ignorar as mudanças significativas na perspectiva do BRICS que aconteceram nos últimos anos. A China começou a rever sua visão incondicional sobre soberania.[44] Talvez preocupada com a possibilidade de que seus interesses econômicos na Líbia fossem ameaçados se ela fosse vista como o mais firme aliado de Gaddafi, a China decidiu não vetar a Resolução 1.973, feita em março de 2011, para empregar todas as medidas necessárias para proteger os civis na Líbia. Ainda mais surpreendente, os diplomatas chineses encontraram os rebeldes líbios no Qatar e em Benghazi, possivelmente porque uma postura rígida de não interferência se torna cada vez mais incompatível com sua presença econômica global. Naturalmente, essas mudanças vêm ocorrendo lentamente, pois é provável que o governo chinês continue condenando qualquer revolução no exterior por medo de encorajar uma rebelião em território nacional.

A Índia, tradicionalmente entre os mais ferrenhos dos defensores do princípio da soberania, demonstrou flexibilidade em relação à Líbia também. A decisão indiana de não votar contra a Resolução 1.973 sugere que o país está pronto para apoiar a intervenção em alguns casos específicos. Em vez de assumir o lado de Moscou e Pequim, a Índia também votou a favor do projeto da Resolução S-2012-77, que foi derrotado, condenando o governo sírio.[45]

A perspectiva do Brasil sobre a soberania também mudou. Como escreveu Matias Spektor, o posicionamento brasileiro sobre a intervenção estava em estado "de fluxo".[46] Ele argumenta que, apesar de o pensamento tradicional continuar forte, "muitos em Brasília já enxergam como legítima a suspensão dos direitos de soberania dos governos indispostos ou incapazes de cuidar de seus próprios cidadãos". Essa situação, segundo ele, "era impensável há uns poucos anos". Do mesmo modo, Kai Kenkel aponta que "o Brasil não é mais um detrator explícito da R2P".[47]

A África do Sul, de sua parte, tem um longo histórico de promover a R2P regionalmente, e, em 2011, chegou até a assumir a liderança durante a crise na Líbia, quando copatrocinou a Resolução 1.970 em 26 de fevereiro, que aplicou sanções severas e condenou o regime Gaddafi por não colocar um fim à violência contra seus próprios cidadãos. A Rússia, vista como o membro do BRICS mais crítico à R2P, só desempenha papel obstrutivo quando seus principais interesses nacionais estão sob ameaça – como no caso da Síria, que é compradora de armamento russo e que Moscou considera uma figura importante na luta contra o terrorismo no sul da Rússia. Os diplomatas russos, em privado, propõem o argumento de que os Estados Unidos não iriam exigir uma intervenção numa região em que um de seus principais aliados – como, digamos, a Arábia Saudita – é o palco de várias matanças em larga escala.[48] Apesar de ser cedo demais para dizer se esses exemplos são sinais de uma socialização incipiente ou de uma difusão da norma, eles são cruciais e devem ser levados em consideração ao se analisarem as perspectivas das potências emergentes quanto à R2P.

2011: O BRICS NO CONSELHO DE SEGURANÇA DA ONU

Porém, para termos uma visão mais clara da situação, faz-se necessária uma análise cuidadosa do comportamento dos votos do BRICS no Conselho de Segurança da ONU em 2011. O ano de 2011 foi decisivo para o desenvolvimento da Responsabilidade de Proteger no cenário global.[49] Ambos os mandados de segurança da ONU que autorizaram as intervenções na Líbia e na Costa do Marfim[50] fizeram referência explícita à Responsabilidade de Proteger. O Conselho de Segurança à época contava com uma constelação sem igual: foi no ano de 2011 que todos os membros do BRICS contavam com representação no CSNU. Essa composição coincidiu com uma multidão de crises internacionais, o que forneceu aos observadores uma série de estudos de caso significativos.

26 de fevereiro de 2011: a Resolução 1.970

A Resolução 1.970, chamada por Susan Rice de "uma resolução forte" após o processo de votação,[51] foi a primeira a invocar a responsabilidade de proteger com todos os membros do BRICS presentes no Conselho de Segurança da ONU. Além de "dar boas-vindas às críticas oriundas da Liga Árabe, da União Africana e da Secretaria Geral da Organização da Conferência Islâmica às violações graves dos direitos humanos e do direito humanitário internacional que estão sendo cometidas em Jamahiriya na Líbia árabe", a resolução convocava "a responsabilidade das autoridades líbias para proteger sua população". Ela também indicou a situação na Líbia desde 15 de fevereiro de 2011 para o Promotor do Tribunal Penal Internacional (TPI).[52] Fora a África do Sul, todos os países do BRICS votaram a favor da manobra, por mais que a Índia, a China e a Rússia não integrem o Tribunal Penal Internacional.

17 de março de 2011: a Resolução 1.973

A primeira vez que o Conselho de Segurança da ONU aprovou o uso de força contra um Estado funcional em apoio à Responsabilidade de Proteger foi com a Resolução 1.973 na Líbia, sancionada em 17 de março de 2011. A R2P deixou de ser uma ideia abstrata e se transformou num instrumento de política externa de alta visibilidade. Nenhum dos países do BRICS votou contra a Resolução 1.973, que autorizava uma coalisão dos principais países-membros dispostos da OTAN para que usassem "todos os meios necessários", de modo a proteger os civis ameaçados em Benghazi. O Brasil se absteve de votar, junto com a China, a Rússia, a Alemanha e a Índia. Apesar das preocupações do Brasil e de outros países no debate sobre a resolução, a abstenção do BRICS deu a impressão de um apoio moderado. Já a África do Sul, num gesto surpreendente, decidiu apoiar a resolução.

O representante indiano admitiu estar seriamente preocupado com a situação na Líbia, mas lamentou o fato de haver "relativamente poucas informações de credibilidade sobre a situação em solo no país".[53]

O representante russo apontou que a Rússia era "uma defensora consistente e firme da proteção da população civil". Ele continuou afirmando que, "orientada por este princípio básico, bem como pelos valores humanitários em comum que partilhamos tanto com os patrocinadores quanto com os outros membros do Conselho, a Rússia optou por não evitar a adoção dessa resolução". Ao mesmo tempo, porém, a Rússia permaneceu convencida de que o modo mais rápido para garantir uma segurança durável e "a estabilização a longo prazo da situação na Líbia era um cessar-fogo imediato".[54] A China jurou ser "sempre contrária ao uso de força nas relações internacionais. A China tem sérias dificuldades com partes da resolução", mas atribuiu "grande importância ao posicionamento relevante dos 22 membros da Liga Árabe sobre o estabelecimento de uma zona de exclusão aérea na Líbia".[55] Por fim, o Brasil argumentou que esse voto "de forma alguma deveria ser interpretado como tolerância ao comportamento das autoridades líbias ou como um desprezo à necessidade de proteger e respeitar seus direitos", mas comentou que "não estava convencido de que o uso de força, tal como oferecido na [...] resolução, levará à realização de nosso objetivo em comum – a proteção dos civis e o fim imediato da violência".[56]

Isso levou Edward Luck a escrever que "resta pouca ou nenhuma oposição ao princípio entre os Estados-Membros". Isso foi demonstrado no diálogo de julho de 2011 da Assembleia Geral sobre o papel dos arranjos regionais e sub-regionais em implementar a responsabilidade de proteger, em que o apoio ao princípio foi anunciado repetidamente, apesar da desconfiança de algumas delegações sobre o modo como estava sendo posta em prática a campanha aérea para fazer valer a Resolução 1.973 (2011) do Conselho de Segurança na Líbia. As críticas se concentraram nas táticas, e não nos princípios ou estratégias.[57]

Apesar dessas asserções ambivalentes após o voto na Resolução 1.973, não se pode negar que agentes não ocidentais desempenharam papel importante nos meses anteriores à intervenção na Líbia –

agentes como a Liga de Estados Árabes e o Conselho de Cooperação do Golfo (CCG). Sem a iniciativa da Liga Árabe, da Organização da Conferência Islâmica e do CCG, os Estados Unidos não teriam apoiado a imposição de uma zona de exclusão aérea.[58] Além do mais, se o Brasil e a África do Sul tivessem votado contra a Resolução 1.973, a intervenção não teria sido possível, pois são necessários nove votos a favor para que uma resolução seja aprovada (a Resolução 1.973 teve dez votos a favor e cinco abstenções).

Mas o apoio do BRICS à Resolução 1.973 logo desapareceu quando a intervenção teve início. Apesar de ter votado a favor da resolução, a África do Sul começou a criticar os ataques aéreos resultantes, liderados pela OTAN. As críticas do Brasil e da Índia também se tornaram mais explícitas. Conforme a intervenção começou a se prolongar, o governo indiano articulou, poderosamente, a ideia na ONU de que a OTAN não estava mais agindo como um escudo defensivo para as populações em risco, mas tão somente pressionando o governo para que houvesse uma mudança de regime.[59]

A intervenção na Líbia foi tida como um grande sucesso no Ocidente. Ivo Daalder, o embaixador dos EUA na OTAN, a descreveu como "uma intervenção modelo".[60] Stewart Patrick argumentou que ela "justificava a R2P".[61] Os membros do grupo BRICS discordaram. Numa nota enviada ao secretário-geral da ONU, em novembro de 2011, e aludindo à intervenção na Líbia, o Brasil argumentou que "há uma percepção crescente de que o conceito de responsabilidade para proteger possa estar sendo erroneamente utilizado para propósitos além de proteger civis, como, por exemplo, mudança de regime".[62] Segundo legisladores de Brasília, Pretória e Nova Déli, a OTAN havia abusado da boa-fé das potências emergentes e transformado a Resolução 1.973 num mandato a favor da deposição de Muammar Gaddafi. Portanto, apesar de Washington haver enxergado o episódio na Líbia como um modelo de sucesso para futuras intervenções humanitárias, o BRICS o via como um antecedente perigoso.

Resoluções 1.973, 1.991, 1.996, 2.000

Porém, nesse ínterim, todos os integrantes do BRICS votaram a favor de uma resolução, no dia 30 de março, que condenava os "sérios abusos e violações do direito internacional na Costa do Marfim, incluindo no âmbito humanitário, de direitos humanos e leis sobre refugiados" e lembraram o governo da Costa do Marfim de sua responsabilidade de proteger seus cidadãos.[63] Um mês depois, o BRICS outra vez votou coletivamente a favor de uma resolução que lembrava o governo da República Democrática do Congo de sua responsabilidade de garantir a segurança em seu território e proteger seus civis no que diz respeito ao Estado de Direito, direitos humanos e direito humanitário internacional.[64] Em 8 de julho, os Estados do BRICS em uníssono prometeram "aconselhar e assistir o governo da República do Sudão do Sul, incluindo militares e polícia em níveis locais e nacionais, conforme adequado, a cumprir com sua responsabilidade na proteção de civis".[65] A resolução fora enviada com a colaboração da África do Sul. O apoio da China à resolução era particularmente digno de nota, por conta de seus interesses econômicos significativos no Sudão. Os países que integram o BRICS apoiavam igualmente uma resolução que "condenava fortemente as atrocidades, os sérios abusos e as violações de direitos humanos, além das violações do direito humanitário internacional que ocorreram ao longo da crise pós-eleição na Costa do Marfim, votada no final de julho de 2011.[66]

Síria

No dia 2 de agosto de 2011, o *China Daily* anunciou que "as nações do BRICS iriam votar contra a resolução na Síria",[67] citando a agência de notícias RIA Novosti, de Moscou. Porém, apenas um dia depois, a China e a Rússia revelaram-se os únicos membros do BRICS a rejeitar a Resolução da Assembleia Geral 66/253B,⁶⁸ que critica diretamente a Rússia e a China por "deplorarem o fracasso do Conselho de Segurança" em agir. Além disso, a resolução apoia a demanda de Annan de que "o primeiro passo na cessação de violência precisa ser tomado pelas autoridades sírias". Esse era o principal motivo para a abstenção da Índia: seu representante alegou que o texto fazia poucas menções ao papel da oposição armada, que estava criando uma "tendência perigosa" ao utilizar armas de "altíssima sofisticação" na violência. O Brasil e a África do Sul também deram seu apoio à resolução.

4 de outubro de 2011 – o veto do BRICS e sua abstenção na resolução contra a Síria

Dois meses depois, a China e a Rússia vetaram o projeto de uma resolução, patrocinado por França, Alemanha, Portugal e Reino Unido, que condenava a repressão da Síria contra manifestantes.⁶⁹ O Brasil, a Índia e a África do Sul se abstiveram de votar. Várias rodadas de negociações acabaram suavizando o texto substancialmente. No entanto, permanecia a linguagem sobre a intenção do Conselho de considerar medidas futuras se o regime sírio não conseguisse implementar as providências indicadas. Tanto a Rússia como a China, fortemente influenciadas pela experiência negativa com a intervenção na Líbia dois meses antes, acabaram vetando a S/2011/612, enquanto o Brasil, a Índia e a África do Sul se abstiveram. "O mais decepcionante, embora infelizmente previsível, foram as decisões da Índia, do Brasil e da África do Sul de abdicar da responsabilidade",⁷⁰ disse Stewart Patrick, descrevendo a situação como "um exemplo triste do fracasso das grandes democracias emergentes de darem conta de seus valores domésticos e assumirem a responsabilidade do poder". A decisão dos países que se abstiveram quanto à participação numa missão a Damasco para urgir o regime Bashar al-Assad a cessar com a violência contra seus próprios cidadãos, ao mesmo tempo que pedia à oposição para interromper o conflito, não ajudou muito a silenciar os críticos.⁷¹

O representante russo fez referência às tentativas dos Estados do BRICS de desenvolver um projeto paralelo de resolução e criticou o projeto votado como tendo sido composto segundo "a filosofia da confrontação", e que a Rússia não podia concordar com essa tendência unilateral e acusatória contra Damasco. O mais importante é que ele se referiu explicitamente a um sentimento de raiva em relação ao modo como foi conduzida a intervenção na Líbia,⁷² o que se alinhava aos comentários feitos em privado por diplomatas indianos e sul-africanos após o processo de votação.⁷³ O representante chinês se restringiu a sugerir que, sob as circunstâncias atuais, as sanções ou a ameaça delas não ajudariam a resolver a questão da Síria. O Brasil explicou sua abstenção como um protesto contra a hipocrisia e o divisionismo entre os cinco membros permanentes do Conselho de Segurança. Em sua explicação do voto brasileiro, a embaixadora brasileira na ONU também argumentou que "o Brasil se solidariza com as aspirações, expressas pelas populações de muitos países árabes, a uma maior participação política, oportunidades econômicas, liberdade e dignidade. [...] O Brasil sempre condenou de forma inequívoca as violações de direitos humanos, onde quer que aconteçam".⁷⁴ O Brasil, no entanto, escolheu não apoiar a iniciativa europeia de condenar as violações de direitos humanos (e ameaçar sanções que excluem ação militar).⁷⁵ O representante indiano Singh Puri argumentou que a resolução não condenava a violência perpetrada pela oposição síria, nem colocava a responsabilidade na oposição de abjurar a violência e se engajar com as autoridades sírias para retificar seus agravos por meio de um processo político pacífico.⁷⁶ Enquanto isso, a justificação do embaixador da África do Sul à ONU, Baso Sangqu, era de que, em relação à Síria, a "trajetória, os modelos para a solução eram bastante claros, em linhas semelhantes às da Líbia". Ou, em outras palavras, o IBAS não era conivente com os crimes de Al-Assad, mas preferia evitar iniciar um processo que pudesse levar à intervenção militar.⁷⁷

Porém, considerando a frequência com que o BRICS apoiou resoluções em apoio da R2P durante o seu tempo juntos no CSNU, seria equivocado nos concentrarmos demais no comportamento pouco cooperativo da China e da Rússia em relação à Síria e permitirmos que isso simbolizasse o posicionamento do BRICS quanto à R2P. Na verdade, o CSNU aludiu à R2P com maior frequência nos últimos 12 meses anteriores à intervenção na Líbia do que nos cinco anos antes da Resolução 1.973. Por mais deplorável que possa ser a oposição russa e chinesa à condenação do regime sírio, a previsão de Michael Ignatieff de que "a Síria nos diz que acabou a era da intervenção humanitária, da responsabilidade de proteger",[78] não parece levar em consideração o histórico de votações relativamente coeso do BRICS no CSNU. A Síria foi claramente a exceção, não a norma.

Resoluções 2.014, 2.016, 2.021, 2.030, 2.031

Menos de uma semana depois, todos os membros do BRICS votaram a favor de uma resolução que convocava o governo do Iêmen para proteger sua própria população. Essa resolução, composta por palavras severas, condenava a continuidade das violações dos direitos humanos pelas autoridades iemenitas, como o uso excessivo de força contra manifestantes pacíficos, bem como os atos de violência, uso de força e abusos de direitos humanos, e enfatizava que todos os envolvidos deveriam ser responsabilizados.[79] No mesmo mês, os países do BRICS coletivamente votaram a favor da Resolução 2.016, que mencionava a responsabilidade do governo Líbio de proteger sua população, e "urgia fortemente" as autoridades líbias para que se refreassem de retaliar, incluindo as detenções arbitrárias.[80] De forma semelhante, os países que integram o BRICS deram apoio a resoluções que urgiam o governo da República Democrática do Congo (em novembro),[81] o governo de Burundi[82] e o governo da República Centro-Africana (em dezembro)[83] para que honrassem sua responsabilidade em proteger as respectivas populações.

11 de novembro de 2011: o Brasil e o conceito da Responsabilidade ao Proteger (RwP)

Em novembro de 2011, um mês antes de deixar o Conselho de Segurança da ONU, a delegação brasileira nas Nações Unidas apresentou uma nota conceito propondo a Responsabilidade ao Proteger (RwP, na sigla em inglês) ao CSNU. Isso aconteceu apenas alguns dias após o fim da operação da Organização do Tratado do Atlântico Norte (OTAN) na Líbia e o assassinato do ex-presidente líbio Muammar Gaddafi.[84] No entanto, o conceito da RwP não chegava a especificar como transformar os critérios propostos em realidade. Brasília concebeu a ideia da RwP menos como uma doutrina pronta e mais como uma mensagem ampla à comunidade internacional: se as intervenções humanitárias no futuro forem reguladas de maneira frouxa e grandes coalizões de potências forem intervir como quiserem, então a R2P irá dividir a comunidade internacional entre norte e sul, ricos e pobres, fortes e fracos. Nas capitais ocidentais, a reação foi majoritariamente negativa, visto que a RwP foi interpretada como uma tentativa de obstruir intervenções futuras. Porém, eles compreenderam erroneamente que a intenção brasileira era comprometer a R2P – em vez disso, era uma tentativa genuína, ainda que no fim desajeitada, de fortalecer o debate e considerar as preocupações das potências emergentes. Após uma série de debates iniciais, o Brasil decidiu não dar prosseguimento à questão.

OS TRÊS PILARES DA R2P

Pilar I (os Estados têm a responsabilidade primária de proteger suas populações contra genocídio, crimes de guerra, limpeza étnica e crimes contra a humanidade).

Pilar II (trata do compromisso da comunidade internacional de fornecer assistência aos Estados em criar capacidade para proteger suas populações contra genocídio, crimes de guerra, limpeza étnica e crimes contra a humanidade e para dar assistência aos afetados antes que irrompam crises e conflitos).

Pilar III (dá enfoque à responsabilidade da comunidade internacional de prestar "ações rápidas e decisivas", a fim de prevenir e combater atos de genocídio, limpeza étnica, crimes de guerra e crimes contra a humanidade quando um Estado fracassar "manifestamente" em proteger suas populações).

Quanto ao Pilar I,[85] as perspectivas das potências emergentes e estabelecidas se veem alinhadas, em sua maior parte. Ao discutir o que a China pensa da aplicação da R2P, Liu Tiewa apontou que, "em relação aos três pilares incorporados no conceito da Responsabilidade de Proteger, o governo chinês tende a apoiar mais o primeiro pilar: a responsabilidade protetora do Estado".[86] Apesar de muitos analistas em todo o mundo terem preocupações com a ascensão da China, o impacto chinês em nível global no geral tem sido positivo – em grande parte, por tirar milhões de pessoas da pobreza em território doméstico e internacional. De forma semelhante, o Brasil, a Índia, a Rússia e a África do Sul concordam com o Pilar I no sentido de que ele fortalece, e não enfraquece, os agentes estatais nos assuntos internacionais.

A análise anterior mostra que, além do Pilar I, o BRICS também concordou plenamente com o Pilar II[87] – e, na verdade, a maioria dos países do BRICS está ativamente envolvida no combate às principais causas de genocídio, crimes de guerra, limpeza étnica e crimes contra a humanidade. A Índia, por exemplo, vem dando contribuições humanitárias imensas às missões de pacificação da ONU há décadas, incluindo as do Capítulo VII. Desse mesmo modo, a China contribui para promover o desenvolvimento e a paz no exterior, através de sua liderança na pacificação (como o maior contribuinte de tropas do P5) e auxílio para desenvolvimento.[88] O posicionamento do BRICS apoia o que descrevem os Pilares I e II: a responsabilidade primária do Estado e o desenvolvimento de medidas cooperativas para ajudar na prevenção, o que não deve ser menosprezado em relação ao Pilar III (ação da comunidade internacional, incluindo o uso de força).[89]

Apesar de os membros do BRICS concordarem plenamente com os princípios determinados nos Pilares I e II, é em relação ao Pilar III[90] que há uma rixa entre a OTAN e o BRICS. Por exemplo, Liu Tiewa afirma que, do ponto de vista do governo chinês, "as ações só podem ser tomadas com o consentimento do Estado envolvido". Porém, ela também cita um diplomata chinês que declara que a "não interferência absoluta" não é possível. Tiewa resume esses posicionamentos aparentemente contraditórios ao propor o argumento de que "a China vem gradualmente mudando sua atitude em geral em relação à intervenção humanitária, de um não intervencionismo absoluto por parte da sociedade internacional para a de uma intervenção internacional condicional".[91]

Diferente do Pilar I, que tem uma natureza bastante específica, o Pilar III é indeterminado e aberto. Em outras palavras, além das expectativas mínimas de que os governos nacionais não deveriam auxiliar perpetradores de violência, geralmente não fica claro o que exatamente a R2P exige numa situação específica.[92] Sob a perspectiva do BRICS, a indeterminação do Pilar III representa um risco significativo que as potências ocidentais podem interpretar de forma equivocada e estender a norma para além do aceitável – esse é um dos motivos pelos quais os legisladores do BRICS muitas vezes se sentiram desconfortáveis em concordar com o Pilar III. Mas a rejeição está longe de ser absoluta. O governo brasileiro, por exemplo, defende claramente que "há situações em que a comunidade internacional pode contemplar ação militar para evitar catástrofes humanitárias".[93]

Os governos do BRICS criticam o Pilar III porque continuam a acreditar que a R2P não pode ser ameaçada ou imposta externamente, pois isso pode levar ao isolamento e ao agravamento da crise. Em vez de serem sujeitos a intervenções militares, os governos abusivos devem ser "engajados e persuadidos", como assinalou Landsberg.[94] Essa preferência pela diplomacia, e não pelo uso de força, é uma semelhança marcante partilhada entre todos os países que formam o BRICS – assim como a crença de que é possível assumir a responsabilidade global sem o uso de força, como escreve Kenkel.[95] Os esforços preventivos, por outro lado, são, como argumentam o BRICS, muito menos invasivos e promissores, como pacificação, democracia, direitos humanos, boa governança e desenvolvimento – todos determinantes cruciais das diretrizes da política externa do BRICS. Essas ideias estão incorporadas ao Pilar II: é impossível resolver os conflitos definitivamente, a não ser que as suas causas – como pobreza e desigualdade – recebam um tratamento significativo. Isso, é claro, não engloba a questão a respeito do que deve ser feito se os esforços diplomáticos e preventivos falharem em evitar a violência.

Além do mais, o Pilar III continua a ser visto sob um olhar crítico pelos analistas e legisladores do BRICS por conta de sua capacidade de aplicação – a saber, a responsabilidade de intervir se um governo não conseguir proteger seus cidadãos. O BRICS não equivale a responsabilidade ao uso de força, contradizendo fundamentalmente, portanto, o *modus operandi* ocidental. Como assinalou Viotti, o embaixador brasileiro na ONU, em 2011, "mesmo que garantida com base na justiça, na legalidade e na legitimidade, a ação militar resulta em altos custos humanos e materiais".[96]

O que isso significa para o futuro da R2P?

Como demonstra esta análise, o BRICS e o Ocidente estão alinhados, em sua maior parte, em relação aos Pilares I e II do conceito da R2P. Eles concordam também – em tese – quanto à maioria das ideias em torno do Pilar III, porém têm diferenças sobre o que fazer ao certo quando um governo falhar "manifestamente" em proteger seus cidadãos. Como consequência, eles concordaram em aplicar a R2P na maioria dos casos no período em análise. A ambivalência do BRICS quanto à Síria, portanto, parece ter sido a exceção, e não a regra.[97]

A ambivalência do BRICS em alguns casos da R2P não deve ser tomada como falta de compromisso com a proteção dos civis – mesmo que isso seja precisamente o que muitos observadores costumam presumir. A Índia, vale lembrar nesse contexto, foi o primeiro país a trazer à tona a questão do *apartheid* na ONU, inserindo-o na agenda da organização mundial já em 1946. O Brasil sediou o primeiro grande seminário sobre a questão em 1966, um evento que alimentou uma iniciativa da Assembleia Geral de isolar diplomaticamente o regime do *apartheid*.

Em vez disso, a ambivalência do BRICS em relação à avidez ocidental em aplicar a R2P no caso da Síria precisa ser compreendida no contexto das críticas mais amplas à ordem global de hoje. Por que, perguntaram os legisladores brasileiros, em privado, a Líbia era qualificada como um caso de R2P, mas Gaza em 2008 não, onde, segundo o relatório imparcial Goldstone, havia crimes de guerra sendo cometidos tanto por Israel como pelo Hamas? Por que não se discutia uma intervenção em Bahrein, que está alinhada de perto aos Estados Unidos? Por que o Quênia foi um caso de R2P, mas não a Somália? E quanto a Darfur, Afeganistão e Iraque, onde mais de 50 mil civis foram mortos em cada um, ao longo da última década? Há um contraste claro entre a linguagem universal e sua seletividade ao tratar das crises, o que gera preocupações em Pequim, Déli, Pretória, Moscou e Brasília de que o Ocidente só se preocupa com a proteção de civis quando há um alinhamento com outros interesses econômicos e estratégicos. Como observa Bellamy, "apesar de haver um consenso cada vez maior sobre a Responsabilidade de Proteger em princípio, na prática ela se aplica de forma seletiva e inconsistente, e seu uso é muitas vezes contestado".[98] Além do mais, questões acerca de violações francesas do embargo de armas à Líbia em 2011 levaram, corretamente, os governos do BRICS a proporem que uma melhor supervisão e maior transparência serão necessárias nas operações futuras.

Porém, deve-se reconhecer que a retórica das potências emergentes é igualmente inconsistente – como era de se esperar em qualquer debate de política externa em que os princípios liberais se chocam com a *realpolitik*. Há muitas questões legítimas para o BRICS quanto à R2P que continuam sem respostas. Os oficiais chineses professam ênfase na prevenção, mas o que se deve fazer se a prevenção falhar? Que tipo de prevenção poderia ter evitado o conflito na Líbia, um país que, umas poucas semanas antes, não fornecia qualquer sinal de ser uma vítima em potencial de matanças em larga escala? Como a China pode tornar-se uma referência em prevenção? O governo chinês insiste que jamais se deve usar a força contra a vontade do governo em questão – porém, não formula quando exatamente essa norma pode ser infringida para salvar civis.

Ainda assim, é equivocada a percepção comum de que o BRICS só agora está começando a desenvolver ideias mais sofisticadas quanto a normas globais e soberania. Liu Tiewa aponta que a China tem uma história "semifeudal e semicolonial", o que informa fortemente sua posição sobre soberania e intervenção.[99] Do mesmo modo, a identidade de política externa da Índia repousa na experiência traumática da colonização e na batalha subsequente pela independência. De forma muito semelhante, o Brasil vem há muito buscando fortalecer a soberania em nível multilateral, consciente do fato de que ela era a arma dos mais fracos. O BRICS não está, portanto, "começando a se decidir" quanto às grandes questões da época – em vez disso, sua ascensão recente ao mesmo tempo os permite e obriga a se envolver mais do que antes.

A participação das potências emergentes no debate é crucial, no entanto. Qual é a conexão entre desenvolvimento econômico, democratização e R2P? Qual a importância do aviso prévio e que papel têm as organizações regionais? Essas são questões cruciais, particularmente porque as potências emergentes vêm recentemente enfatizando que o foco da R2P deve ser a prevenção.

Conclusão

Como demonstra esta breve análise, o posicionamento do grupo BRICS quanto à Responsabilidade de Proteger é muitas vezes mal compreendido. Apesar da popularidade de se representarem as potências emergentes como "revisionistas", "irresponsáveis"[100] ou "ociosas",[101] as potências emergentes de hoje desempenharam papel importante em transformar a R2P numa norma global. Como argumenta corretamente Monica Serrano, só "porque uma meia dúzia de países continua a ter objeções à R2P, os observadores continuam concluindo que a R2P é polêmica",[102] porém esses países são, muitas vezes, relativamente pequenos e incapazes de ganhar muitos seguidores. A vasta maioria das críticas feitas pelos governos do BRICS é legítima e construtiva, e seria errado julgá-las como opostas à R2P em princípio.

Porém, a R2P é vista rotineiramente como um conceito ocidental por muitos analistas do Sul e Norte globais. Há vários motivos pelos quais o Ocidente parece ser "dono" da R2P. Primeiro, porque o debate acadêmico em torno da Responsabilidade de Proteger é fundamentalmente ocidental, e pesquisadores não ocidentais como Francis Deng são exceções. A maioria dos grandes pensadores e proponentes no assunto – Gareth Evans, Alex Bellamy, Jennifer Welsh, Edward Luck, Michael Ignatieff e daí em diante – são todos do chamado "Norte Global" (apesar de esse fenômeno não ser limitado à R2P, mas às Relações Internacionais de modo geral).

Num artigo recente, Thomas Weiss e Rama Mani declaram:

> Os pesquisadores ocidentais produziram a maior parte das obras seminais que influenciaram o desenvolvimento da R2P – em prevenção de conflitos, gerenciamento de crises, pacificação, direitos humanos e direito humanitário internacional. Paralelamente, as reflexões e publicações volumosas de pesquisadores de todo o Sul Global estão indisponíveis até mesmo em bibliotecas de pesquisa em nível mundial na América do Norte e na Europa; inacessíveis aos legisladores do norte e do sul.[103]

Além disso, a R2P é muitas vezes generalizada incorretamente como um conceito de intervenção humanitária, como se viu na Líbia, uma área claramente dominada pelo Ocidente. Porém, dos três Pilares do conceito, apenas o terceiro gira parcialmente em torno de questões de intervenção, enquanto o restante trata do aspecto, muito mais importante, da prevenção. A prevenção recebe atenção da mídia muito menor do que a intervenção, por isso os esforços significativos de pacificação feitos pela Índia, pela China e pelo Brasil nos últimos anos – plenamente alinhados à R2P – geraram menos reportagens da mídia do que a intervenção da OTAN na Líbia. Como consequência, o BRICS é muitas vezes visto como pouco colaborativo com a R2P.

Por fim, as potências emergentes podem preferir representar a R2P como um conceito estrangeiro com o qual elas concordaram com certa relutância, visto que isso pode ajudá-las a ganhar mais espaço para manobras políticas, de modo a se distanciarem ocasionalmente da ideia se acreditarem que ela foi interpretada de forma equivocada, como foi o caso em 2011 da Líbia. Isso é particularmente importante, visto que a capacidade operacional de intervir de verdade, se necessário, não está distribuída de forma igualitária. Como fica evidente na análise de O'Brien e Sinclair, o papel militar dos Estados Unidos na intervenção na Líbia era muito mais importante do que a administração Obama buscou projetar.[104] Isso mostra que os EUA são de fato o único país capaz de organizar intervenções de larga escala em nome da R2P.

Essa situação só mudará quando o BRICS desenvolver uma capacidade maior de não apenas assumir a liderança nos esforços preventivos que são parte da R2P (pacificação, desenvolvimento etc.), mas também no uso de força para proteção de civis (um elemento pequeno, mas de alta visibilidade, da Responsabilidade de Proteger) – como se viu na Líbia. Enquanto isso não acontece, o uso de força em nome da R2P contra a vontade de um Estado funcional continuará a ser visto, em sua maior parte, como uma empreitada ocidental.

8.
O GRUPO BRICS E O FUTURO DA ORDEM GLOBAL

Como se demonstrou ao longo deste livro, a cooperação entre os países do grupo BRICS vem se ampliando consideravelmente desde 2009, porém permanece seletiva. A despeito do menor crescimento econômico como consequência da crise financeira, a parcela do PIB global representada pelo grupo do BRICS deverá aumentar ainda mais nos próximos anos, consolidando o processo de multipolarização econômica. O que isso significa para o futuro da ordem global?

Este capítulo analisa o caso da Crise na Crimeia, que começou em fevereiro de 2014, e o papel do BRICS em seus desdobramentos. O que podemos inferir do comportamento do grupo? Esta análise, por sua vez, passará por uma avaliação mais ampla da ascensão do BRICS e pelas implicações para o futuro do sistema internacional liderado pelos EUA.

O GRUPO BRICS E A CRIMEIA

As potências emergentes com frequência enfatizam a importância da soberania e da inviolabilidade do direito internacional, e é por esse motivo que costumam ser céticas em relação às tendências intervencionistas liberais do Ocidente nas últimas décadas. Como demonstrado no Capítulo 7, o Brasil apenas recentemente começou a se engajar de maneira mais ativa no debate sobre intervenção humanitária, primeiro ao incluir o conceito de "não indiferença" em seu discurso oficial e, depois, ao desenvolver o conceito de "responsabilidade ao proteger", após a intervenção da OTAN em 2011, na Líbia.[1] O Brasil reconhece que a comunidade internacional tem responsabilidades quando os Estados forem incapazes de, ou indispostos a, proteger seus cidadãos, porém também está ciente dos perigos de um sistema em que as mesmas normas não se aplicam de forma igualitária aos fortes e aos fracos, e onde a soberania dos fracos possa ser suspendida se for conveniente às grandes potências – seja em nome da luta pelos direitos humanos, seja contra o terrorismo internacional. Coisas muito parecidas podem ser ditas sobre a Índia e a África do Sul, sendo que esta teve um papel importante em promover a ideia de "não indiferença" no continente africano, mas também manteve uma postura crítica em relação ao modo como foi conduzida a campanha na Líbia.

Nesse contexto, muitos observadores ocidentais esperavam que potências emergentes como a China, a Índia e o Brasil fossem rápidas em condenar a anexação russa da Crimeia no começo de 2014 e seu papel contínuo no leste da Ucrânia – em particular, como alguns propuseram, porque várias dessas potências emergentes possuem províncias sobre as quais não têm controle pleno ou que serviram de lar para movimentos separatistas, como Caxemira (Índia), Tibete e Xinjiang (ambos parte da China).

O acadêmico canadense Alan Alexandroff expressou suas esperanças de que a China e outras potências emergentes fossem dar apoio à estratégia do Ocidente de isolar a Rússia:

> ... como deve o BRICS reagir ao comportamento agressivo da Rússia? É certo que uma intervenção do tipo conduzido pela Rússia não pode de forma alguma combinar com as ideias de países como o Brasil ou a Índia ou a África do Sul, ou até mesmo a China. São todos países que defendem a soberania nacional a todo custo e insistem,

obstinadamente, na não interferência nos assuntos domésticos de outros países [...] Com o Brasil sediando a próxima cúpula do BRICS, em particular, precisamos ouvir da presidenta Dilma Rousseff, do Brasil, se a participação da Rússia deverá ser suspensa.[2]

Porém, durante uma reunião à margem da Cúpula de Segurança Nuclear em Haia, no final de março de 2014, os ministros das Relações Exteriores do BRICS se opuseram às restrições quanto à participação do presidente russo Vladimir Putin na Cúpula do G20 na Austrália, em novembro de 2014. Em sua declaração conjunta, os países do BRICS se expressaram "preocupados" com o comentário da ministra australiana das Relações Exteriores Julie Bishop, no sentido de que Putin deveria ser barrado de participar da cúpula. "A custódia do G20 pertence igualmente a todos os Estados-Membros e nenhum Estado-Membro pode determinar sua natureza e caráter de forma unilateral", afirmaram os países do BRICS numa declaração.[3] De forma semelhante, o Brasil, a Índia e a China se abstiveram de uma resolução da Assembleia Geral da ONU que condenava diretamente as políticas russas em relação à Ucrânia, reduzindo notavelmente a eficácia das tentativas ocidentais de isolar o presidente Putin.[4] Por fim, nenhum *policy maker* do BRICS criticou a Rússia pela intervenção na Crimeia – suas respostas oficiais faziam meras exigências de que se chegasse a uma resolução pacífica para a situação. O documento final da reunião do BRICS declarava que "o agravamento da linguagem hostil, as sanções e contrassanções e o uso da força não contribuem para uma solução sustentável e pacífica, segundo o direito internacional, incluindo os princípios e propósitos da Carta das Nações Unidas".[5] Além do mais, a China, o Brasil, a Índia e a África do Sul (ao lado de 54 outras nações) se abstiveram da resolução da Assembleia Geral da ONU que criticava o referendo da Crimeia.[6]

Como aponta Zachary Keck, o apoio dos países do BRICS à Rússia era "inteiramente previsível", por mais que o grupo sempre tenha sido restringido pelas diferenças existentes entre seus membros, bem como pela "falta generalizada de um propósito partilhado" entre nações tão diferentes e geograficamente dispersas. "O grupo do BRICS muitas vezes tentou superar esses desafios internos se unindo por trás de um posicionamento antiocidental ou, pelo menos, pós-ocidental. Nesse sentido, não é nenhuma surpresa que o grupo tenha se oposto às tentativas ocidentais de isolar um de seus próprios membros."[7]

O POSICIONAMENTO BRASILEIRO

A indisposição do Brasil em condenar e isolar a Rússia pode ter menos a ver com sua opinião sobre a anexação da Crimeia em si e mais com o ceticismo das potências emergentes em relação à crença ocidental de que sanções são um modo adequado de castigar aqueles que o Ocidente enxerga como "desajustados" internacionais.

Tradicionalmente, o Brasil se opõe a sanções e muitas vezes já condenou o embargo econômico imposto pelos EUA a Cuba. O que muitas vezes se esquece é que o Congresso dos EUA na década não tão distante de 1980 havia imposto sanções ao Brasil, quando o país estava à procura de tecnologia de enriquecimento e reprocessamento nuclear.[8] Da perspectiva de Brasília, pressionar os países dessa forma raramente é uma abordagem construtiva.

No entanto, por mais que não esteja claro se houve influência ocidental que contribuiu para as revoltas anti-Yanukovich em Kiev antes da anexação russa da Crimeia, o episódio evocou de fato memórias da postura altamente seletiva do Ocidente em dar apoio a protestos e golpes de Estado em outros países. Líderes ocidentais muitas vezes criticam o Brasil por ser brando em seu tratamento com ditadores e o chamam de irresponsável por sua indisposição de agir quando a democracia ou os direitos humanos se veem sob ameaça. Porém, apesar da sua retórica cheia de princípios, os observadores no Brasil se lembram que o Ocidente foi rápido em endossar líderes ilegítimos pós-golpe na Venezuela (2002), Honduras (2009) e Egito (2013) e em apoiar ativamente governos repressivos quando estes fizeram uso da força contra manifestações de protesto, por exemplo, em Bahrain.[9] Criticar a Rússia nesse contexto seria uma implicação de apoio ao Ocidente e a seu possível engajamento com Kiev. Ao procurar entender o posicionamento de Brasília, é preciso também considerar as críticas mais gerais feitas pelo Brasil às aparentes contradições da ordem global.

Por que então, indagaram alguns observadores no Brasil, ninguém propôs excluir os EUA do G8 em 2003, quando o país violou deliberadamente o direito internacional ao invadir o Iraque, até mesmo tentando enganar seus aliados com provas falsas da presença de armas de destruição em massa no país? Por que o Irã é um pária internacional, enquanto as armas nucleares de Israel são toleradas tacitamente? Por que os EUA reconhecem o programa nuclear indiano, por mais que Nova Déli nunca tenha assinado o Tratado de Não Proliferação Nuclear? Por que são aceitáveis os abusos sistemáticos de direitos humanos e a falta de legitimidade democrática em países que apoiam os EUA, mas não em outros?

Analistas no Brasil já argumentaram que essas inconsistências e políticas de "dois pesos, duas medidas" são, em sua totalidade, muito mais danosas para a ordem internacional do que qualquer política russa. Sobretudo para as vozes mais críticas aos EUA, o alarme ocidental quanto à Crimeia é uma mera prova de que as potências estabelecidas ainda se consideram os árbitros definitivos das normas internacionais, sem se darem conta de sua própria hipocrisia. Quando indagados sobre a maior ameaça à estabilidade internacional, a maioria dos observadores e *policy makers* brasileiros da política externa não cita nem a Rússia, nem o Irã ou a Coreia do Norte, mas os Estados Unidos. Isso é importante, porque a anexação da Crimeia pela Rússia aconteceu numa época em que o antiamericanismo em todo o mundo ainda estava em alta, como consequência dos escândalos de espionagem da NSA, o que representa um custo doméstico alto para se manter qualquer alinhamento político com as posições dos EUA. Esse também foi o caso do Brasil, onde a decisão dos EUA de espionar a presidenta Rousseff, e ainda mais a Petrobras, parecia confirmar as suspeitas de que os *policy makers* norte-americanos alegavam defender as normas internacionais, mas não estavam dispostos a aderir a elas plenamente.

Além disso, a decisão do governo Rousseff de não antagonizar a Rússia deve ser vista pelo viés da discussão interna brasileira da época. Com a presidenta Rousseff diante de uma campanha cada vez mais difícil de reeleição, os líderes da oposição criticaram a presidenta por haver permitido que as relações Brasil-EUA chegassem ao seu ponto mais baixo dos últimos anos. Condenar a Rússia e arriscar o cancelamento da participação do presidente Putin na Cúpula do BRICS em Fortaleza, marcada para o final de julho, teriam permitido que a oposição atacasse Rousseff por ter desfeito simultaneamente os laços brasileiros tanto com o Ocidente quanto com outros dos seus principais aliados. Esse gesto para garantir a participação de Putin foi visto, portanto, como crucial, enquanto a 6ª Cúpula do BRICS foi a última oportunidade de Rousseff causar uma impressão de estadista antes das eleições, em outubro de 2014.

De forma mais indireta, o posicionamento do Brasil quanto aos eventos recentes na Ucrânia foi visto como parte de uma estratégia de autoproteção assumida pelas potências em ascensão que têm interesse em preservar os laços com os EUA, mas também estão cientes de que a ordem global está em transição, rumo a um tipo mais complexo de multipolaridade, o que faz com que seja necessário manter laços construtivos com todos os polos de poder. É precisamente essa dinâmica que explica o interesse continuado do Brasil no grupo do BRICS, apesar de ser frequentemente criticado por observadores ocidentais. Uma vez que nem o Brasil, nem a África do Sul, a Índia ou a China têm interesse em expressar opiniões fortes sobre a questão e dada a indisposição dos quatro países de pôr em risco seus laços com os EUA e a Europa, nenhum membro do BRICS (além da Rússia) deu um passo adiante para determinar a agenda política quanto ao caso da Crimeia – por mais que a recusa do BRICS em se unir ao Ocidente para isolar a Rússia possa ser vista como uma vitória de curto prazo para o Kremlin.

Porém, a postura brasileira não deve ser confundida com apoio ao posicionamento russo. Os *policy makers* podem conceder, em privado, que a anexação russa da Crimeia foi de fato uma violação do direito internacional. No entanto, eles também acreditam que a posição neutra do Brasil não deverá afetar negativamente os laços com os EUA e a União Europeia. Do mesmo modo, a reação brasileira de ficar em cima do muro – de um ponto de vista jurídico – em relação à intervenção militar ilegal da OTAN no Kosovo ou à sua abstenção de votar na Resolução 1.973 do Conselho de Segurança da ONU antes da campanha na Líbia contra Gaddafi não comprometeu significativamente seus laços com ninguém. Com as eleições futuras e os muitos desafios internos que o Brasil tem diante de si – que vão desde uma economia desaquecida e o espectro do aumento da inflação até níveis contínuos de violência inaceitável e uma forte consciência da baixa qualidade dos serviços públicos –, o debate doméstico sobre a Ucrânia se limitou a um pequeno grupo de acadêmicos e membros da sociedade civil dotados de influência política limitada. O pouco espaço dedicado pela mídia aos assuntos internacionais no geral costuma ser ocupado pelos esforços brasileiros em fazer a mediação entre o governo venezuelano e a oposição, numa tentativa de defender os direitos humanos e a estabilidade no país vizinho.[10] Entre aqueles que discutiram o assunto, algumas vozes realistas e de esquerda acreditam que, em parte, a OTAN tem culpa pela crise na Crimeia por ter se expandido em excesso para o Oriente, invadindo, portanto, a esfera de influência da Rússia.

O posicionamento da Índia

Como no caso do Brasil, vários acadêmicos apontaram que, em tese, a Índia deveria ter criticado a Rússia pela anexação da Crimeia. Como escreve Varun Sahni:

> As próprias circunstâncias geopolíticas da Índia a deixam extremamente desconfiada de qualquer tentativa de mudar o *status quo* territorial com base em afinidades etnoculturais. Dois dos vizinhos da Índia, a China e o Paquistão, ocupam e alegam ter direitos sobre territórios que a Índia considera seus. Além do mais, ambos os vizinhos se valem de argumentos históricos e etnoculturais para disputar a soberania indiana sobre esses territórios. Ao todo, a Índia já lutou quatro guerras derivadas dessas questões. Não surpreende, portanto, que o país veja com suspeita e desprezo qualquer argumento que procure alterar o *status quo* territorial com base em alegações de parentesco que vão além de fronteiras soberanas e que considere tais argumentos uma ameaça à paz e à segurança internacionais.[11]

Porém, a declaração mais visível feita por um oficial indiano de alta patente após a crise partiu de Shivshankar Menon, à época assessor de segurança nacional da Índia, durante uma conferência com a mídia: "Até onde nos diz respeito, estamos assistindo ao que está acontecendo na Rússia com alguma preocupação. Esperamos que, quaisquer que sejam os problemas internos na Ucrânia, eles se resolvam de forma pacífica e que os assuntos mais amplos de reconciliação com os vários interesses envolvidos – e, de fato, há interesses legítimos tanto da parte da Rússia como de outras partes – sejam discutidos, negociados e que se chegue a uma resolução satisfatória."[12] Porém, contrariando o modo como a declaração foi recebida na mídia internacional, não seria adequado dizer que a Índia apoiou a Rússia – em vez disso, ela decidiu não criticar a Rússia abertamente por suas ações no contexto da crise da Crimeia.[13]

O *Times of India* apoiou esse posicionamento algo ambíguo ao propor que "o não alinhamento genuíno – em vez do não alinhamento de tendência soviética do passado – é a melhor opção neste caso".[14] Aconselhava o jornal: "Nova Déli não tem nenhum interesse essencial, seja na Ucrânia, seja na Crimeia, a província até então ucraniana que o presidente Vladimir Putin recentemente anexou à Rússia após uma votação sobre tal associação. Não cabe a Nova Déli se envolver em qualquer um dos lados."[15]

Como escreveu o jornal *Asian Age*, "a Índia, andando na corda bamba diplomática, mesmo sendo vista como apoiadora da Rússia, recebeu tapinhas nas costas do presidente russo Vladimir Putin na terça-feira, por ter demonstrado 'autocontrole' e 'objetividade', quando ele ligou para o primeiro-ministro Manmohan Singh para agradecer a ele".[16]

A resposta tácita da Índia foi motivada principalmente pelo pragmatismo. Entre 2009 e 2013, a Índia emergiu como a maior importadora de armas do mundo, comprando 14% das exportações armamentistas totais mundiais. Das importações de armas totais da Índia nesse período, mais de 75% vieram da Rússia (em 2013, a Índia importou US$4,8 bilhões em armamentos russos), o que faz desse país um agente crucial na modernização militar da Índia.[17] Por fim, a decisão indiana de não criticar a Rússia pode ser um reconhecimento tardio da decisão da União Soviética de apoiar a anexação do Sikkim pela Índia em 1975, o que causou pressões diplomáticas severas por parte do Ocidente, sobretudo os EUA, e forte oposição da China.

O POSICIONAMENTO CHINÊS

Contrariando as expectativas no Ocidente de que a China condenaria a violação russa do direito internacional, o Ministério das Relações Exteriores da China expressou sua oposição às sanções contra a Rússia durante a crise na Crimeia, fosse na forma da ameaça de tais sanções ou de sua aplicação contra alvos específicos. Pequim reiterou igualmente sua afirmação de apoio ao princípio da integridade de soberania dos Estados nações, enfatizando, ao mesmo tempo, que a crise fora fomentada por uma "interferência externa".[18]

Como escreve Lu Yu para o *Xinhua* (provavelmente refletindo a posição oficial chinesa):

> Com base no fato de que a Rússia e a Ucrânia têm profundas conexões culturais, históricas e econômicas, já é hora de as potências ocidentais abandonarem sua mentalidade de Guerra Fria e pararem de tentar excluir a Rússia da crise política que eles fracassaram em mediar, respeitando o papel ímpar que tem a Rússia em mapear o futuro da Ucrânia.[19]

Notavelmente, o artigo de Lu não contém qualquer crítica à decisão russa de enviar suas forças armadas para a Crimeia:

> É bastante compreensível que Putin tenha dito que seu país detém o direito de proteger seus interesses e a população russófona que mora na Ucrânia [...] Os Estados Unidos e os países europeus devem trabalhar em colaboração com, e não contra, a Rússia para resolver a crise na Ucrânia.

A *TIME* argumentou que a intervenção russa colocava a China "numa situação desconfortável".[20] De certa forma, isso é verdade. Apoiar abertamente a ocupação russa, uma clara violação do direito internacional, seria uma contradição com o princípio de não intervenção que a China tanto valoriza, e poderia fornecer um argumento a favor dos separatistas no Tibete e em Xinjiang.

Porém, por que a China, diferente de qualquer outra grande potência, teria de resistir em comprometer seus princípios em prol da *realpolitik*? Criticar Moscou não apenas colocaria em perigo uma parceria estratégica crucial, como ainda indicaria uma aprovação implícita do apoio ocidental à revolução em Kiev.[21] Como assinalou, sem maiores floreios, o autor de uma coluna de opinião não assinada (refletindo o posicionamento oficial da China) no jornal chinês *Global Times*: "A evolução da situação ucraniana mostra claramente que, na arena política internacional, os princípios são decididos pelo poder. Sem seu apoio e bênção, nenhum princípio pode prevalecer."[22]

No final, a China acabou não assumindo nenhum posicionamento claro. Em essência, foi uma vitória para Vladimir Putin, visto que Pequim não quis se alinhar ativamente com o Ocidente. A China, junto com a Rússia, vetará qualquer resolução forte contra Moscou no CSNU. A China garantirá que Putin continuará a ser convidado para as Cúpulas do BRICS anuais (caso o Brasil, a África do Sul ou a Índia cheguem a sugerir a exclusão da Rússia). O país, portanto, decidiu não fazer parte dos esforços ocidentais em isolar a Rússia.

A postura passiva de Pequim e sua indisposição em assumir um posicionamento forte no assunto podem ser explicadas pelos benefícios significativos que a crise na Crimeia produziu para a China, intensificando a tensão entre a Rússia e o Ocidente, e forçando a Rússia a procurar laços mais firmes com Pequim, sem afetar os laços da China com o Ocidente.[23]

O POSICIONAMENTO DA ÁFRICA DO SUL

De forma semelhante ao que aconteceu com o Brasil, a Índia e a China, o governo sul-africano evitou assumir um posicionamento claro em relação à crise na Crimeia. Além de ser parte da Declaração do BRICS em Haia, a África do Sul se absteve de votar na resolução da Assembleia Geral da ONU que criticava a interferência russa na Ucrânia. "Apreciamos o posicionamento equilibrado que a África do Sul assumiu em relação à Crimeia e à Ucrânia", disse o embaixador russo Petrakov, enviado à África do Sul, logo após a votação, agradecendo também aos outros parceiros da Rússia no grupo de nações do grupo BRICS.[24]

Num tom que remetia ao da declaração do BRICS, a África do Sul afirmou que era da opinião de que "o agravamento da linguagem hostil, a imposição de sanções e contrassanções, o uso de ameaças de força e ações violentas não contribuem para a resolução pacífica da situação e para a estabilidade econômica da Ucrânia e região".[25]

Por mais notável que seja a abstenção coletiva do BRICS quanto ao assunto, alguns observadores apontaram também para a incapacidade da Rússia de convencer qualquer membro do BRICS em apoiar abertamente o posicionamento de Moscou. Segundo Martin Taylor, isso "enfraquece substancialmente o argumento de que a votação representa algum tipo de momento pós-ocidental". Keck, por outro lado, escreveu que "o grupo do BRICS como um todo também ficou do lado do Kremlin",[26] sugerindo que uma abstenção era tudo o que a Rússia precisava para mostrar que não estava inteiramente isolada.[27]

Em todo caso, a posição do BRICS e sua crítica à ameaça australiana de excluir a Rússia do G20 foram vistas como um sinal claro de que o Ocidente não teria sucesso em alinhar toda a comunidade internacional em sua tentativa de isolar a Rússia como um dos membros do grupo.

De muitas maneiras, a crise na Crimeia e suas consequências serviram como um exemplo poderoso da capacidade reduzida do Ocidente de colocar em prática as normas internacionais e alinhar a comunidade internacional em suas tentativas de punir um agente que, de uma perspectiva ocidental, poderia comprometer a ordem e a estabilidade. Os Estados Unidos não podiam mais se apropriar das potências emergentes para levá-las a apoiar sua própria visão e abordagem.[28]

O BRICS E A MUDANÇA SISTÊMICA

De uma perspectiva realista, é possível compreender a ascensão do grupo do BRICS no contexto do padrão cíclico de mudança sistêmica.[29] Segundo Schweller e Pu, há cinco fases desse ciclo continuamente recorrente: ele começa com uma ordem estável, em que uma potência hegemônica está no controle do sistema global. Durante essa primeira fase, o papel da potência hegemônica não é desafiado, principalmente por conta da enorme diferença de poder entre a potência e o segundo e o terceiro maiores agentes. Devido à lei das taxas desiguais de crescimento entre Estados, os Estados não hegemônicos acabam atingindo uma taxa de crescimento mais rápida do que a da potência hegemônica, e a lacuna de poder entre ela e o resto começa a encolher. Esse desdobramento leva à segunda fase, de desconcentração e deslegitimação do poder da potência hegemônica, visto que as estruturas existentes deixam de refletir de modo adequado a distribuição de poder. O terceiro passo, segundo Schweller e Pu, é uma acumulação de armamentos e a formação de alianças, durante as qual as potências em ascensão – geralmente ainda mais fracas do que a potência hegemônica, em comparação direta – tentam desenvolver modos e meios de enfraquecer ainda mais a hegemonia. O processo de desconcentração e deslegitimação tem continuidade nessa terceira fase e as potências em ascensão adotam uma retórica que procura deslegitimar a hegemonia e a estrutura atuais. A quarta fase é a da resolução da crise internacional, muitas vezes via guerra hegemônica, ao que se segue uma quinta fase de renovação do sistema. Uma vez completa essa fase e construída uma nova ordem, retornamos à primeira fase de ordem estável.[30] Há um debate em andamento sobre se uma guerra sistêmica ainda é possível em uma era de armas nucleares, mas essa análise, em vez disso, se preocupa em compreender se ainda podemos aplicar o padrão cíclico de mudança sistêmica à situação atual da política internacional. Schweller e Pu argumentaram (antes da crise na Crimeia) que o sistema internacional atual está entrando numa fase de desconcentração/deslegitimação.[31] Eles explicam:

> A deslegitimação envolve dois componentes: uma retórica deslegitimadora (o discurso de resistência) e estratégias de imposição de custos que não chegam a um comportamento completo de equilíbrio

(a prática da resistência). O discurso e a prática da deslegitimação se sustentam um ao outro mutuamente e são necessários para a próxima etapa do comportamento equilibrador.³²

O debate em torno da questão de legitimidade é um elemento fundamental da hegemonia. A ideologia das potências hegemônicas e o sistema que elas põem em prática devem contar com ampla aceitação, e seu domínio precisa ser considerado legítimo pelo restante do mundo. A contestação da legitimidade, como consequência, é um elemento importante da mudança política internacional, e a mudança sistêmica das relações internacionais poderia ser vista como uma transformação dos parâmetros da legitimidade política.³³ A deslegitimação cria as condições para a emergência de uma coalizão contra-hegemônica revisionista. A potência revisionista dá voz à sua insatisfação com a ordem estabelecida e constrói o propósito social que virá a se tornar a base da sua demanda por uma nova ordem mundial. A deslegitimação e a desconcentração de poder podem, portanto, ser vistas como as precondições para a criação de uma coalizão anti-hegemônica.³⁴

Uma vez que, na última década, as taxas de crescimento econômico das potências emergentes (principalmente a China) vêm sendo consistentemente mais altas do que as das potências bem estabelecidas, parece que estamos testemunhando um processo de desconcentração do poder econômico.³⁵ Aplicando essa análise ao BRICS, é revelador que o que contribuiu para o sucesso das primeiras reuniões seja um descontentamento em comum com a distribuição do poder institucional no sistema internacional e o interesse em mudá-lo³⁶ e resolver a "discrepância" entre a distribuição de poder institucional e a distribuição de poder real.³⁷ O desejo de revisar a distribuição atual de poder foi, portanto, uma das forças mais poderosas por trás da formação da "identidade do BRICS e a motivação-chave para a criação do grupo".³⁸ Acima de tudo, todos os países do BRICS têm um sentimento de excepcionalismo e acreditam que têm direito a um papel mais proeminente nos assuntos mundiais. De forma semelhante, todos os países do BRICS partilham de uma incerteza sobre se devem apoiar uma ordem liberal globalizada, sobre quais reformas devem exigir, como responder aos apelos para se tornarem "atores responsáveis", como manter o espaço para autonomia e como equilibrar as parcerias com os outros países do BRICS de um lado e o poder hegemônico dos EUA do outro.[39] Os membros do BRICS articulam esse descontentamento, entre outras coisas, na declaração da Cúpula do BRICS, uma estratégia que pode visar – de forma indireta e principalmente apenas em retórica – deslegitimar a ordem atual.

Apesar de os países do BRICS estarem unidos em seu desejo de reformar partes da estrutura global de hoje, o sistema de cotas do Banco Mundial e do Fundo Monetário Internacional (FMI) e seu revisionismo institucional estão longe de ser generalizados. Por exemplo, não há consenso entre o BRICS sobre a necessidade de reformar o Conselho de Segurança da ONU, mais notavelmente porque a Rússia e a China são membros permanentes e por isso apoiam menos a ideia da reforma do que o Brasil, a Índia e a África do Sul. Por fim, com a memória do imperialismo europeu persistindo ainda como um fator político vivo em várias das sociedades do BRICS, os membros costumam criticar o crescente escopo e a interferência das normas internacionais, os quais eles temem que possam desgastar o respeito pela soberania do Estado e a inviolabilidade das fronteiras, criando pretextos para as potências ocidentais intervirem prontamente com argumentos humanitários.[40] O processo de deslegitimação realizado pelo grupo do BRICS é, portanto, não apenas seletivo, mas também relativamente inespecífico.

A retórica deslegitimizante pode, de fato, ser uma precondição para a criação de uma coalizão anti-hegemônica, porém não fica inteiramente claro se a deslegitimação leva inevitavelmente a um comportamento anti-hegemônico. Olhando a retórica atual do BRICS, podemos ser levados a acreditar que a retórica antissistêmica que pretende deslegitimar as potências hegemônicas busca satisfazer um público doméstico nacionalista, servindo, portanto, como um substituto para o comportamento equilibrador real. Ao olharmos para o comportamento do BRICS, torna-se evidente que eles são muito mais orientados para o *status quo* do que sua retórica sugere. Exigências de mudanças nos direitos de voto no FMI, por exemplo, não buscam derrubar as instituições de Bretton Woods – muito pelo contrário, o BRICS foi instrumental no processo de mantê-las vivas. O ex-presidente Lula frequentemente demonizou o FMI,[41] mas também decidiu fortalecer a instituição ao lhe emprestar dinheiro. Em vez de *soft balancing*, as potências emergentes parecem estar envolvidas com um *soft bandwagoning*: eles não querem balançar o barco, apenas ampliá-lo e deixá-lo mais democrático.[42]

Como apontam Armijo e Roberts, "as preferências do BRICS – ou dos países sozinhos ou em conjunto – para a governança global se voltam para a reforma e a evolução, e não para a revolução. É marcante que nenhuma das potências emergentes (ou reemergentes, no caso da China e da Rússia) tenha demonstrado objetivos revolucionários no que diz respeito à reordenação do sistema internacional".[43] Apoiando essa perspectiva, um diplomata indiano afirmou que "(nossa) perspectiva (é) mais não ocidental do que antiocidental".[44]

Há um apelo na expectativa de Schweller e Pu de que a retórica seja a precursora da ação, mas um número de perguntas importantes permanece sem resposta. Primeiro, há muitos países envolvidos na retórica anti-hegemônica e na "resistência legítima", que podem até nutrir esperanças de deslegitimar a ordem global, porém são pequenos demais para terem a chance de um dia participar significativamente de uma aliança anti-hegemônica. O antiamericanismo na retórica e no comportamento das votações da América Latina na AGNU, por exemplo, tem sido comum há tempos, mas não existe sinal de que mesmo os antiamericanos mais virulentos tenham qualquer interesse ou capacidade em apoiar alternativas à ordem global atual. Schweller e Pu escrevem que "a estratégia de resistência legítima pode ter objetivos opostos. Ela pode fortalecer o posicionamento do Estado com o propósito de trabalhar dentro da ordem estabelecida, ou de fazer uma proposta hegemônica para derrubar essa ordem quando isso se tornar uma opção viável". Esse argumento é sólido, mas não fica inteiramente claro como saber qual deslegitimação visa fortalecer a posição do Estado na ordem existente e qual delas visa confrontar as estruturas atuais.

Três outras perguntas se destacam. A primeira, um argumento liberal clássico que representa um desafio formidável: Por que as potências emergentes teriam interesse em alterar as normas que lhes fornecem tantos benefícios a tão baixos custos? Xiaoyu Pu aponta que "a socialização dentro da ordem liberal fortaleceu o crescimento milagroso de potências emergentes como a Índia e a China".[45] Segundo Ikenberry, é difícil (e irracional) derrubar a ordem estabelecida, mas construir uma nova ordem capaz de encontrar seguidores é ainda mais difícil e extremamente custoso.[46] Isso é particularmente importante desde que o PIB per capita permaneça significativamente mais baixo na China, na Índia e no Brasil do que no mundo desenvolvido, o que faz com que seus governos estejam menos dispostos a assumir responsabilidades globais.

Em segundo lugar, de onde surgirão as ideias para criar a base intelectual de uma ordem global alternativa? As potências emergentes desafiam a noção de que as normas ocidentais são superiores às do restante do mundo, e a retórica usada nas Cúpulas do BRICS é claramente revisionista, mas falta uma coerência mais geral que se possa traduzir em instituições tangíveis e estruturas que substituam as atuais. As visões chinesas das potenciais alternativas para a ordem global atual permanecem pouco conhecidas, e a China não faz nenhuma tentativa explícita de promovê-las no exterior. A dominação norte-americana sobre as ideias que moldam o sistema permanece fortíssima. Enquanto a deslegitimação continuar a ser pouco mais do que um ritual, qualquer aliança anti-hegemônica não terá nenhuma base intelectual e, como consequência, nenhuma chance de encontrar quem se converta a ela.

Por fim, como as ideias podem fornecer um quadro para emergirem as alianças anti-hegemônicas quando aqueles capazes de implementá-las têm entre si reivindicações tão divergentes? As cúpulas anuais do BRICS são produtivas, mas ninguém pode negar que as ideias que cada membro tem daquilo que precisa mudar são únicas, e que encontrar um denominador comum é de uma dificuldade notável. Isso não teria importância se houvesse a expectativa de que a China logo pudesse se tornar tão dominante como foram os Estados Unidos na década de 1950 – os *policy makers* em Pequim desenvolveriam suas próprias ideias e tentariam aplicá-las assim que sentissem haver chegado a hora. Mas é provável que o século 21 seja muito mais multipolar, com a China, a Índia, os Estados Unidos e talvez a Europa sendo dotados das capacidades para alterar as normas e o sistema. As potências emergentes serão incapazes de evitar essas questões, conforme visam adotar um papel mais proativo como definidores de agenda e normas.

De fato, desde o começo, muitos desenvolveram o argumento de que o grupo do BRICS era inadequado para uma análise séria, porque as diferenças entre os países do BRICS eram maiores do que suas semelhanças.[47] Fora essa falta de coerência interna, é altamente questionável até que ponto os países do BRICS representam o "mundo emergente". Em vez de uma potência emergente, a Rússia é muitas vezes vista como uma potência do *status quo* ou até mesmo uma potência em decadência.[48] A economia chinesa cresce em ritmo acelerado, mas, como uma potência nuclear reconhecida pelo Tratado de Não Proliferação Nuclear (TNP) com um assento permanente no Conselho de Segurança da ONU, o país também pode ser visto como uma potência estabelecida. De forma semelhante, o BRICS não pode representar o "não ocidental" ou os "outros", visto que o grupo é heterogêneo demais para oferecer qualquer resposta unificada ao Ocidente – um termo que, por si só, já é difícil de usar. Nenhum dos países do BRICS pode pretender falar em nome de sua região, portanto o grupo não pode representar nada além de si próprio. Como consequência, a capacidade do BRICS de convencer os países em desenvolvimento a apoiá-los numa tentativa de derrubar a ordem global é limitada.

Por ora, o grupo do BRICS será dominado pela China, cuja economia ainda é maior que a da Índia, Rússia, Brasil e África do Sul juntos. A China tem um interesse ativo em não ser vista como líder do BRICS – afinal, um dos interesses chineses é não ser visto como ameaça para os Estados Unidos –, mas ela claramente controla as principais decisões do grupo e é o agente mais influente do Novo Banco de Desenvolvimento do BRICS. Enquanto o Brasil, a África do Sul, a Índia e a Rússia poderão ser agentes importantes nas próximas décadas, eles não podem de forma alguma ser comparados com a China na discussão sobre o futuro da governança global.

Com base nessa análise, era de se esperar que o grupo do BRICS persistisse com o nível atual de semi-institucionalização, visto que isso satisfaz plenamente as demandas dos membros por mecanismos para a deslegitimação incipiente do sistema, enquanto ajuda, ao mesmo tempo, a diversificarem suas parcerias. Isso é possível sem criar qualquer custo estratégico ou sem resultar em acusações de serem "do contra". A deslegitimação deverá continuar ocorrendo numa intensidade entre baixa e média por quatro motivos. Primeiro, os países do BRICS são, como um todo, ainda fracos demais para criar uma aliança que possa seriamente ameaçar os Estados Unidos. Em segundo lugar, os benefícios que o sistema atual fornece são muito grandes para que qualquer potência emergente sistematicamente derrube a ordem global de hoje, mesmo que os benefícios sejam maiores para uns do que para outros.[49] Em terceiro lugar e em parte como consequência do segundo ponto, falta uma clara agenda revisionista em comum para o BRICS. Isso se dá, em parte, porque a inclusão do BRICS em clubes exclusivos é desigual, o que faz alguns países como a Rússia temerem a possibilidade de acabar numa situação pior dentro de uma nova ordem. Alegações de que as potências emergentes "não têm medo de experimentar alternativas"[50] são, em sua maioria, exageradas. Porém, em vez de derrubarem o próprio sistema, os países do BRICS estarão, como ficou demonstrado no exemplo acima da crise na Crimeia, menos dispostos a ser cooptados pelas hegemonias ou a aceitar as tentativas dos Estados Unidos de tentar manter sua posição privilegiada na ordem global. Os países do BRICS, portanto, concordam com as normas básicas da ordem global, mas adotarão meios mais sofisticados e eficazes para enredar as potências hegemônicas nas normas que os próprios Estados Unidos foram tão instrumentais em criar.

A predominância norte-americana, porém, não deverá ter fim no curto prazo. A China será a maior economia do mundo em breve, porém é provável que a supremacia militar global dos Estados Unidos perdure por muito mais tempo, mesmo que o BRICS quisesse formar uma aliança contra-hegemônica. A China pode contestar o controle militar norte-americano em sua vizinhança imediata, porém, mesmo que seja bem-sucedida, isso não ameaça a estabilidade sistêmica em geral. Em segundo lugar, apesar das deficiências do sistema, é provável que os países do BRICS se beneficiem dele ainda por um longo tempo, crescendo com mais rapidez do que as potências estabelecidas, à medida que milhões de chineses e indianos pobres vão ascendendo para a classe média. Conforme persistem os benefícios, a agenda revisionista do BRICS não deverá ir além das críticas ocasionais a instituições específicas – como visto após a crise na Crimeia. Em consequência, é extremamente improvável que o grupo do BRICS se institucionalize em um nível que imponha decisões vinculativas a seus membros. Dado esse grau continuado de informalidade e baixo grau de institucionalização, o grupo do BRICS pode vir a convidar países como a Indonésia e a Turquia para ter acesso estratégico às suas regiões e fortalecer os laços bilaterais individualmente.

Implicações para a Estratégia dos EUA

A análise de que a retórica anti-hegemônica do BRICS atende a um propósito principalmente simbólico mostra que são equivocadas as preocupações sobre o comportamento equilibrador – o chamado *balancing behavior* – no curto prazo. Isso não implica, no entanto, que eles não tenham o potencial de enfraquecer a hegemonia dos EUA, mesmo no curto prazo, como se viu durante a crise na Crimeia. Engajar-se com as potências emergentes seria útil para os Estados Unidos, retardando os esforços do BRICS para deslegitimar a ordem global.

O debate em torno das reformas de cotas do FMI fornece um exemplo significativo. Reformas importantes foram aprovadas pela diretoria do FMI em 2010, mas essas reformas estavam sujeitas à aprovação de governos nacionais, incluindo um congresso norte-americano profundamente dividido. Demorou até janeiro de 2016 para que as reformas fossem ratificadas. Isso é ainda mais paradoxal, porque a evolução da economia global nos últimos quatro anos fortaleceu significativamente os argumentos a favor de maior representação para as potências emergentes. Na Cúpula do G20 em Los Cabos, em 2012, as nações do BRICS concordaram em contribuir com mais de US$70 milhões para o FMI, mas não sem darem voz às suas preocupações quanto à implementação das reformas de cotas acordadas.[51] Apesar de os *policy makers* norte-americanos terem pedido para as potências emergentes agirem como "acionistas responsáveis", eles também muitas vezes não têm disposição para se envolver construtivamente com o BRICS e permitir que eles assumam a liderança dentro das instituições existentes. Uma das consequências disso foi o apoio cada vez maior dado à criação de um Banco de Desenvolvimento do BRICS. A hesitação dos Estados Unidos foi notavelmente míope: ao passo que ater-se ao *status quo* produz apenas benefícios limitados de curto prazo para a Europa e os Estados Unidos, isso aumenta o déficit de confiança entre o "Norte Global" e o BRICS, fortalecendo os *policy makers* em Pequim, Nova Déli e em outros lugares, que argumentam que as instituições existentes são rígidas demais e, portanto, precisam ser derrubadas, acelerando, então, o processo de deslegitimação.[52]

A recente mudança repassa 6% das cotas totais do FMI para os países em desenvolvimento. Com 6%, a China agora é o terceiro maior detentor de cotas do Fundo (perdendo apenas para os EUA e o Japão). Junto com o Brasil, a Rússia e a Índia (aumentando de 2,3% para 2,6%), todos entraram para o top 10 dos detentores de cotas, ao lado dos EUA, Japão, França, Alemanha, Itália, Reino Unido, China e Rússia. O poder de voto dos EUA diminuiu um pouco, mas Washington ainda mantém seu poder de veto. Além disso, ao reformar os artigos do Acordo do Fundo, a mudança desloca duas das 24 diretorias do FMI da Europa para países em desenvolvimento. A implementação das reformas de 2010 também foi uma vitória para o FMI, que deverá ganhar legitimidade aos olhos dos *policy makers* em Pequim, Nova Déli e Brasília. Elas reduzem as chances de surgimento de uma instituição rival, como foi o caso do Novo Banco de Desenvolvimento e do Banco Asiático de Investimento em Infraestrutura, que reduzem o papel do Banco Mundial e do Banco Asiático de Desenvolvimento.

Porém, a vitória do BRICS ainda está incompleta, pois uma demanda crucial para democratizar o FMI permanece por ser cumprida. Na Cúpula do G20 em 2009, os líderes globais anunciaram que os diretores das instituições financeiras internacionais "deveriam ser apontados por meio de um processo de seleção aberto, transparente e meritocrático". Em 2011, porém, os líderes europeus não honraram sua promessa e insistiram numa candidata europeia para substituir Dominique Strauss-Kahn na direção do FMI – à época, usando o argumento espúrio de que uma europeia seria mais adequada para tratar da crise financeira na Europa.

Em 2016, Christine Lagarde foi reeleita para um segundo mandato de cinco anos, mantendo um acordo entre cavalheiros, que existe desde 1946, de que deve ser um europeu ou europeia quem dirige o Fundo. A Grã-Bretanha, a Alemanha e a Itália endossaram sua recandidatura, e até mesmo a China, o México e a Coreia do Sul consignaram seu apoio ao segundo mandato da sexagenária ex-ministra das Finanças da França. Durante os 72 anos de existência do FMI, 41 foram passados com um francês ou uma francesa no comando. Mesmo com Lagarde julgada e declarada culpada por negligência em uma corte francesa em dezembro de 2016 por uma decisão como Ministra de Finanças, é provável que a França mantenha a diretoria do FMI até 2021.

Consciente dessa anomalia, Lagarde vem defendendo ativamente os interesses das potências emergentes no Fundo. O mais notável é que ela criou o consenso de que o yuan chinês deveria ser somado à reserva de principais moedas usadas para calcular os Direitos Especiais de Saque (DES) com os quais o FMI faz empréstimos aos países-membros. Vários *policy makers* e analistas comentaram que é provável que Lagarde seja a última pessoa de origem europeia a ocupar a diretoria do FMI por um tempo, visto que a pressão política das potências emergentes será grande demais para que se mantenha o controle ocidental do processo de seleção. Isso já era verdade, no entanto, quando Strauss-Kahn foi demitido do Fundo. É claro que, com a implementação das reformas, as potências emergentes terão agora um grau sem precedentes de influência, o que deverá facilitar para que se dê um fim ao controle ocidental do processo de seleção. Ainda assim, a não ser que os *policy makers* em Brasília, Moscou, Nova Déli, Pequim e Pretória construam uma aliança abrangente e consigam concordar com um nome a ser indicado, os europeus não pensarão duas vezes antes de promoverem seu próprio candidato.

Para reduzir o ímpeto do BRICS pela deslegitimação, os Estados Unidos precisariam entender que o engajamento com as potências emergentes é o único modo de garantir que as instituições internacionais permaneçam legítimas e funcionais. O difícil processo de adaptação a uma nova realidade acabou de começar. Nos próximos anos, reformas ainda mais extensivas do FMI terão de ser implementadas se a instituição, bem como também a ordem global em termos mais gerais, quiser manter sua legitimidade no século 21.

Como argumentou, com razão, um editorial do *The Financial Times* logo após a 6ª Cúpula do BRICS,

> transições de poder econômico global sugerem que as mudanças de poder institucional podem ser lógicas – ou até mesmo inevitáveis. Por que devem ser os EUA quem determinam as normas do uso da internet, quando o tráfego on-line não mais envolve apenas americanos? Por que o dólar deve ser a moeda de reserva global, quando os EUA não são mais o cerne inquestionável da economia global? No fim, a única resposta ocidental para essas perguntas é demonstrar que, apesar de muitas instituições globais refletirem suas origens ocidentais, elas continuam a operar segundo os interesses do mundo inteiro.[53]

Mais adiante, a presença militar global dos Estados Unidos fornecerá pouquíssimo espaço para as potências emergentes ganharem status. Afinal, a China dificilmente imporia respeito se cedesse a responsabilidade pela segurança de seu próprio quintal a um estrangeiro distante.[54] É particularmente no âmbito militar que é possível que a China, em sua vizinhança imediata, chegue a desafiar em algum momento a supremacia dos EUA.

Taxas de crescimento mais lentas na primeira metade da segunda década levaram a uma reavaliação do potencial do BRICS como um grupo político, com alguns analistas propondo o argumento de que isso reduzia a *raison d'être* do grupo.[55] Porém, independentemente das previsões de crescimento econômico no curto prazo, parece certo que a importância política e econômica do BRICS nos assuntos globais deverá crescer visivelmente ao longo dos anos e décadas por vir, e a questão é *quando* e não *se* as previsões iniciais de Jim O'Neill virão a se concretizar – mesmo que isso só se aplique à China e à Índia, cujas populações totais somadas representam mais de 2 bilhões de pessoas. A perspectiva a longo prazo quanto ao Brasil, à Rússia e à África do Sul parece ser bem menos certa, e as políticas econômicas medíocres podem levar a um crescimento menor nos próximos anos.

Esta análise mostra que, embora as Cúpulas do BRICS possam ser compreendidas como um exercício de deslegitimação da ordem global, não há nenhum indicativo claro de que os membros do BRICS estejam realmente interessados em adotar quaisquer medidas tangíveis para comprometer a ordem global – mas eles irão cada vez mais limitar a capacidade dos Estados Unidos de reivindicar direitos especiais nessa mesma ordem.

Dadas as características distintas das economias do BRICS, situações estratégicas regionais e vínculos econômicos fracos (exceto pela China), as trajetórias individuais de cada membro do BRICS certamente irão divergir de modo substancial. Além disso, outras economias emergentes como Indonésia, México e Turquia poderão ter um crescimento mais acelerado do que os países do BRICS.[56] Apesar de a maioria da mídia internacional manter uma postura de ceticismo e às vezes até de hostilidade quanto ao potencial de institucionalização do grupo, um consenso notável e por vezes inesperado surgiu entre os *policy makers* do BRICS, no sentido de que a plataforma oferece – por ora – um grupo útil para fortalecer os elos Sul-Sul e promover os interesses nacionais dos seus membros. A capacidade de desenvolver posicionamentos em conjunto no tocante a questões internacionais importantes influenciará, sem dúvida, o modo como os observadores avaliarão a utilidade do grupo e sua capacidade de se transformar em um agente internacional significativo, capaz de influenciar a ordem global do futuro.

Conclusão

A narrativa subjacente que possibilitou a ascensão do conceito do BRICS – a transição da unipolaridade para a multipolaridade – é irreversível. As projeções da OCDE para 2030 mostram que a China e a Índia deverão crescer até chegarem a representar 28% e 11%, respectivamente, do PIB global, enquanto os EUA e a Zona do Euro cairão para 18% e 12%.[1] As previsões de longo prazo são pouco mais do que estimativas, e a multipolarização pode demorar mais do que o esperado.

Ainda assim, a pergunta não é se a hegemonia dos EUA terá fim, mas como isso irá ocorrer e o que tomará o seu lugar.[2] Em vez de avaliar essa questão diretamente, este livro procurou lançar uma luz sobre o grau de cooperação entre as potências emergentes, uma cooperação que cresce cada vez mais e permanece pouco compreendida. Uma lição a se aprender pode muito bem ser a de que, ao contrário do que diz certo consenso entre os *policy makers* dos EUA e de muitos outros estudiosos norte-americanos, a ascensão do BRICS pode não ser uma má notícia – em vez disso, ela ajudará a democratizar as tomadas de decisão globais e pode envolver grandes potências emergentes que, tradicionalmente, nem sempre contaram com a representação na mesa dos poderosos.

Porém, muitos observadores soturnamente preveem que as potências em ascensão não irão "atentar para as regras do jogo ocidental".[3] Eles, em geral, pressupõem que essas potências aproveitaram seu "status recém-conquistado para procurar visões alternativas da ordem mundial"⁴ e desafiar o *status quo*, ao se unirem, por exemplo, a outras potências em ascensão e formarem uma coalizão anti-hegemônica.⁵ As potências em ascensão poderiam criar um sistema paralelo com "seu próprio conjunto distintivo de normas, instituições e câmbios de poder, rejeitando elementos-chave do internacionalismo liberal e particularmente quaisquer noções de uma sociedade civil global que justifique intervenções políticas e militares".⁶ Do mesmo modo, Krasner espera que, uma vez que o equilíbrio se desloque contra o Ocidente, as potências emergentes criem princípios diferentes,⁷ ao introduzirem, por exemplo, um poder que contrabalanceie as instituições de Bretton Woods dominadas pelos EUA.⁸ Os críticos apontam, portanto, que os países do BRICS com frequência questionaram as bases que sustentam a ordem liberal, expressando opiniões divergentes quanto ao escopo da cooperação, a localização das normas e a distribuição da autoridade. Todos os países do BRICS, segundo essa perspectiva, já expressaram desacordo sobre políticas substanciais do consenso liberal do pós-guerra. O resultado vem sendo um desafio crítico ao projeto internacionalista liberal em áreas substanciais tão distintas quanto comércio, direitos humanos, a Responsabilidade de Proteger e a Não Proliferação Nuclear. Como consequência, analistas argumentam que as potências emergentes "não estão prontas para o holofote"⁹ ou que, de fato, podem se tornar acionistas "irresponsáveis" na ordem global.¹⁰ Essa crítica suscita, de forma implícita, questões importantes sobre os pontos nos quais a diferente perspectiva das potências emergentes sobre o regime das normas liberais parece provavelmente capaz de deslocar as estruturas normativas que sustentam a governança global. Como aponta Amitav Acharya, "não conseguir desafiar o poder americano de frente não significa aceitar [...] a liderança americana".¹¹ Ele afirma ainda que seria "falacioso presumir que, só porque a China, a Índia e outras potências emergentes se beneficiaram da ordem liberal hegemônica, continuariam respeitando suas normas e instituições".¹²

As perspectivas do BRICS são mais complexas

A verdade é que, apesar de as potências emergentes concordarem em questões fundamentais como instituições internacionais, segurança cooperativa, comunidade democrática, resolução coletiva de problemas, partilha da soberania e o Estado de Direito, elas consideram, em graus variados, que a ordem atual é falha e muitas vezes comprometida pelos criadores do sistema. O Brasil, a África do Sul e a Índia em particular se opõem às hierarquias implícitas e explícitas de instituições internacionais e aos muitos privilégios que as grandes potências desfrutam nas deliberações internacionais. Assim, em vez de questionarem os amplos preceitos subjacentes à ordem internacional em si, as potências emergentes ficam profundamente preocupadas quanto à disposição dos agentes dominantes do sistema para viver em um sistema multilateral em que todos estão sujeitos às mesmas normas. Os países do BRICS enxergam a reciprocidade como um dos pilares principais da ordem internacional, e a igualdade dos Estados precisa ser representada não só em normas internacionais, mas também no modo como são aplicadas.[13] É, portanto, o ceticismo em torno da operacionalização das normas liberais, em vez dos objetivos e valores que as orientam, que dá forma à relação do BRICS com a ordem global de hoje. Isso explica o porquê de o internacionalismo liberal continuar a ser, por vezes, interpretado pelas potências emergentes como uma forma de imperialismo liberal, e o poder dos Estados Unidos no centro da ordem liberal costuma ser representado como uma ameaça.

Ao mesmo tempo, eles consideram a ordem liberal altamente imperfeita, por conta das transgressões de seus criadores, que muitas vezes comprometem o sistema. Os países do BRICS estão mais preocupados com as hierarquias das instituições internacionais e os muitos privilégios desfrutados pelas potências estabelecidas – como o direito dos Estados Unidos de indicar o presidente do Banco

Mundial. Como aponta Richard Betts, "as hegemonias nunca são inteiramente restringidas, beneficiando-se de exceções, cláusulas de fuga, direitos de veto e outros mecanismos que permitem aos países mais poderosos usar instituições como instrumentos de controle político".[14]

Portanto, em vez de questionarem os preceitos intelectuais que sustentam a ordem internacional, as potências emergentes afirmam que procuram criar um sistema multilateral em que as mesmas normas se apliquem a todos – por mais que, como se viu no caso da Crise da Crimeia, alguns dos países do BRICS busquem cada vez mais um tratamento especial para si próprios. Assim que os países do BRICS puderem, portanto, buscarão privilégios maiores dentro do regime de governança global, que permitirão que eles comandem a agenda política e sua aplicação a questões que lhes interessam, tanto por meio de ajustes a normas formais como via ampliação de sua influência informal.[15] Tal já é o caso em nível regional, onde os países do BRICS estão desfrutando cada vez mais de privilégios, e alguns de seus vizinhos os descrevem como hegemonias regionais.

A ordem de hoje é "uma ordem hierárquica com características liberais",[16] como assinala Ikenberry. As potências emergentes aceitam as características liberais e irão mantê-las, mas buscam mudar a hierarquia que sustenta o sistema. A partir da sua perspectiva, o que tem sido chamado pelo eufemismo de "autocontrole estratégico" pode ser compreendido como um esforço substancial e sistemático para formalizar a hegemonia e legalizar as hierarquias fundamentadas pelo poder. Apesar de os aspectos da ordem internacional contemporânea que Ikenberry chama de "liberais" (instituições, Estado de Direito etc.) serem, de fato, aceitos pelos países do BRICS, eles rejeitam consistentemente e resistem às práticas hegemônicas que tantas vezes os acompanham.[17]

Ainda assim, nenhum dos países do BRICS no momento é capaz de desafiar de forma direta a liderança global dos Estados Unidos –

tampouco, como esta análise procurou deixar claro, vêm buscando fazê-lo abertamente agora. Porém, ao reforçarem sistematicamente sua cooperação, seja entre o BRICS ou com as outras potências emergentes, eles estão lentamente lançando as bases para uma ordem multipolar que lhes permitirá moldar a ordem global de acordo com seus interesses.

APÊNDICE

Cúpulas com Autoridades de Alto Nível*

PRIMEIRA REUNIÃO INFORMAL DOS MINISTROS DAS RELAÇÕES EXTERIORES DOS BRICs EM NOVA YORK À MARGEM DA 61ª ASSEMBLEIA GERAL DA ONU

Local: Nova York, Estados Unidos

Data: 20 de setembro de 2006

Participantes: Sergey Lavrov (ministro das Relações Exteriores da Rússia), Celso Amorim (ministro das Relações Exteriores do Brasil), Pranab Mukherjee (ministro das Relações Exteriores da Índia), Yang Jiechi (ministro das Relações Exteriores da China).

Resultados: Os ministros das Relações Exteriores dos BRICs organizaram pela primeira vez uma reunião como um grupo. Durante uma conversa informal sobre questões globais, deu-se atenção especial às abordagens comuns de todos os quatro países para os problemas de desenvolvimento atuais, incluindo o estado das finanças globais, a crise alimentar, a mudança climática e a cooperação dentro do Processo de Heiligendamm do G8 e seus parceiros. Discutiu-se a possibilidade de desenvolver interações quadripartites no curso

---

* A lista completa de reuniões oficiais do grupo BRICS pode ser encontrada no site do autor: <http://postwesternworld.com>.

das reuniões marcadas com os ministros das Relações Exteriores, das Finanças e em outros níveis.[1] Os ministros das Relações Exteriores decidiram reunir-se, dentro nessa mesma circunstância, durante a 62ª Assembleia Geral da ONU em 2007.

Segunda reunião informal dos ministros das Relações Exteriores dos BRICs em Nova York à margem da 62ª Assembleia Geral da ONU

Local: Nova York, Estados Unidos

Data: 24 de setembro de 2007

Participantes: Sergey Lavrov (ministro das Relações Exteriores da Rússia), Celso Amorim (ministro das Relações Exteriores do Brasil), Pranab Mukherjee (ministro das Relações Exteriores da Índia), Yang Jiechi (ministro das Relações Exteriores da China).

Resultados: Os ministros das Relações Exteriores dos BRICs organizaram pela segunda vez uma reunião como um grupo. Essa decisão foi tomada para fortalecer ainda mais a cooperação e organizar a primeira reunião à parte dos ministros das Relações Exteriores em 2008. A Rússia se voluntaria para sediar o evento.

Primeira reunião independente dos Ministros das Relações Exteriores dos BRICs

Local: Ecaterimburgo, Rússia

Data: 16 de março de 2008

Participantes: Sergey Lavrov (ministro das Relações Exteriores da Rússia), Celso Amorim (ministro das Relações Exteriores do Brasil),

Pranab Mukherjee (ministro das Relações Exteriores da Índia), Yang Jiechi (ministro das Relações Exteriores da China).

Resultados: Os ministros das Relações Exteriores dos BRICs organizaram sua primeira reunião independente e produziram o primeiro documento concebido em conjunto pelos países dos BRICs, *de facto* transformando o acrônimo, deixando de ser um grupo econômico para se tornar um bloco com conotações políticas. Os ministros das Relações Exteriores dos BRICs afirmaram seu compromisso com um sistema internacional mais democrático e sublinharam a importância da cooperação Sul-Sul e o diálogo intra-BRICs.

Primeira reunião dos líderes dos BRICs à margem da 34ª Cúpula do G8

Local: Hokkaido, Japão

Data: 9 de julho de 2008

Participantes: Luiz Inácio Lula da Silva (presidente do Brasil), Dmitry Medvedev (presidente da Rússia), Manmohan Singh (primeiro--ministro da Índia), Hu Jintao (presidente da China).

Resultados: Os líderes das nações dos BRICs organizaram sua primeira reunião. Os tópicos discutidos foram a crise financeira global e as possibilidades de evitar sua disseminação pelo mundo em desenvolvimento. Nenhuma declaração pública foi feita nessa cúpula, mas os líderes consideraram as possibilidades de estudar modos de fortalecer seus laços e discutir a organização de uma cúpula à parte para os países dos BRICs em 2009.

Reunião à parte *ad hoc* dos Ministros das Finanças dos BRICs

Local: São Paulo, Brasil

Data: 7 de novembro de 2008

Participantes: Guido Mantega (ministro da Fazenda do Brasil), Henrique Meirelles (presidente do Banco Central do Brasil), Alexei Kudrin (ministro das Finanças da Rússia), Sergey Ignatyev (ex-presidente do Banco Central da Rússia), Pranab Mukherjee (ministro das Finanças da Índia), Duvvuri Subbarao (presidente do Banco da Reserva da Índia), Li Yong (vice-ministro das Finanças da China), Zhou Xiaochuan (presidente do Banco Popular da China).

Resultados: Os ministros das Finanças das nações dos BRICs organizaram sua primeira reunião. Discutiram-se a crise financeira global e as possibilidades de evitar sua disseminação para o mundo em desenvolvimento. Nenhuma declaração pública foi feita na cúpula.

Reunião dos Ministros das Finanças dos BRICs em preparação para a Cúpula do G20 de Londres

Local: Horsham, Reino Unido

Data: 13 de março de 2009

Participantes: Guido Mantega (ministro da Fazenda do Brasil), Henrique Meirelles (presidente do Banco Central do Brasil), Alexei Kudrin (ministro das Finanças da Rússia), Sergey Ignatyev (ex-presidente do Banco Central da Rússia), Pranab Mukherjee (ministro das Finanças da Índia), Duvvuri Subbarao (presidente do Banco da Reserva da Índia), Li Yong (vice-ministro das Finanças da China), Zhou Xiaochuan (presidente do Banco Popular da China).

Resultados: Os ministros das Finanças das nações dos BRICs organizaram sua terceira reunião no intervalo de um ano. Lançando seu terceiro comunicado (cf. o texto completo em anexo) numa reunião dos ministros das Finanças do G20, o Brasil, a China, a Rússia e a Índia exigiram ter mais voz nos órgãos internacionais – o que sinalizou sua intenção política crescente de influenciar assuntos globais. Os ministros das Finanças anunciaram que não iriam fornecer mais recursos financeiros ao FMI, a não ser que reformas significativas fossem aprovadas para dar mais direito de voto às potências emergentes.

Primeira Cúpula dos BRICs

Local: Ecaterimburgo, Rússia

Data: 16 de junho, 2009

Participantes: Dmitry Medvedev (presidente da Rússia), Luiz Inácio Lula da Silva (presidente do Brasil), Manmohan Singh (primeiro-ministro da Índia), Hu Jintao (presidente da República Popular da China).

Resultados: Os líderes do Brasil, da Rússia, da Índia e da China se reuniram pela primeira vez na história para uma cúpula independente.
    Os participantes reconheceram que eram substancialmente dependentes do dólar americano e desejavam maior independência em relação à economia dos EUA. A Rússia e o Brasil foram os países que discutiram mais ativamente a questão cambial. Foi acordada uma decisão a favor de maior cooperação na área dos ministérios. Eles decidiram que os Ministérios das Relações Exteriores seriam os principais coordenadores das atividades dos BRICs. Adotou-se uma Declaração em Conjunto sobre a segurança alimentar global. Os países dos BRICs confirmaram sua determinação em contribuir para a superação da crise alimentar global. Os líderes

também exigiram que os países desenvolvidos cumprissem com seu compromisso de reservar 0,7% de seu rendimento nacional bruto para ajudar os países em desenvolvimento.

Foram considerados todos os aspectos de segurança alimentar para todos os países. Não se excluiu a possibilidade da produção e do uso de biocombustíveis para a solução dos problemas.

Os líderes dos países dialogaram sobre suas perspectivas para fortalecer a cooperação na esfera energética e na esfera de aperfeiçoamento da eficiência energética.

Foi confirmada a necessidade de diplomacia multilateral com o papel central da ONU para tratar de desafios e ameaças globais, bem como de uma reforma abrangente da ONU com vistas a melhorar sua eficiência, de modo a possibilitar maior eficácia na resposta aos desafios globais modernos.

Segunda Cúpula dos BRICs

Local: Brasília, Brasil

Data: 15-16 de abril de 2010

Participantes: Dmitry Medvedev (presidente da Rússia), Luiz Inácio Lula da Silva (presidente do Brasil), Manmohan Singh (primeiro-ministro da Índia), Hu Jintao (presidente da República Popular da China).

Principal tema: A superação das consequências da crise financeira.

Resultados: Foi assinado um memorando, com o objetivo principal de criar infraestrutura de segurança financeira para a cooperação dos quatro países. Novos instrumentos ajudariam a fornecer segurança financeira e serviços bancários para projetos de investimento, incluídos na esfera de interesse dos partidos e servindo também para o desenvolvimento das economias dos países dos BRICs, de modo a estudar a possibilidade de se criar um sistema interbancário unificado. Foi proposta a utilização de moedas nacionais como uma ferramenta mais conveniente para pagamentos de comércio mútuo. O presidente Hu Jintao, da China, e o presidente Luiz Inácio Lula da Silva, do Brasil, assinaram uma série de acordos quanto ao desenvolvimento de relações de parceria bilateral. Envolviam, em particular, acordos comerciais e projetos energéticos, incluindo a construção de obras metalúrgicas chinesas no Brasil.

TERCEIRA CÚPULA DOS BRICS

Local: Sanya, ilha de Hainan, China

Data: 13-14 de abril de 2011

Participantes: Dmitry Medvedev (presidente da Rússia), Dilma Rousseff (presidenta do Brasil), Manmohan Singh (primeiro-ministro da Índia), Hu Jintao (presidente da República Popular da China) e Jacob Zuma (presidente da África do Sul).

Resultados: Os líderes dos países do BRICS reconheceram a necessidade de um novo sistema internacional de câmbio de reserva. Foi assinada uma declaração garantindo a futura reforma do sistema monetário internacional.

Além disso, foi assinado um plano de ação, contendo 23 pontos, que lançava as bases para cooperação futura. O plano incluía uma terceira reunião dos representantes do BRICS sobre questões de segurança na China; a Reunião dos Ministros das Relações Exteriores durante a 66ª sessão da Assembleia Geral da ONU; Reuniões dos Ministros das Finanças e Diretores Administrativos dos Bancos Centrais no quadro do "Grupo dos 20" e sessões anuais do Banco Mundial e FMI; e as reuniões do grupo de trabalho agrário do

BRICS na China em setembro de 2011. Decidiu-se que seria realizada a Segunda Conferência Internacional sobre competitividade sob a égide do BRICS na China, em setembro de 2011, e explorar a possibilidade de assinarem um acordo sobre cooperação entre departamentos antimonopólio. Considerou-se a possibilidade de realizar o primeiro fórum de cooperação entre cidades e administrações locais dos países do BRICS, bem como a Reunião dos Ministros da Saúde na China, em 2011.

Por fim, decidiu-se que haveria reuniões de oficiais seniores para a discussão da cooperação científica, técnica e de inovação dos países do BRICS, incluindo a criação de um grupo de trabalho na indústria farmacêutica. Deu-se especial atenção à situação na Líbia. Os líderes dos países condenaram de forma unânime a intervenção militar na Líbia.[2]

Quarta cúpula do BRICS

Local: Nova Déli, Índia

Data: 28-29 de março de 2012

Participantes: Dmitry Medvedev (presidente da Rússia), Dilma Rousseff (presidenta do Brasil), Manmohan Singh (primeiro-ministro da Índia), Hu Jintao (presidente da República Popular da China) e Jacob Zuma (presidente da África do Sul).

Resultados: Foram discutidos problemas da economia mundial, o desenvolvimento de medidas anticrise e a situação na Síria. Foi adotada a "Declaração de Nova Déli". Foram assinados dois acordos intergovernamentais para fornecer créditos mútuos em moedas nacionais e a obrigação de participação prioritária das transações dos bancos dos países do BRICS. Propôs-se a ideia de criar um banco em comum dos países do BRICS para financiar projetos domésticos.

Os participantes do BRICS defenderam o aumento das reservas do Fundo Monetário Internacional, bem como a transição gradual do controle do FMI, de modo a tirá-lo do controle norte-americano.

Quinta Cúpula do BRICS

Local: Durban, África do Sul

Data: 26-27 de março de 2013

Participantes: Vladimir Putin (presidente da Rússia), Dilma Rousseff (presidenta do Brasil), Manmohan Singh (primeiro-ministro da Índia), Xi Jinping (presidente da República Popular da China) e Jacob Zuma (presidente da África do Sul).

Resultados: Foi adotada a "Declaração de eThekwini", cumprindo as expectativas quanto à criação do Novo Banco de Desenvolvimento (NBD) do BRICS, o que foi visto como um passo significativo rumo à cooperação para a institucionalização. A declaração incluía também um grande número de reuniões em nível ministerial durante a maior parte de 2013. A possível criação de um "secretariado virtual" foi incluída na declaração sob a seção "Novas áreas de cooperação a serem exploradas".

Sexta Cúpula do BRICS

Local: Fortaleza e Brasília, Brasil

Data: 14-16 de julho de 2014

Participantes: Vladimir Putin (presidente da Rússia), Dilma Rousseff (presidenta do Brasil), Narendra Modi (primeiro-ministro da Índia), Xi Jinping (presidente da República Popular da China) e Jacob Zuma (presidente da África do Sul).

Resultados: Foi adotada a Declaração de Fortaleza, o documento mais abrangente de todas as cúpulas do BRICS até o momento, que incluía a criação do Novo Banco de Desenvolvimento do BRICS, de um Arranjo Contingente de Reservas e comentários sobre uma ampla gama de questões políticas e econômicas. Um estudo recente da Universidade de Toronto demonstra que o BRICS atingiu uma taxa de 70% de cumprimento (*compliance*) em relação aos compromissos da Cúpula de Fortaleza feitos em 2014, prosseguindo com sua alta taxa de cumprimento das cúpulas anteriores. Os autores concluem que "os países do BRICS cumpriram bem com os compromissos de desenvolvimento situados no cerne de sua agenda (com uma taxa de +0.60, ou 80%, ao longo das quatro cúpulas)", mas também apontam que o desempenho nas questões comerciais é desigual, com uma média geral de +0,10 (55%). Além da Cúpula do BRICS em Fortaleza, houve uma Cúpula BRICS-América do Sul, reunindo líderes do grupo com líderes do continente.

SÉTIMA CÚPULA DO BRICS

Local: Ufá, Rússia

Data: 8-9 de julho de 2015

Participantes: Vladimir Putin (presidente da Rússia), Dilma Rousseff (presidenta do Brasil), Narendra Modi (primeiro-ministro da Índia), Xi Jinping (presidente da República Popular da China) e Jacob Zuma (presidente da África do Sul).

Resultados: Os documentos assinados na 7ª Cúpula do BRICS em Ufá fornecem algumas revelações importantes sobre a dinâmica atual que molda o grupo – e sobre como pensar seu potencial para os próximos anos. Como esperado, a reunião de Ufá marca a inauguração do Novo Banco de Desenvolvimento e do Arranjo Contingente de Reservas, as primeiras manifestações institucionais tangíveis do grupo do BRICS. Embora os primeiros empréstimos sejam provavelmente feitos para os países do BRICS, o NBD procurará oferecer apoio a projetos em outros países em desenvolvimento nos próximos anos, como parte de esforços para mostrar seu comprometimento em espalhar riqueza e assumir a liderança internacional. De forma semelhante a todas as declarações anteriores, a Declaração de Ufá sublinha repetidamente o compromisso do grupo às "Nações Unidas, como uma organização universal multilateral incumbida do mandato de ajudar a comunidade internacional a preservar a paz e a segurança internacionais, impulsionar o desenvolvimento global e promover e proteger os direitos humanos". Assim como todas as declarações anteriores, a China e a Rússia reiteraram "a importância que atribuem ao status e papel de Brasil, Índia e África do Sul em assuntos internacionais e apoiam sua aspiração de desempenhar um papel maior nas Nações Unidas". Em essência, isso quer dizer que a China e a Rússia não apoiam explicitamente as campanhas do Brasil e da Índia por assentos permanentes no Conselho de Segurança da ONU. Reduzir os obstáculos para maior movimento de capital, mão de obra e bens entre os países do BRICS continua a ser o maior desafio do grupo.

OITAVA CÚPULA DO BRICS

Local: Goa, Índia

Data: 15 e 16 de outubro de 2016

Participantes: Vladimir Putin (presidente da Rússia), Michel Temer (presidente do Brasil), Narendra Modi (primeiro-ministro da Índia), Xi Jinping (presidente da República Popular da China) e Jacob Zuma (presidente da África do Sul).

Resultados: A Declaração da Cúpula refletiu o amadurecimento e a consolidação do grupo, listando o aprofundamento de projetos de cooperação em andamento e anunciando novos acordos. Destaca-se a aprovação do primeiro conjunto de empréstimos do seu Banco de Desenvolvimento, principalmente direcionados a projetos de energia renovável nos países do BRICS. Vale a pena mencionar também uma série de iniciativas inéditas, como o Fórum de Jovens Diplomatas, o Torneio de Futebol, o Festival de Cinema, o Fórum de Cidades-Irmãs, o Mecanismo de Cooperação Interbancária, o avanço no processo de formação de uma Agência de Risco, o Fórum de Urbanização, a Convenção do BRICS sobre Turismo, o progresso da implementação da Estratégia para Parceria Econômica do BRICS e a concordância em realizar uma Reunião de Alto Nível sobre Conhecimento Médico Tradicional.

Além disso, os líderes dos cinco países se reuniram com seus homólogos dos países da Iniciativa da Baía de Bengala para Cooperação Técnica Multissetorial e Econômica (BIMSTEC) – Bangladesh, Butão, Myanmar, Nepal, Sri Lanka e Tailândia.

AGRADECIMENTOS

Meus alunos de graduação, pós-graduação e MBA na Fundação Getulio Vargas, em São Paulo e no Rio de Janeiro, ofereceram contribuições imensas para este livro através da participação em nossas discussões. Meus colegas do Centro de Relações Internacionais – sobretudo Matias Spektor – me ofereceram orientação e apoio ao longo de todo o processo. Bruno de Marcos Lopes foi um assistente de pesquisa excepcional, junto com Suellen de Aguiar, Thiago Kunis, Joice Barbaresco, Sun Young Nam, Mariela Won, Camila do Amaral, Fernanda Oliveira, Victoria Pisini e Minjeong Park. Eu também gostaria de agradecer aos incontáveis diplomatas, jornalistas e acadêmicos que concordaram em me conceder entrevistas para este livro – em São Paulo, Rio de Janeiro, Brasília, Pretória, Durban, Nova Déli, Pequim, Chongqing e Moscou. Na Índia, a Observer Research Foundation (ORF) e a School of International Studies (SIS), na Jawaharlal Nehru University, instituição na qual fui professor visitante por dois períodos, proporcionaram-me um ambiente intelectual riquíssimo. Na África do Sul, agradeço ao South African Institute of International Affairs (SAIIA) e à Universidade de Pretória, pelos convites para a discussão de minha pesquisa. Na Rússia, a Academia Russa de Comércio Exterior e o Ministério do Desenvolvimento Tecnológico em Moscou me possibilitaram apresentar minha pesquisa e participar de debates bastante frutíferos. Na China, participei de uma série de conferências sobre a questão do BRICS, das quais a mais útil foi a reunião de faixa II em Chongqing, em preparação para a 5ª Cúpula do BRICS em 2013. No Brasil, o

BRICS Policy Center no Rio de Janeiro me convidou para falar sobre minha pesquisa num seminário, durante o qual recebi comentários muito valiosos. O Instituto de Pesquisa Econômica Aplicada (IPEA) me convidou gentilmente para integrar a delegação brasileira na reunião de faixa II em Nova Déli em 2012. O Global Public Policy Institute (GPPi) em Berlim, onde sou *non-resident fellow*, forneceu apoio e contatos úteis, bem como uma base de pesquisa na Europa. Por fim, eu gostaria de agradecer a Salomão Cunha Lima, Allan Greicon e Ana Patrícia Silva, por me fornecerem um ambiente de pesquisa de primeira classe na Escola de Ciências Sociais do Centro de Pesquisa e Documentação de História Contemporânea do Brasil (CPDOC), em São Paulo.

Referências bibliográficas

Acharya, Amitav. *The End of American World Order*. Cambridge: Polity, 2014.

_____. "The end of American world order", *The Hindu*, 29 de maio de 2014. Disponível em <http://www.thehindu.com/opinion/op-ed/the-end-of-american-world-order/article6058148.ece>.

Adams, Simon. "Emergent powers: India, Brazil, South Africa and the Responsibility to Protect". *The Blog*. Disponível em <http://www.huffingtonpost.com/simon-adams/un-india-brazil-south-africa_b_1896975.html>. Acesso em 20 de setembro de 2012.

Agência Nacional. "Crise econômica pode fortalecer países do Bric, afirma Lula". *UOL Notícias Economia*. Disponível em <http://economia.uol.com.br/ultnot/2008/11/26/ult4294u1943.jhtm>. Acesso em 26 de novembro de 2008.

Aiwan Investment Corporation. "BRICS inter-bank cooperation mechanism annual meeting and financial". *AIWAN Investment Corporation*. Disponível em <http://www.sjaw.com.cn/English/P1.asp?id=554>. Acesso em 13 de abril de 2011.

Alden, Chris & Vieira, Marco Antonio. "The new diplomacy of the South: South Africa, Brazil, India and trilateralism". *Third World Quarterly* 26, n. 7, (2005): 1.077-1.095.

Alden, Chris. "Assessing the responses of the Chinese media and research community to the Ukrainian crisis". *NOREF*. Disponível em <http://www.peacebuilding.no/var/ezflow_site/storage/original/application/3624caa382c1dbd659c407446c418819.pdf>. Acesso em 17 de junho de 2014.

Aldrighi, Dante Mendes. "Cooperation and coordination among BRIC countries: potential and constraints". *Fundação Instituto de Pesquisas Econômicas*, 2009. Disponível em <http://www.fipe.org.br/publicacoes/downloads/bif/2009/6_13-18-dante.pdf>.

Alexandroff, Alan. "The BRICS start a Second Cycle" *Rising BRICSAM*. Disponível em < http://blog.risingbricsam.com/?p=2233>. Acesso em 16 de julho de 2014.

_____. "It's Not the G8 – But the BRICS and even the G20". *Rising BRICSAM*. Disponível em <http://blog.risingbricsam.com/?p=2126>. Acesso em 4 de março de 2014.

Allison, Graham. "China doesn't belong in the BRICS". *The Atlantic*. Disponível em <http://www.theatlantic.com/china/archive/2013/03/china-doesnt--belong-in-the-brics/274363/>. Acesso em 26 de março de 2013.

Amorim, Celso. "Os BRICs e a reorganização do mundo". *Folha de S.Paulo*. Disponível em <http://www1.folha.uol.com.br/fsp/opiniao/fz0806200807.htm>. Acesso em 8 de junho de 2008.

_____. "Ser radical é tomar as coisas". *Carta Capital*. Disponível em <http://www.cartacapital.com.br/economia/ser-radical-e-tomar-as-coisas>. Acesso em 25 de abril de 2011.

Armijo, Leslie A. & Roberts, Cynthia. "The emerging powers and global governance". In: *Handbook of Emerging Economies*. Nova York: Routledge.

Avezov, Xenia. "Responsibility while protecting: are we asking the wrong questions?" *Stockholm International Peace Research Institute*. Disponível em <http://www.sipri.org/media/newsletter/essay/Avezov_Jan13>. Acesso em 13 de janeiro de 2013

Bacevich, Andrew. *The limits of power: the end of American exceptionalism*. Nova York: Holt Paperback, 2009.

Bache, Ian & George, Stephen & Bulmer, Simon. *Politics in the European Union*. Oxford: Oxford University Press, 2011.

Bagchi, Indrani. "BRICS summit: member nations criticize the West for financial mismanagement". *Times of India*. Disponível em <http://timesofindia.indiatimes.com/india/BRICS-summit-Member-nations-criticizes-the-West-for-financial--mismanagement/articleshow/12462502.cms>. Acesso em 30 de março de 2012.

Ban, Cornel & Blyth, Mark. "The BRICs and the Washington Consensus: an introduction". *Review of International Political Economy* 20, n. 2 (2013): 241-255.

Barma, Nazneen & Ratner, Ely & Weber, Steve. "A world without the West". *National Interest*. Disponível em <http://www.highbeam.com/doc/1G1-166934087.html>. Acesso em 1º de julho de 2007.

BBC News. "The Mint countries: next economic giants?" *BBC News*. Disponível em <http://www.bbc.co.uk/news/magazine-25548060>. Acesso em 6 de janeiro de 2014.

_____. "Brics summit of emerging nations to explore bank plan". *BBC News*. Disponível em <http://www.bbc.com/news/world-asia-17545347>. Acesso em 29 de março de 2012.

Beech, Hannah. "Russian intervention in Crimea puts China in awkward spot". *Time*. Disponível em <http://world.time.com/2014/03/04/russia-crimea-ukraine-china/>. Acesso em 4 de março de 2014.

Bellamy, Alex J. "R2P – Dead or Alive". In: Brosig, Malte (ed.). *The Responsibility to Protect – from evasive to reluctant action? The role of global middle powers*. Pretória: Institute for Security Studies, 2012, pp. 11-28.

_____.*Global politics and the Responsibility to Protect: from words to deeds*. Londres: Routledge, 2011.

_____."Libya and the Responsibility to Protect: the exception and the norm". *Ethics and International Relations* 25, n. 3, (2011): 263-269. doi: 10.1017/S0892679411000219.

Bellamy, Alex J. & Williams, Paul D. "The new politics of protection? Côte d'Ivoire, Libya and the Responsibility to Protect". *International Affairs* 87, n. 4 (2011): 825-850. doi:10.1111/j.1468-2346.2011.01006.x.

Betts, Richard K. "Institutional imperialism". *The National Interest*, maio/junho, 2011. Disponível em <ttp://nationalinterest.org/bookreview/institutional-imperialism-5176?page=5>.

Bhattacharya, Amar & Romani, Mattia & Stern, Nicholas. "Infrastructure for development: meeting the challenge". *Centre for Climate Change Economics and Policy*. Disponível em <http://www.cccep.ac.uk/Publications/Policy/docs/PP-infrastructure-for-development-meeting-the-challenge.pdf>.

Bivar, Wasmália *et al* (eds.). "BRICS joint statistical publication 2013". Disponível em <http://www.statssa.gov.za/news_archive/Docs/FINAL_BRICS%20PUBLICATION_PRINT_23%20MARCH%202013_Reworked.pdf>.

Bosco, David. "Abstention games on the Security Council". *Foreign Policy*. Disponível em <ttp://bosco.foreignpolicy.com/posts/2011/03/17/abstention_games_on_the_security_council>. Acesso em 17 de março de 2011.

Brautigam, Deborah. *The dragon's gift: the real story of China in Africa*. Oxford: Oxford University Press, 2010.

Brazilian Development Bank. "BNDES signs agreement with BRICS development banks". *BNDS*. Disponível em <http://www.bndes.gov.br/SiteBNDES/bndes/bndes_en/Institucional/Press/Noticias/2011/20110414_BNDES_BRICS.html>. Acesso em 14 de abril de 2011.

BRIC Agriculture and Agrarian Development Ministers. "Moscow Declaration of BRIC Agriculture and Agrarian Development Ministers". Disponível em <http://www.brics.mid.ru/brics.nsf/WEBmitBric/F6203BC7DD5FE-0DDC32578DC002DFCDA>.

BRICS Business Forum. "Joint Statement of the BRICS Business Forum 2012". BrazilIndia. Disponível em <http://www.brazilindia.com/bricsstatement.pdf>.

BRICS Group's Leaders. "BRIC's Joint Statement on Global Food Security". Official Web Portal of President of Russia. Disponível em <http://archive.kremlin.ru/eng/text/docs/2009/06/217964.shtml>. Acesso em 16 de junho de 2009.

_____."Joint Statement of the BRIC Countries' Leaders". Trabalho apresentado na Reunião em Ecaterimburgo, Rússia, 16 de junho, 2009. Disponível em <http://archive.kremlin.ru/eng/text/docs/2009/06/217963.shtml>.

BRICS Health Ministers. *Joint Communiqué of the BRICS Member States on Health Tuesday 22 May, 2012*. Genebra, 2012. Disponível em <http://www.geneva.mid.ru/speeches/71.html>.

_____. *South Africa 7th November 2013, Cape Town Communiqué*. Cape town: third health Ministers Meeting, 2013. Disponível em <http://www.brics5.co.za/3rd-health-ministers-meeting-south-africa-7th-november-2013-cape-town-communique/>.

BRICS Information Center. "2011 Sanya BRICS Summit Compliance Report". *BRICS Information Centre*. Disponível em <http://www.brics.utoronto.ca/compliance/2011-sanya.html>. Acesso em 27 de março de 2012.

_____."Action Plan 2012-2016 for Agricultural Cooperation of BRICS Countries". *BRICS Information Centre*. Disponível em <http://www.brics.utoronto.ca/docs/111030-agriculture-plan.html>. Acesso em 30 de outubro de 2011.

_____. "BRICS Finance Communiqué". *BRICS Information Centre*. Disponível em <http://www.brics.utoronto.ca/docs/090314-finance.html>. Acesso em 14 de março de 2009.

_____."BRICS Health Minister's Meeting Beijing Declaration". *BRICS Information Centre. Disponível em* <http://www.brics.utoronto.ca/docs/110711-health.html>. Acesso em 11 de julho de 2011.

BRICS Ministers of Agriculture and Agrarian Development. *BRICS Agricultural Action*. Chengdu, 2011. Disponível em <http://www.brics5.co.za/about-brics/sectorial-declaration/agriculture-ministers-meeting/brics-agricultural-action/>.

BRICS Think Tanks Council. *Declaration on the establishment of the BRICS Think Tanks Council*. Disponível em <http://www.safpi.org/sites/default/files/publications/brics_think_tanks_council_declaration_201303.pdf>.

Brooks, Stephen G. & Wohlforth, William C. "American primacy in perspective". *Foreign Affairs*, julho/agosto (2002): 20-33. Disponível em <http://www.foreignaffairs.com/articles/58034/stephen-g-brooks-and-william-c-wohlforth/american-primacy-in-perspective>.

Brzezinski, Zbigniew. "After America". *Foreign Policy* Disponível em <http://www.foreignpolicy.com/articles/2012/01/03/after_america>. Acesso em 3 de janeiro de 2012.

BuaNews. "Zuma visit strengthens SA, Russia ties". *SouthAfrica.info*. Disponível em <http://www.southafrica.info/news/international/russia-060810.htm#.UTtTHjdhDnc>. Acesso em 6 de agosto de 2010.

Cardoso, Eduardo de Proft. "BNDES and other development banks in the BRICS sign cooperation agreements". *XING*. Disponível em <http://www.xing.com/net/brasilienpv/finanzierung-finance-767971/bndes-and-other-development-banks-in-the-brics-sign-cooperation-agreements-44033015/44033015/#44033015>. Acesso em 25 de abril de 2013.

Cardoso, Fernando Henrique. "An age of citizenship". *Foreign Policy* 119 (verão de 2000): 40-43.

Castañeda, Jorge G. "Not ready for prime time". *Foreign Affairs*, setembro/outubro 2010. Disponível em <http://www.foreignaffairs.com/articles/66577/jorge-g-castaneda/not-ready-for-prime-time>.

Center for Latin American and Latino Studies. "From Mexico to Brazil, how is the Ukraine crisis playing in Latin America?" *The Christian Science Monitor*. Disponível em <http://www.csmonitor.com/World/Americas/Latin-America-Monitor/2014/0317/From-Mexico-to-Brazil-how-is-the-Ukraine-crisis-playing-in-Latin-America>. Acesso em 17 de março de 2014.

Chan, John. "BRICS summit denounces "use of force" against Libya". *World Socialist Web Site*. Disponível em <http://www.wsws.org/en/articles/2011/04/bric-a18.html>. Acesso em 18 de abril de 2011.

Chase, Robert et al. *The pivotal states: a new framework for US policy in the developing world*. Nova York: Norton de 1999.

Chen, Amy. "BRICS ministers to tackle access to medicines". *American University Intellectual Property Brief*. Disponível em <http://www.ipbrief.net/2014/05/26/brics-ministers-to-tackle-access-to-medicines/>. Acesso em 26 de maio de 2014.

Cheng, Guangjin & Wu, Jiao. "Zuma praises China's Africa role". *China Daily* Disponível em <http://www.chinadaily.com.cn/world/2010-08/26/content_11203802.htm>. Acesso em 26 de agosto de 2010.

Cheng, Hui Fang et al. "A future global economy to be built by BRICs". *Global Finance Journal* 18, no. 2, (2007): 143-157. doi: 10.1016/j.gfj.2006.04.003.

China Daily. "BRICS nations agricultural ministers conference held". Disponível em <http://www.chinadaily.com.cn/regional/2011-11/09/content_14065867.htm>. Acesso em 9 de novembro de 2011.

_____."BRICS officials meet on national security". Disponível em <http://usa.chinadaily.com.cn/world/2013-12/06/content_17158710.htm>. Acesso em 6 de dezembro de 2013.

_____."Russia hosts first BRIC summit". Disponível em <http://www.chinadaily.com.cn/world/2009-06/16/content_8290334.htm>. Acesso em 16 de junho de 2009.

_____."Zuma rejects criticism on China's African policy". Disponível em <http://www.chinadaily.com.cn/china/2010-08/25/content_11203429.htm>. Acesso em 25 de agosto de 2010.

China Radio International. "BRICS inter-bank cooperation mechanism annual meeting held in Sanya". Disponível em<http://english.cri.cn/6909/2011/04/13/2743s631886.htm>. Acesso em 13 de abril de 2011.

Chinese People's Association for Friendship with Foreign Countries. "First BRICS Friendship Cities and Local Governments Cooperation Forum". Disponível em <http://en.cpaffc.org.cn/content/details19-22382.html>. Acesso em 6 de dezembro de 2011.

Civil Russia. "The BRICS countries can combat HIV/AIDS epidemic together". Disponível em <http://www.g20civil.com/newsg20/4225/>. Acesso em 14 de maio de 2014.

Cohen, Stephen Philip. *India: emerging power*. Washington, D.C.: Brookings Institution Press, 2002.

Council on Foreign Relations. "BRIC Summit Joint Statement, April 2010". Disponível em <http://www.cfr.org/brazil/bric-summit-joint-statement-april-2010/p21927>. Acesso em 15 de abril de 2010.

_____."BRICS Health Ministers Meeting: Beijing Declaration". Disponível em <http://www.cfr.org/emerging-markets/brics-health-ministers-meeting-beijing-declaration/p25620>. Acesso em 11 de julho de 2011.

_____."BRICS Summit: Delhi Declaration". Disponível em <http://www.cfr.org/brazil/brics-summit-delhi-declaration/p27805>.

_____."The case for IMF quota reform". Disponível em <http://www.cfr.org/international-organizations-and-alliances/case-imf-quota-reform/p29248>. Acesso em 11 de outubro de 2012.

Cozendey, Carlos Márcio. "BRIC a BRICS em um mundo em transformação. In: Pimentel, José Vicente de Sá & Ricupero, Rubens & Amara, Sérgio (eds.). *O Brasil, os BRICS e a Agenda Internacional.* Brasília: Fundação Alexandre de Gusmão, 2012, pp. 107-116.

Daalder, Ivo H., & Stavridis, James. "NATO's victory in Libya: the right way to run an intervention". *Foreign Affairs*, março/abril de 2012. Disponível em <http://www.foreignaffairs.com/articles/137073/ivo-h-daalder-and-james--g-stavridis/natos-victory-in-libya>.

Davies, Martyn. "South Africa, the BRICS and new models of development". *Boao Review.* Disponível em <http://www.boaoreview.com/perspective/2012/1121/10.html>. Acesso em 25 de novembro de 2012.

Desai, Radhika. "The Brics are building a challenge to Western economic supremacy". *The Guardian.* Disponível em <http://www.guardian.co.uk/commentisfree/2013/apr/02/brics-challenge-western-supremacy>. Acesso em 2 de abril de 2013.

Doyle, Michael W. "Kant, liberal legacies, and foreign affairs". *Philosophy and Public Affairs* 12, no. 4 (1983): 323-353.

_____."Liberalism and world politics". *The American Political Science Review* 80, no. 4 (1986): 1.151-1.169.

Dreher, Axel. "IMF conditionality: theory and evidence". Public Choice 141 (2009).

Dyer, Geoff. "China becomes third largest economy". *Financial Times.* Disponível em <http://www.ft.com/intl/cms/s/0/8d9337be-e245-11dd-b1dd-0000779fd2ac.html>. Acesso em 14 de janeiro, 2009.

Eberstadt, Nicholas. "The dying bear". *Foreign Affairs.* Disponível em <http://www.foreignaffairs.com/articles/136511/nicholas-eberstadt/the-dying-bear>. Acesso em 2 de novembro de 2011.

Eichengreen, Barry. "Banking on the BRICS". *Project Syndicate.* Disponível em <https://www.project-syndicate.org/commentary/barry-eichengreen-is--bullish-on-the-group-s-new-development-bank--but-not-on-its-contingent--reserve-arrangement>. Acesso em 13 de agosto de 2014.

Elden, Stuart. "Contingent sovereignty, territorial integrity and the sanctity of borders". *SAIS review* 26, no. 1 (2006): 11-24.

El-Shenawi, Eman. "The BRIC. The BRICS. The who?" *Al Arabia News*. Disponível em <http://english.alarabiya.net/articles/2011/06/13/153140.html>. Acesso em 13 de junho de 2011.

Esselborn, Priya. "BRICS suchen gemeinsame Positionen". *DW*, 28 de março, 2012. Disponível em <http://www.dw.de/brics-suchen-gemeinsame-positionen/a-15843332>.

eThekiwini Municipality. "City hosts 2nd BRICS Urbanisation Forum". Disponível em <http://www.durban.gov.za/Resource_Centre/new2/Pages/City-hosts-2nd-BRICS-Urbanisation-Forum.aspx>.

Evans, Gareth. "The Responsibility to Protect in action". *The Stanley Foundation Courier* 74 (2012): 4-5. Disponível em <http://www.stanleyfoundation.org/articles.cfm?id=721>.

Faulconbridge, Guy. "Developing world leaders show new power at summits". *Reuters*. Disponível em <http://www.reuters.com/article/2009/06/16/us-summit-idUSTRE55F02F20090616?feedType=RSS&feedName=topNews>. Acesso em 16 de junho de 2009.

Federação das Indústrias do Estado de São Paulo. "Análise COMDEFESA: integração sul-americana em defesa: perspectivas e desafios". Disponível em <http://www.fiesp.com.br/indices-pesquisas-e-publicacoes/integracao-sul-americana-em-defesa-perspectivas-e-desafios/>.

Federative Republic of Brazil. Federal Supreme Court. "I Exchange Program for Judges". *Portal do STF*. Disponível em <http://www2.stf.jus.br/portalStfInternacional/cms/verConteudo.php?sigla=portalStfCooperacao_en_us&idConteudo=160011>.

_____. & Ministério da Fazenda. "Emerging countries: world crisis imposes new financial regulation". Disponível em <http://www.fazenda.gov.br/noticias/2008/novembro/a071108c>.

_____. & Ministério das Relações Exteriores do Brasil. "Cúpula dos Chefes de Estado e de Governo dos BRICs – Ecaterimburgo, 16 de junho de 2009 – Declaração Conjunta". Última atualização em 17 de junho, 2009. Disponível em <http://www.itamaraty.gov.br/sala-de-imprensa/notas-a-imprensa/2009/06/17/cupula-dos-chefes-de-estado-e-de-governo-dos-brics>.

Fifth BRICS Summit. "Third Meeting of The BRICS Ministers of Agriculture and Agrarian Development, Pretoria, South Africa: 29 October 2013". Disponível em <http://www.brics5.co.za/third-meeting-of-the-brics-ministers-of-agriculture-and-agrarian-development-pretoria-south-africa-29-october-2013/>.

_____. *Declaration Friendship Sities and Local Government Cooperation Forum.* KwaZulu-Natal: Fifth BRICS Summit, 2013. Disponível em <http://www.brics5.co.za/assets/Declaration-Friendship-Cities-and-Local-Government-Cooperation-Forum-November-28th-2013-The-Durban-Declaration-II-KwaZulu--Natal-South-Africa.pdf>.

_____. *Fifth BRICS Summit Declaration and Action Plan. BRICS and Africa: Partnership for Development, Integration and Industrialization.* Durban: Fifth BRICS Summit, 2013. Disponível em <http://www.brics5.co.za/fifth-brics-summit--declaration-and-action-plan/>.

Financial Times. "World calls time on Western rules". Disponível em <http://www.ft.com/cms/s/0/9205153a-196f-11e4-8730-00144feabdc0.html#ixzz3B7K5RBlE>. Acesso em 1º de agosto de 2014.

First BRIC Meeting of Finance Ministers. *Brazil, Russia, India and China First Meeting of Finance Ministers Joint Communiqué.* [São Paulo: Primeira Reunião de ministros das Finanças do BRIC, 2008.] Disponível em <http://www.brics5.co.za/about-brics/sectorial-declaration/financial-ministers-meeting/first-meeting-of-finance-ministers/>.

First BRIC Summit. *Second Summit- Joint Statement April 16, 2010.* Brasília, 2010. Disponível em <http://www.brics5.co.za/about-brics/summit-declaration/second-summit/>.

First BRICS Science, Technology and Innovation Ministerial Meeting. *Cape Town Declaration.* [Cidade do Cabo: Primeira Reunião Ministerial de Ciência, Tecnologia e Inovação do BRICS, 2014.] Disponível em <http://www.brics5.co.za/assets/BRICS-STI-CAPE-TOWN-COMMUNIQUE-OF-10-FEBRUARY-2014.pdf>.

Florini, Ann. "Rising Asian powers and changing global governance". *International Studies Review* 13, no. 1 [2011]: 24-33. doi: 10.1111/j.1468-2486.2010.00995.x.

Foley, Stephen. "How Goldman Sachs took over the world". *The Independent* Disponível em <http://www.independent.co.uk/news/business/analysis--and-features/how-goldman-sachs-took-over-the-world-873869.html>. Acesso em 22 de julho de 2008.

Follath, Erich. "Goldman Sachs' Jim O'Neill: BRICS 'have exceeded all expectations'". *Spiegel Online.* Disponível em <http://www.spiegel.de/international/business/departing-goldman-sachs-exec-still-sees-bright-future-for-bric--nations-a-890194.html>. Acesso em 21 de março de 2013.

Forsythe, Michael. "BRICS prod China's Hu to import value-added goods as well as raw materials". *Bloomberg News*. Disponível em <http://www.bloomberg.com/news/2011-04-13/countries-at-brics-summit-push-china-to-import-more--airliners-medicines.html>. Acesso em 13 de abril de 2011.

Foster, Vivien & Briceño-Garmendia, Cecilia. "Africa's infrastructure: a time for transformation". *The World Bank*. Disponível em <http://siteresources.worldbank.org/INTAFRICA/Resources/aicd_overview_english_no-embargo.pdf>. Acesso em 12 de novembro de 2009.

Fues, Thomas. "Global governance beyond the G8: reform prospects for the summit architecture". IPG 2 (2007): 11-24.

Gallas, Daniel. "BRICs condicionam dinheiro extra para o FMI à reforma da instituição". *BBC Brasil*. Disponível em <http://www.bbc.co.uk/portuguese/noticias/2009/03/090313_uk_g20_fmi_rc.shtml>. Acesso em 13 de março de 2009.

Garten, Jeffrey E. *The Big Ten: the big emerging markets and how they will change our lives*. Nova York: Basic Books, 1997.

Gilleard, Mattew. "BRICS's tax authorities to exchange information". *TP Week*. Disponível em <http://www.tpweek.com/article/3145138/BRICSs-tax--authorities-to-exchange-information.html>. Acesso em 23 de janeiro de 2013.

Gilpin, Robert. *War and change in world politics*. Cambridge: Cambridge University Press, 1981.

Global Times. "Raw power on display in Ukraine crisis". *Global Times*. Disponível em <http://www.globaltimes.cn/content/845722.shtml?_ga=1.147760628.210059388.1393966851#.UxZJWF6U0oZ>. Acesso em 3 de março de 2014.

Global Water Partnership. "Water and food security – experiences in India and China". [Estocolmo: Global Water Partnership.] Disponível em <http://www.gwp.org/Global/ToolBox/Publications/Technical%20Focus%20Papers/03%20Water%20and%20Food%20Security%20-%20Experiences%20in%20India%20and%20China%20%282013%29.pdf>.

Goldstone, Jack. "Rise of the TIMBIs". *Foreign Policy*. Disponível em <http://www.foreignpolicy.com/articles/2011/12/02/rise_of_the_timbis>. Acesso em 2 de dezembro de 2011.

Gómez, Eduardo J. "Smart development: how Colombia, Mexico, and Singapore beat the BRICS". *Foreign Affairs*. Disponível em <http://www.foreignaffairs.com/articles/140713/eduardo-j-gomez/smart-development>. Acesso em 5 de fevereiro de 2014.

Government of India. Ministry of External Affairs. "BRICS [Brazil, Russia, India, China and South Africa] – A snapshot". Agosto, 2011. Disponível em <http://meaindia.nic.in/staticfile/BRICaugust2011.pdf>.

_____. & Department: International Relations and Cooperation Republic of South Africa. "Chairperson's statement on the BRICS Foreign Ministers Meeting held on 24 March 2014 in The Hague, Netherlands". Disponível em <http://www.dfa.gov.za/docs/2014/brics0324.html>.

_____.& Ministry of External Affairs. "BRICS [Brazil, Russia, India, China and South Africa]". Abril, 2013. Disponível em <http://www.mea.gov.in/Portal/ForeignRelation/BRICS_for_XP_April_2013.pdf>.

_____."Fourth BRICS Summit – Delhi Declaration". Última atualização em 29 de março de 2012. Disponível em <http://mea.gov.in/bilateral-documents.htm?dtl/19158/Fourth+BRICS+Summit++Delhi+Declaration>.

_____."IBSA trust fund receives MDG Award". *Media Centre of Ministry of External Affairs*. Disponível em <http://mea.gov.in/press-releases.htm?dtl/861/IBSA+Trust+Fund+Receives+MDG+Award>. Acesso em 21 de setembro de 2010.

_____. "Transcript of Prime Minister's interview with Russian journalists". Disponível em <http://mea.gov.in/outoging-visit-detail.htm?16754/Transcript+of+Prime+Ministers+Interview+with+Russian+journalists>. Acesso em 15 de dezembro de 2011.

_____. & Ministry of Finance. "Heads of the revenue of BRICS countries identifies seven areas of tax policy and tax administration for extending their mutual cooperation; joint communique issued after two day meeting of the heads of revenue of BRICS countries". *Press Information Bureau*. Disponível em <http://pib.nic.in/newsite/erelease.aspx?relid=91684>. Acesso em 18 de janeiro de 2013.

_____. & Ministry of Health and Family Welfare. "The second Brics health ministers' meet began in New Delhi today". *Press Information Bureau*. Disponível em <http://pib.nic.in/newsite/PrintRelease.aspx?relid=91480>. Acesso em 10 de janeiro de 2013.

Graham, Suzanne. "South Africa's UN General Assembly voting record from 2003 to 2008: comparing India, Brazil and South Africa". Politikon: South African Journal of Political Studies 38, n. 3, (2011): 417.

Gratius, Susanne *et al*. "IBSA: an international actor and partner for the EU? Activity brief". *FRIDE*, 2008. http://fride.org/descarga/WP63_IBSA2_International_Actor_ENG_jul08.pdf.

Gray, Kevin & Murphy, Craig N. "Introduction: rising powers and the future of global governance". *Third World Quarterly* 34, n. 2 (2013). doi: 10.1080/01436597.2013.775778.

Grimes, William W. "The Asian Monetary Fund reborn? Implications of Chiang Mai Initiative multilateralization". *Asia Policy*, n. 11 (2011): 79-10. Disponível em <http://muse.jhu.edu/login?auth=0&type=summary&url=/journals/asia_policy/v011/11.grimes.html>.

Grudgings, Stuart. "Russia, Brazil call first BRIC summit for 2009". *Reuters*. Disponível em <http://www.reuters.com/article/2008/11/26/us-brazil-russia--idUSTRE4AP5H220081126>. Acesso em 26 de novembro de 2008.

Guimarães, Samuel Pinheiro. *Desafios brasileiros na era dos gigantes*. Rio de Janeiro: Contraponto, 2006.

Habib, Adam. "South Africa's foreign policy: hegemonic aspirations, neoliberal orientations and global transformation". *South African Journal of International Affairs* 16, n. 2 (2009): 143-159. doi: 10.1080/10220460903265857.

Hall, Peter. "Are the BRICS' economies slowing permanently?" *Huffington Post*. Disponível em <http://www.huffingtonpost.ca/peter-hall/birc--economies_b_3949741.html>. Acesso em 18 de setembro de 2013.

Harding, Robin & Leahy, Joseph & Hornby, Lucy. "Taking a stand". *Financial Times*. Disponível em <http://www.ft.com/intl/cms/s/0/875d6570-0cc6-11e4--bf1e-00144feabdc0.html#axzz37xAfTvM5>. Acesso em 16 de julho de 2014.

Harmer, Andrew et al. "'BRICS without straw'? A systematic literature review of newly emerging economies' influence in global health". *Globalization and Health* (2013): 9-15. Disponível em <http://www.globalizationandhealth.com/content/9/1/15>.

Henning, C. Randall. "The future of the Chiang Mai Initiative: an Asian Monetary Fund?" *Peterson Institute for International Economics*, fevereiro, 2009. Disponível em <http://jfedcmi.piie.com/publications/pb/pb09-5.pdf>.

Hervieu, Sébastien. "South Africa gains entry to Bric club". *The Guardian*. Disponível em <http://www.guardian.co.uk/world/2011/apr/19/south-africa--joins-bric-club>. Acesso em 19 de abril de 2011.

Houlton, Susan. "First BRIC summit concludes". *DW*. Disponível em <http://www.dw.de/first-bric-summit-concludes/a-4335954>. Acesso em 16 de junho de 2009.

Huntingon, Samuel. "The lonely superpower". *Foreign Affairs*, março/abril 1999. Disponível em <http://www.foreignaffairs.com/articles/54797/samuel-p--huntington/the-lonely-superpower>.

Hurrell, Andrew. "Lula's Brazil: a rising power, but going where?" Current History 107 (2008): 51-57.

_____. Hegemony, liberalism and global order: what space for would-be great powers? *International Affairs* 82, 1 (2006): 1-19. Disponível em <http://www.chathamhouse.org/sites/files/chathamhouse/public/International%20Affairs/Blanket%20File%20Import/inta_512.pdf>.

Ignatieff, Michael. "How Syria divided the world". *The New York Review of Book*. Disponível em <http://www.nybooks.com/blogs/nyrblog/2012/jul/11/syria-proxy-war-russia-china>. Acesso em 11 de julho de 2012.

Ikenberry, G. John. "The future of the liberal world order". Foreign Affairs 90, n. 3 (2011): 56-68.

_____. "The rise of China and the future of the West. Can the liberal system survive?" *Foreign Affairs*, janeiro/fevereiro, 2008. Disponível em <http://www.foreignaffairs.com/articles/63042/g-john-ikenberry/the-rise-of-china-and-the-future-of-the-west>.

_____. *After Victory. Institutions, strategic restraint, and the rebuilding of order after major wars*. Princeton, NJ: Princeton University Press, 2001

_____. *Liberal Leviathan: the origins, crisis, and transformation of the American world order*. Princeton: Princeton University Press, 2012.

_____. "The intertwining of domestic and international politics". *Polity* 29, n. 2 (1996), 293-298. doi: 10.2307/3235304.

Industrial Development Corporation. "Trade report: BRICS trade performance, focusing on South Africa". *IDC* agosto, 2013. Disponível em <http://www.idc.co.za/images/Content/IDC_research_report_BRICS_trade_performance_focusing_on_South_Africa.pdf>.

Instituto de Pesquisa Econômica Aplicada. "The forum". *BRICS 6º Fórum Acadêmico*. Disponível em <http://www.ipea.gov.br/forumbrics/en/the-forum.html>.

International Monetary Fund & World Bank. "World Bank Group International Monetary Fund 2009 Spring Meetings". *IMF*. Disponível em <http://www.imf.org/external/spring/2009/>.

James, Harold. "The rise of the BRICs". *Project Syndicate*. Disponível em <http://www.project-syndicate.org/commentary/the-rise-of-the-brics>. Acesso em 16 de abril de 2008.

Jentleson, Bruce W. and Steven Weber. "America's Hard Sell". Foreign Policy. Disponível em <http://www.foreignpolicy.com/articles/2008/10/15/america_s_hard_sell>. Acesso em 15 de outubro de 2008

Jiao, Wu. "China, Russia vow to boost relations". *China Daily*. Disponível em <http://www.chinadaily.com.cn/china/brics2011/2011-04/14/content_12322482.htm>. Acesso em 14 de abril de 2011.

Jinwei, Ming. "News analysis: what can world learn from BRICS summit in Sanya?" *Xinhua*. Disponível em <http://news.xinhuanet.com/english2010/china/2011-04/15/c_13829493.htm>. Acesso em 15 de abril de 2011.

Johnson, Males & Baer, Justin. "O'Neill heads Goldman division". *Financial Times*, Disponível em <http://www.ft.com/cms/s/30e3de30-bcdf-11df-89ef--00144feab49a>. Acesso em 11 de setembro de 2010.

Johnston, Alastair Iain. "Is China a status quo power?" *International Security* 27, n. 4 (2003): 5-56. doi: 10.1162/016228803321951081.

Jurado, Elena. "A Responsibility to Protect?" *New Statesman*. Disponível em <http://www.newstatesman.com/asia/2008/08/russia-international-georgia-2>. Acesso em 15 de agosto de 2008.

Kant, Immanuel. *To Perpetual Peace. A philosophical sketch*. Indianapolis: Hackett Publishing Company, 2003.

Karabell, Zachary. "Our imperial disdain for the emerging world". *Reuters*. Disponível em <http://blogs.reuters.com/edgy-optimist/2013/08/23/our-imperial-disdain-for-the-emerging-world/>. Acesso em 23 de agosto de 2013.

Kasturi, Charu Sudan. "India bats for Russia interests". *The Telegraph*. Disponível em <http://www.telegraphindia.com/1140307/jsp/frontpage/story_18054272.jsp#.U6D4Pi9hsXw>. Acesso em 6 de março de 2014.

Kawai, Mashiro. "From the Chiang Mai Initiative to an Asian Monetary Fund". In: Sachs, Jeffrey & Kawai, D. Masahiro & Lee, Jong-Wha & Woo (eds.). *The Future Global Reserve System-an Asian Perspective*, pp. 9-10. Instituto do Banco Asiático de Desenvolvimento, 2010. Disponível em <http://aric.adb.org/grs/report.php?p=Kawai%205>.

Keck, Zachary. "Why did BRICS back Russia on Crimea?" *The Diplomat*. Disponível em <http://thediplomat.com/2014/03/why-did-brics-back-russia-on-crimea/>. Acesso em 31 de março, 2014.

Keeler, Chris. "The end of the Responsibility to Protect?" *Foreign Policy Journal* Disponível em <http://www.foreignpolicyjournal.com/2011/10/12/the-end-of-the-responsibility-to-protect/>. Acesso em 12 de outubro de 2011.

Kenkel, Kai Michael. "Brazil and R2P: does taking responsibility mean using force?" *Global Responsibility to Protect* 4, n. 1 (2012): 5-32. doi: 10.1163/187598412X619649.

Kennan, George F. *Around the cragged hill: a personal and political philosophy*. Nova York: W. W. Norton & Company, 1994.

Kent, Jo Ling. "Leaders at BRICS Summit speak out against airstrikes in Libya". *CNN*. Disponível em <http://edition.cnn.com/2011/WORLD/asiapcf/04/14/china.brics.summit/>. Acesso em 15 de abril de 2011.

Kotch, Nicholas. "Russia thanks SA for 'balance' on Ukraine". *Business Day*. Disponível em <http://www.bdlive.co.za/world/europe/2014/04/04/russia--thanks-sa-for-balance-on-ukraine>. Acesso em 4 de abril, 2014.

Kowitt, Beth. "For Mr. BRIC, nations meeting a milestone". *CNN Money*. Disponível em <http://money.cnn.com/2009/06/17/news/economy/goldman_sachs_jim_oneill_interview.fortune/index.htm>. Acesso em 17 de junho de 2009.

Kramer, Andrew E. "Emerging economies meet in Russia". *The New York Times*. Disponível em <http://www.nytimes.com/2009/06/17/world/europe/17bric.html?_r=0>. Acesso em 16 de junho de 2009.

Krasner, Stephen D. *Structural conflict: the Third World against global liberalism*. Berkeley: University of California Press, 1985.

Krauthammer, Charles. "The unipolar moment". *Foreign Affairs* 70, n.1 (1990): 23-33.

Krishnan, Ananth. "After RIC meeting, China backs Pak on terror". *The Hindu* Disponível em <http://www.thehindu.com/news/international/after-ric--meeting-china-backs-pak-on-terror/article5342608.ece>. Acesso em 12 de novembro de 2013.

Kundu, Nivedita Das. "Russia-India-China: trilateral cooperation and prospects". *Valdai Discussion Club*. Disponível em <http://valdaiclub.com/asia/42620.html>. Acesso em 14 de maio de 2012

Kurtz, Daniel. "Guest post: defending the IBSA model". *Financial Times*. Disponível em <http://blogs.ft.com/beyond-brics/2013/04/29/guest-post-defending--the-ibsa-model/?Authorised=true#axzz2hho4pJ6d>. Acesso em 29 de abril de 2013.

_____."What is IBSA anyway?" *Americas Quarterly*, primavera 2013. Disponível em <http://www.americasquarterly.org/content/what-ibsa-anyway>.

Ladd, Paul. "Between a rock and a hard place". In: Rathin Roy & Melissa Andrade (eds.). *Poverty in Focus – South-South Cooperation: The Same Old Game or a New Paradigm?*, pp. 5-6. Brasília: International Policy Centre for Inclusive Growth, 2009. Disponível em <http://www.ipc-undp.org/pub/IPCPovertyInFocus20.pdf>.

Landler, Mark. "Healthy countries to receive I.M.F. loans". *The New York Times*. Disponível em <http://www.nytimes.com/2008/10/30/business/worldbusiness/30global.html>. Acesso em 29 de outubro, 2008.

Landsberg, Chris. "Pax South Africana and the Responsibility to Protect". *Global Responsibility to Protect* 2, n. 4 (2010): 436-457.

Laurson, Jens F. & Pieler, George. "A 'BRICs' bank? No thanks, the IMF and World Bank are bad enough". *Forbes*. Disponível em <http://www.forbes.com/sites/laursonpieler/2013/04/22/a-brics-bank-no-thanks-the-imf-and-world-bank-are-bad-enough/>. Acesso em 22 de abril, 2013

Leão, Valdemar Carneiro. "BRICS: identidade e agenda econômica". In: José Vicente de Sá Pimentel & Rubens Ricupero & Sérgio Amaral (eds.). *O Brasil, os BRICS e a Agenda Internacional*, pp. 49-56. Brasília: Fundação Alexandre de Gusmão, 2012.

Lindberg, Leon N. *The political dynamics of European economic integration*. Califórnia: Stanford University Press, 1963.

Liyu, Lin. "G20 ministers tackle economic crisis". *China View*. Disponível em <http://news.xinhuanet.com/english/2009-03/15/content_11014440.htm>. Acesso em 15 de março de 2009.

Lloyd, John & Turkeltaub Alex. "India and China are the only real Brics in the wall". *Financial Times*. Disponível em <http://www.ft.com/intl/cms/s/0/6fd3b4c6-833b-11db-a38a-0000779e2340.html#axzz35USA1sYT>. Acesso em 4 de dezembro de 2006.

Luck, Edward. "The Responsibility to Protect: the first decade". *Global Responsibility to Protect* 3, no. 4 (2011): 397.

Macfarlane, S. Neil. "The 'R' in BRICs: is Russia an emerging power?" *International Affairs* 82, no. 1 (2006): 41-57. doi: 10.1111/j.1468-2346.2006.00514.x

Madan, Tanvi. "India's reaction to the situation in Ukraine: looking beyond a phrase". *Brookings*. Disponível em <http://www.brookings.edu/blogs/up-front/posts/2014/03/14-ukraine-india-madan>. Acesso em 14 de março de 2014.

Magubane, Khulekani. "Civil society groups plan parallel summits as Brics countries meet in Durbanhttp". Disponível em <http://www.bdlive.co.za/national/2013/03/04/civil-society-groups-plan-parallel-summits-as-brics--countries-meet-in-durban>. Acesso em 4 de março de 2013.

Mail & Guardian. "Zuma seeks to boost trade links with India". Disponível em <http://mg.co.za/article/2010-06-03-zuma-seeks-to-boost-trade-links-with--india>. Acesso em 3 de junho de 2010.

Malcomson, D. *South African minister on South Africa joining BRIC for better Africa*. [Entrevista concedida a China.com.cn] Disponível em <http://www.focac.org/eng/zfgx/t808932.htm>. Acesso em 28 de dezembro de 2010.

Mance, Henry. "Global shift: a bank of and for the Brics is in the air". *Financial Times* Disponível em <http://www.ft.com/intl/cms/s/0/63400496-024f-11e2-8cf8-00144feabdc0.html#axzz2TV0h9qg4>. Acesso em 23 de setembro de 2012.

Mander, Benedict. "Multinational lending: mutual aid works for Latin America". *Financial Times*. Disponível em <http://www.ft.com/intl/cms/s/0/05e0b6e0-017f-11e2-83bb-00144feabdc0.html>. Acesso em 23 de setembro de 2012.

Mansfield, Edward D. & Milner, Helen V. & Rosendorff, B. Peter. "Why democracies cooperate more: electoral control and international trade agreements". *International Organization* 56, n. 3 (2002): 477-513. doi: 10.1162/002081802760199863.

Martin, Eric. "Goldman Sachs MIST topping BRICS as smaller markets outperform". *Bloomberg*. Disponível em <http://www.bloomberg.com/news/2012-08-07/goldman-sachs-s-mist-topping-brics-as-smaller-markets-outperform.html>. Acesso em 7 de agosto de 2012.

_____. "Russia-India-China: the Bush curse". *Global Research*. Disponível em <http://www.globalresearch.ca/russia-india-china-the-bush-curse/16033>. Acesso em 11 de novembro de 2009.

Martins, Américo. "Brasil é o que tem mais a ganhar com formalização dos BRICs". *Estado de S. Paulo*. Disponível em <http://economia.estadao.com.br/noticias/geral,brasil-e-o-que-tem-mais-a-ganhar-com-formalizacao-dos-brics,348205>. Acesso em 1 de abril de 2009.

_____. "Brazil's Lula blames rich for crisis". *BBC*. Disponível em <http://news.bbc.co.uk/2/hi/business/8253318.stm>. Acesso em 13 de setembro de 2009.

Mashabane, Maite N. "The 'S' in BRICS: an African perspective". *South Africa in BRICS*. Disponível em <http://www.southafrica.info/global/brics/mashabane-220113.htm#.UTeJVDcTTh4>. Acesso em 22 de janeiro de 2013.

Masters, Lesley. "The G8 and the Heiligendamm Dialogue process: institutionalising the 'Outreach 5'". *Global Insight* 85 (2008): 1-7. Disponível em <http://www.igd.org.za/publication/Global%20Insight/global_insight_85.pdf>.

Medvedev, Dmitry. "Beginning of meeting with Prime Minister of India Manmohan Singh". *Kremlin*. Disponível em <archive.kremlin.ru/eng/speeches/2009/06/16/2340_type82914_217958.shtml>. Acesso em 16 de junho de 2009.

_____. "Cooperation within BRIC". Disponível em <*Kremlin*archive.kremlin.ru/eng/articles/bric_1.shtml>. Acesso em junho de 2013.

_____. "Opening address at restricted format meeting of BRIC leaders". *Kremlin*. Disponível em <archive.kremlin.ru/eng/speeches/2009/06/16/2230_type82914_217934.shtml>. Acesso em 16 de junho de 2009.

_____. "Press statement following BRIC Group Summit". *Kremlin*. Disponível em <archive.kremlin.ru/eng/speeches/2009/06/16/2300_type-82915type84779_217967.shtml>. Acesso em 16 de junho de 2009.

Messner, Dirk & Humphrey, John. *"China and India in the Global Governance Arena"*. Trabalho apresentado na VII Annual Global Development Conference: At the Nexus of Global Chance. Pre-Conference Workshop on Asian and Other Drivers of Global Chance, 18-19 de janeiro de 2006.

Miles, Tom. "Brazil challenges South Africa over poultry at WTO". *Reuters*. Disponível em <http://www.reuters.com/article/2012/06/22/us-trade-brazil--safrica-poultry-idUSBRE85L0I920120622>. Acesso 22 de junho de 2012.

Mittelman, James H. "Global Bricolage: emerging market powers and polycentric governance". *Third World Quarterly* 34, no. 1 (2013): 23-37. doi: 10.1080/01436597.2013.755355.

Mohanty, Saroj. "India to develop people-centred technology with BRICS partners". *The New Indian Express*. Disponível em <http://www.newindianexpress.com/business/news/India-to-Develop-People-centred-Technology-With-BRICS--Partners/2014/02/16/article2060038.ece>. Acesso 16 de fevereiro de 2014.

Mokoena, Refilwe. "South South cooperation: the case for IBSA". *South African Journal of International Affairs* 14, n. 2 (2007): 125-145. doi: 10.1080/10220460709545499.

Moore, Candice. "BRICS partnership: A case of South-South Cooperation? Exploring the roles of South Africa and Africa". *In Focus*. Disponível em <http://www.igd.org.za/home/206-brics-partnership-a-case-of-south-south--cooperation-exploring-the-roles-of-south-africa-and-africa>. Acesso em 9 de julho de 2012.

Murcha, Thomas. "Throwing BRICs. Emerging countries want a bigger say in running the world. Can you blame them?" *Global Post*. Disponível em <http://www.globalpost.com/dispatch/commerce/090325/throwing-brics>. Acesso em 25 de março de 2009.

Murray, Kieran & Dalgleish, James (eds.). "Emerging BRIC powers and the new world order", *Reuters*. Disponível em <http://in.reuters.com/article/2010/07/07/idINIndia-49935720100707>. Acesso em 7 de julho de 2010.

Mwase, Nkunde & Yang, Yongzheng. "BRICs' philosophies for development financing and their implications for LICs". *IMF Working Paper* 74, n. 12 (2012):1-24.

Naidoo, Sharda. "South Africa's presence 'drags down Brics'". *Mail & Guardian*. Disponível em <http://mg.co.za/article/2012-03-23-sa-presence-drags-down-brics>. Acesso em 23 de março de 2012.

Naidu, Sanusha. "South Africa joins BRIC with China's support". *East Asia Forum*. Disponível em <http://www.eastasiaforum.org/2011/04/01/south-africa-joins-bric-with-china-s-support>. Acesso em 1º de abril de 2011.

Naim, Moises. "In the IMF succession battle, a stench of colonialism". *The Washington Post*. Disponível em <http://www.washingtonpost.com/pb/opinions/in-the-imf-succession-battle-a-stench-of-colonialism/2011/05/19/AF5e6n7G_story.html>. Acesso em 20 de maio de 2011

Narlikar, Amrita. "Bargaining for a Raise? New powers in the international system". *Internationale Politik*, setembro de 2008.

_____. *New powers: how to become one and how to manage them*. Nova York: Columbia University Press, 2010.

National Bureau of Statistics of China. "Mr. Ma Jiantang attended the Fifth Meeting of Heads of National Statistical Offices of BRICS Countries". *National Bureau of Statistics of China*. Disponível em <http://www.stats.gov.cn/english/InternationalCooperation/201312/t20131223_486973.html>. Acesso em 12 de novembro de 2013.

O'Neill, Jim. "Building better global economic BRICs". *Goldman Sachs Global Economics* 66 (2001). Disponível em <http://www.goldmansachs.com/our-thinking/archive/archive-pdfs/build-better-brics.pdf>.

_____. "Leading a continent to a place in Brics and beyond". *Times Live*. Disponível em <http://www.timeslive.co.za/local/2012/04/01/leading-a-continent-to-a-place-in-brics-and-beyond>. Acesso em 1º de abril de 2012.

O'Brien, Emily & Sinclair, Andrew. "The Libyan War: a diplomatic history". *NYU Center of International Cooperation*, agosto 2011. Disponível em <http://cic.es.its.nyu.edu/sites/default/files/libya_diplomatic_history.pdf>.

O'Hanlon, Michael E. "A flawed masterpiece". *Foreign Affairs*, maio/junho 2002. Disponível em <http://www.foreignaffairs.com/articles/58022/michael-e-ohanlon/a-flawed-masterpiece>.

Orford, Anne. "From promise to practice? The legal significance of the Responsibility to Protect concept". Global *Responsibility to Protect 3*, no. 4 (2011): 400-424.

Organization for Economic Co-operation and Development. "Looking to 2060: long-term growth prospects for the world". *OECD Topics*. Disponível em <http://www.oecd.org/economy/lookingto2060.htm>.

_____."Policy challenges for the next 50 years". *OECD*. Disponível em <http://www.oecd.org/economy/lookingto2060.htm>.

Ouro-Preto, Affonso Celso de. "Nova confirmação de poder". In: Sá Pimentel, Ricupero, José Vicente de & Rubens & Amaral, Sérgio (eds.). *O Brasil, os BRICS e a agenda internacional*, pp. 67-79. Brasília: Fundação Alexandre de Gusmão, 2012.

Paikin, Zach. "Responsibility to Protect and the new calculus of genocide". *iPolitics*, 18 de dezembro, 2012. Disponível em <http://www.ipolitics.ca/2012/12/18/responsibility-to-protect-and-the-new-calculus-of-genocide>.

Panda, Ankit. "India will not support western sanctions against Russia". *The Diplomat*. Disponível em <http://thediplomat.com/2014/03/india-will-not-support-western-sanctions-against-russia/>. Acesso em 20 de março de 2014.

Park, Yung Chul & Wang, Yunjong. "The Chiang Mai Initiative and beyond". *The World Economy* 28, n. 1 (2005): 91-101.

Patel, Khadija. "Africa: reporter's notebook – all systems go for BRICS Summit in SA". *allAfrica*. Disponível em <http://allafrica.com/stories/201210100709.html>. Acesso em 10 de outubro de 2012.

_____."Analysis: scrutinizing South Africa's inclusion in BRICS". *Daily Maverick*. Disponível em <http://www.dailymaverick.co.za/article/2012-04-03-analysis-scrutinising-south-africas-inclusion-in-brics>. Acesso em 16 de maio de 2012.

Patrick, Stewart. "Irresponsible stakeholders? The difficulty of integrating rising powers". *Foreign Affairs*, novembro/dezembro 2010. Disponível em <http://www.foreignaffairs.com/articles/66793/stewart-patrick/irresponsible-stakeholders>.

_____."Libya and the future of humanitarian intervention: how Qaddafi's fall vindicated Obama and RtoP". *Foreign Affairs*. Disponível em <http://www.foreignaffairs.com/articles/68233/stewart-patrick/libya-and-the-future-of-humanitarian-intervention>. Acesso em 26 de agosto de 2011.

_____."The role of the US Government in humanitarian intervention". Trabalho apresentado no 43rd Annual International Affairs Symposium, Portland, Oregon, 5 de abril, 2004. Disponível em <http://2001-2009.state.gov/s/p/rem/31299.htm>.

_____. "No profile in courage: Syria, BRICS, and the UNSC". *Council on Foreign Relations*, 5 de outubro, 2011. Disponível em <http://blogs.cfr.org/patrick/2011/10/05/no-profile-in-courage-syria-brics-and-the-unsc/>.

People's Daily. "News analysis: what can world learn from BRICS summit in Sanya?" Disponível em <http://english.people.com.cn/90001/90776/90883/7351134.html>. Acesso em 15 de abril de 2011.

Pinto, Alisha. "India and the BRICS: Summit 2012". *Fair Observer*. Disponível em <http://www.fairobserver.com/article/why-south-africa-brics>. Acesso em 29 de março de 2012.

Plett, Barbara. "UN Security Council middle powers' Arab Spring dilemma". *BBC News*. Disponível em <http://www.bbc.co.uk/news/world-middle-east-15628006>. Acesso em 8 de novembro de 2011.

Polgreen, Lydia. "Group of Emerging Nations Plans to Form Development Bank". *The New York Times*. Disponível em <http://www.nytimes.com/2013/03/27/world/africa/brics-to-form-development-bank.html?_r=1&>. Acesso em 26 de março de 2013.

Política Externa Brasileira. *Embaixador Roberto Jaguaribe Conversa sobre IBAS e BRIC*. Vídeo, 2010. Disponível em <http://www.politicaexterna.com/9606/vdeo-embaixador-roberto-jaguaribe-conversa-sobre-ibas-e-bric>.

Porter, Keith. "Marking ten years of the Responsibility to Protect". *The Stanley Foundation Courier* 74, (2012). Disponível em <http://www.stanleyfoundation.org/articles.cfm?id=720>.

Press Trust of India. "BRICS group pledges to check abuse of tax treaties". *NDTV Profit*. Disponível em <http://profit.ndtv.com/news/economy/article-brics-group-pledges-to-check-abuse-of-tax-treaties-316489>. Acesso em 19 de janeiro de 2013.

Primedia Online. "Only SA doubts BRICS role". *iafrica.com Business*. Disponível em <http://business.iafrica.com/news/846349.html>. Acesso em 5 de março de 2013

Qi, Xinran. "The rise of BASIC in UN climate change negotiations". *South African Journal of International Affairs* 18, no. 3 (2011): 295-318. doi: 10.1080/10220461.2011.622945.

Quanlin, Qiu. "BRICS nations powwow in Sanya". *English.people.cn*, 4 de dezembro, 2011. Disponível em <http://english.peopledaily.com.cn/90883/7664597.html>.

Queen Mary University of London. "The 3rd Annual BRICS Tax Conference". *Queen Mary University of London*. Disponível em <http://www.law.qmul.ac.uk/docs/events/126635.pdf>.

Quigley, Matt. "Achievements lauded as BRICS Summit ends". *The BRICS Post*. Disponível em <http://thebricspost.com/achievements-lauded-as-brics--summit-ends/#.UZbisEq-gqd.> Acesso em 27 de março de 2013

Rachman, Gideon. "America must manage its decline". *Financial Times*. Disponível em <http://www.ft.com/intl/cms/s/0c73f10e-f8aa-11e0-ad8f-00144feab49a>. Acesso em 17 de outubro de 2011.

_____. "America must manage its decline". *Financial Times*. Disponível em <http://www.ft.com/intl/cms/s/0/0c73f10e-f8aa-11e0-ad8f-00144feab49a.html>. Acesso em 17 de outubro de 2011.

_____. "American nightmare". *Financial Times*. Disponível em <http://www.ft.com/intl/cms/s/2/941a0132-6d37-11e1-ab1a-00144feab49a>. Acesso em 16 de março de 2012.

_____. "Think again American decline". *Foreign Policy*. Disponível em <http://www.foreignpolicy.com/articles/2011/01/02/think_again_american_decline>. Acesso em 2 de janeiro de 2011.

_____. "Is America's new declinism for real?" *Financial Times*. Disponível em <http://www.ft.com/intl/cms/s/0/ddbc80d0-ba43-11dd-92c9-0000779fd18c.html>. 24 de novembro de 2008.

Rao, Rahul. *Third World protest: between home and the world*. Nova York: Oxford University Press, 2010.

Rapoza, Kenneth. "BRICS summit: a gathering of strange (but strong) bedfellows". *Forbes*. Disponível em <http://www.forbes.com/sites/kenrapoza/2011/04/13/brics-summit-a-gathering-of-strange->. Acesso em 13 de abril de 2014.

Reis, Maria Edileuza Fontenele. "BRICS: surgimento e evolução". In: *O Brasil, os BRICS e a agenda internacional* editado por José Vicente de Sá Pimentel & Rubens Ricupero & Sérgio Amaral, 31-48. Brasília: Fundação Alexandre de Gusmão, 2012.

Republic of South Africa. Department National Treasury. "Interbank cooperation mechanism". *National Treasury of Republic of South Africa*. Disponível em <http://www.treasury.gov.za/brics/icm.aspx>.

Research and Information System for Developing Countries. "Conference report of southern providers south-south cooperation: issues and emerging challenges". *Research and Information System for Development Countries*, abril, 2013. Disponível em <http://ris.org.in/publications/reportsbooks/662>.

Rodrik, Dani. "What the world needs from the BRICS". *Social Europe Journal*. Disponível em <http://www.social-europe.eu/2013/04/what-the-world-needs-from-the-brics/>. Acesso em 11 de abril de 2013.

Romani, Mattia et al. "Brics bank is a fine idea whose time has come". *Financial Times*. Disponível em <http://www.ft.com/intl/cms/s/0/1770f242-7d88-11e1-81a5-00144feab49a.html>. Acesso em 5 de abril de 2012.

Rothkopf, David J. *Superclass: the global power elite and the world they are making*. Washington D.C.: Superintendent of Documents, 2008.

Roy, Rathin. "Introduction to 'south-south cooperation: the same old game or a new paradigm?'" In: *Poverty in focus - south-south cooperation: the same old game or a new paradigm?* editado por Rathin Roy & Melissa Andrade, 1-2. Brasília: International Policy Centre for Inclusive Growth, 2009. Disponível em <http://www.ipc-undp.org/pub/IPCPovertyInFocus20.pdf>.

RT. "BRIC's get down to business in Yekaterinburg". *RT*. Disponível em <http://rt.com/business/bric-s-get-down-to-business-in-yekaterinburg/>. Acesso em 15 de junho de 2009.

Russett, Bruce & Antholis, William. "Do democracies fight each other? Evidence from the Peloponnesian War". Journal of Peace Research 29, no. 4 (1992): 415-434.

Russia Beyond the Headlines. "Russia may switch to rouble in trade with BRIC countries – experts". *Russia Beyond The Headlines*. Disponível em <http://rbth.ru/articles/2008/11/24/241108_rouble.html>. Acesso em 24 de novembro de 2008.

Russia Federation. Ministry of Foreign Affairs. "Press release on the Ministerial Meeting in the Brazil-Russia-India-China (BRIC) format in New York". *The Ministry of Foreign Affairs of The Russian Federation*. Disponível em <http://www.mid.ru/Brp_4.nsf/arh/61A6155BD3426932C32574D0003345E3>.

Sachs, Ignacy. "Brazil and India: two 'whales' in the global ocean". In: *Globalisation and Developing Countries*, editado por Kamala Sinha & Patrim K. Dutra, 3-19. Nova Déli: New Age International Pub, 1999.

Sahni, Varun. "Indian perspectives on the Ukrainian crisis and Russia's annexation of Crimea". *NOREF*. Disponível em <http://www.peacebuilding.no/var/ezflow_site/storage/original/application/94b5e66db412bc9babce1d7ce447f876.pdf>. Acesso em 11 de junho de 2014.

Sahnoun, Mohamed. "Africa: Uphold Continent's Contribution to Human Rights, Urges Top Diplomat". *allAfrica*. Disponível em <http://allafrica.com/stories/200907210549.html>. Acesso em 21 de julho de 2009.

Saran, Samir & Sharan, Vivan. "Banking on BRICS to deliver". *The Hindu*. Disponível em <http://www.thehindu.com/opinion/lead/article3248200.ece>. Acesso em 27 de março de 2012.

Savarese, Maurício. "Brics têm pouco em comum uns com os outros, dizem analistas". *Opera Mundi*. Disponível em <http://operamundi.uol.com.br/conteudo/noticias/1688/conteudo+opera.shtml>. Acesso em 22 de outubro de 2009.

Schadomsky, Ludger. "BRICS summit stalls". *DW*. Disponível em <http://www.dw.de/brics-summit-stalls/a-16703056>. Acesso em 27 de março de 2013.

Schmitter, Philippe C. "Three neofunctional hypotheses about international integration". *International Organization* 23, no. 1 (1969): 161-66.

Schneyer, Joshua. "The BRICs: the trillion-dollar club". *The Economist*. Disponível em <http://www.economist.com/node/15912964>. Acesso em 15 de abril de 2010.

Schwartsmann, Alexandre. "Bricsbanco". *Folha de São Paulo*. Disponível em <http://www1.folha.uol.com.br/colunas/alexandreschwartsman/2014/07/1489860--bricsbanco.shtml>. Acesso em 23 de junho de 2014.

Schweller, Randall & Pu, Xiaoyu. "After unipolarity: China's visions of international order in an era of U.S. decline". *International Security* 36, no. 1 (2011): 41-72.

Schweller, Randall. "Emerging powers in an age of disorder". *Global Governance* 17, no. 3 (2011): 285-297.

Security Council Report. "Lybia, May 2011 monthly forecast". *Security Council Report*. Disponível em <http://www.securitycouncilreport.org/monthly--forecast/2011-05/lookup_c_glKWLeMTIsG_b_6747647.php>. Acesso em 29 de abril de 2011.

Sekine, Eiichi. "The impact of the Third BRICS Summit". *Nomura Journal of Capital Markets* 3, no. 1 (2011): 1-6.

Serfaty, Simon. "Moving into a post-Western world". The Washington Quarterly 34 (2011): 7-23. doi: 10.1080/0163660X.2011.562080.

Serrano, Mónica. "The Responsibility to Protect: true consensus, false controversy". *Development Dialogue* 55 (2010): 101-111.

Serrão, Oliver. "South Africa in the UN Security Council". *Perspective – Friedrich Ebert Stiftung*, junho, 2011. Disponível em <http://library.fes.de/pdf-files/iez/08166.pdf>.

Seventh BRIC Summit. "Main areas and topics of dialogue between the BRICS". *VI BRICS Summit*. Disponível em <http://brics6.itamaraty.gov.br/about-brics/main-areas-and-topics-of-dialogue-between-the-brics>.

Sharma, Rajeev. "BRICS NSAs thrash out security agenda for Durban Summit". *Russia & India Report*. Disponível em <http://in.rbth.com/articles/2013/01/14/brics_nsas_thrash_out_security_agenda_for_durban_summit_21597.html>. Acesso em 14 de janeiro, 2013.

_____."Why BRICS 2011 is important". The Diplomat. Disponível em <http://thediplomat.com/2011/04/why-brics-2011-is-important/>. Acesso em 14 de abril de 2011.

Sharma, Ruchir. "Broken BRICs: why the rest stopped rising". *Foreign Affairs*. Disponível em <http://www.foreignaffairs.com/articles/138219/ruchir-sharma/broken-brics>. Acesso em 22 de outubro de 2012.

Sharma, Serena K. "RtoP at ten years". Global Responsibility to Protect 3, n°4, (2011): 383–386. doi: 10.1163/187598411X601991.

Shen, Li. "2nd BRICS Economic and Financial Forum: update". *SAFPI*. Disponível em <http://www.safpi.org/news/article/2013/2nd-brics-economic-and-financial-forum-update>. Acesso em 6 de novembro de 2014.

Shengnan, Zhao. "BRICS nations to vote against Syria resolution". *China Daily*. Disponível em <http://www.chinadaily.com.cn/world/2012-08/02/content_15639447.htm>. Acesso em 2 de agosto de 2012.

Sidiropoulos, Elizabeth. "Africa in a new world". *South African Journal of International Affairs* 16, no. 3 (2009): 275-277. doi: 10.1080/10220460903495207.

Sikri, Rajiv. "India's foreign policy priorities over the coming decade". *ISAS Working Paper* 25 (2007): 1-50.

Silva, Jarbas Barbosa da et al. "BRICS cooperation in strategic health projects". *Bulletin of the World Health Organization* 92 (2014): 388. doi: 10.2471/BLT.14.141051.

Silva, Luiz Inácio Lula da. "At Yekaterinburg, BRIC comes of age". *Global Times*. Disponível em <http://www.globaltimes.cn/content/437122.shtml>. Acesso em 15 de junho de 2009.

_____."Building on the B in BRIC". *The Economist*. Disponível em <http://www.economist.com/node/12494572>. Acesso em 19 de novembro de 2008.

Smith, David. "Brics eye infrastructure funding through new development bank". *The Guardian*. Disponível em <http://www.guardian.co.uk/global-development/2013/mar/28/brics-countries-infrastructure-spending-development-bank>. Acesso em 28 de março de 2013.

South Africa Government News Agency. "BRICS ministers tackle agricultural issues". SA News. Disponível em <http://www.sanews.gov.za/world/brics-ministers-tackle-agricultural-issues>. Acesso em 31 de outubro de 2011.

_____. "President Zuma concludes working visit to Brazil". *South African Government News Agency*. Disponível em <http://www.sanews.gov.za/world/president-zuma-concludes-working-visit-brazil>. Acesso em 17 de abril de 2010.

South African Foreign Policy Initiative. "BRICS Heads of Revenue meeting: communiqué". *SAFPI*. Disponível em <http://www.safpi.org/news/article/2013/brics-heads-revenue-meeting-communique>.

Spector, J Brooks. "O'Neill: South Africa's inclusion in Brics smacks of politics". *Daily Maverick*. Disponível em <http://www.dailymaverick.co.za/article/2011-10-04-oneil-south-africas-inclusion-in-brics-smacks-of-politics/#.U5S6ni9hsXw>. Acesso em 4 de outubro de 2014.

Spektor, Matias. "A place at the top of the tree". *Financial Times Magazine*. Disponível em <http://www.ft.com/intl/cms/s/2/9c7b7a22-7bb9-11e2-95b9-00144feabdc0.html>. Acesso em 22 de fevereiro de 2013.

_____. "Humanitarian interventionism Brazilian style?" *Americas Quarterly*, verão 2012. Disponível em <http://www.americasquarterly.org/humanitarian--interventionism-brazilian-style>.

_____. "Intervenções no Brasil". *Folha de S.Paulo*. Disponível em <http://www1.folha.uol.com.br/colunas/matiasspektor/1063756-intervencoes-do-brasil.shtml>. Acesso em 19 de março de 2012.

_____. "Sem Conselho". *Folha de S.Paulo*. Disponível em <http://www1.folha.uol.com.br/colunas/matiasspektor/1041039-sem-conselho.shtml>. Acesso em 30 de janeiro de 2014.

Stephens, Philip. "A story of Brics without mortar". *Financial Times*. Disponível em <http://www.ft.com/intl/cms/s/0/352e96e8-15f2-11e1-a691-00144feabdc0.html>. Acesso em 24 de novembro de 2011.

_____. "Rising Powers do not want to play by the west's rules". *Financial Times*. Disponível em <http://www.ft.com/intl/cms/s/0/f9f1a54e-6458-11df-8cba--00144feab49a.html>. Acesso em 20 de maio de 2010.

_____. "Summits that cap the wests decline". Financial Times. Disponível em <http://www.ft.com/intl/cms/s/0/1cb22ba8-a368-11e1-988e-00144feabdc0.html#axzz2VH1be1XY>. Acesso em 24 de maio de 2012.

Steyn, Mark. *After America: get ready for Armageddon*. Washington DC: Regnery Publishing, 2011.

Stroby-Jensen, Carsten. "Neo-functionalism". In: *European Union Politics, edited by Michelle Cini*, 71-85. Nova York: Oxford University Press, 2007.

Stuenkel, Oliver & Tourinho, Marcos. "Regulating intervention: Brazil and the Responsibility to Protect". *Conflict, Security & Development* 14 (2014): 379-402. doi: 10.1080/14678802.2014.930593.

Stuenkel, Oliver. "BRICS Academic Forum supports Development Bank, stays silent on Syria". *Post-Western World*. Disponível em <http://www.postwesternworld.com/2013/03/19/brics-academic-forum-supports-development-bank-stays-silent-on-syria/>. Acesso em 19 de março, 2013.

_____."Can the BRICS co-operate in the G-20? A view from Brazil". *South African Institute of International Affairs* 123 (2012):2-13.

_____."Will Brazil follow India's Rafale bet?" *The Hindu*. Disponível em <http://www.thehindu.com/opinion/op-ed/will-brazil-follow-indias-rafale-bet/article2886306.ece>. Acesso em 13 de fevereiro de 2012.

_____."China Development Bank: a model for the BRICS". *Post-Western World*. <http://www.postwesternworld.com/2013/05/21/china-development-bank-a-model-for-the-brics-bank/>. Acesso em 21 de maio de 2013.

_____."Global insider: intra-BRIC relations". *World Politics Review*. Disponível em <http://www.worldpoliticsreview.com/trend-lines/5927/global-insider-intra-bric-relations>. Acesso em 30 de junho de 2010.

_____. "In Durban, BRICS seek stronger ties with Africa". *The BRICS Post*. Disponível em <http://thebricspost.com/in-durban-brics-seek-stronger-ties-with-africa>. Acesso em 27 de março de 2013.

_____."Keep BRICS and IBSA Separate". *The Diplomat*. Disponível em <http://thediplomat.com/2012/08/keep-the-brics-and-ibsa-seperate>. Acesso em 13 de agosto de 2012.

_____."Why Brazil has not criticised Russia over Crimea". *NOREF*. Disponível em <http://www.peacebuilding.no/Themes/Emerging-powers/Publications/Why-Brazil-has-not-criticised-Russia-over-Crimea/(language)/eng-US>. Acesso em 27 de maio de 2014.

_____."BRICS nations warn against a possible Iran strike". *Post-Western World*. Disponível em <http://www.postwesternworld.com/2012/03/30/brics-nations-warn-against-a-possible-iran-strike/>. Acesso em 30 de março de 2012.

Subramanian, Arvind. "The inevitable superpower: why China's dominance is a sure thing". *Foreign Affairs*, setembro/outubro, 2011. Disponível em <http://www.foreignaffairs.com/articles/68205/arvind-subramanian/the-inevitable-superpower>.

_____. *Eclipse: living in the shadow of China's economic*. Washington DC: Institute of International Economics, 2011.

Tett, Gillian. "The story of the BRICS". *Financial Times*. Disponível em <http://www.ft.com/intl/cms/s/0/112ca932-00ab-11df-ae8d-00144feabdc0.html#axzz2VH1be1XY>. Acesso 15 de janeiro de 2010.

Thakur, Ramesh. "Emerging powers and the Responsibility to Protect after Lybia". *NUPI Policy Brief* 15 (2012): 1-4. Disponível em <http://www.isn.ethz.ch/Digital-Library/Publications/Detail/?ots591=0c54e3b3-1e9c-be1e-2c24-a6a8c7060233&lng=en&id=165567>.

The Asian Age. "India backs Russia, no to sanctions". *The Asian Age*. Disponível em <http://www.asianage.com/india/india-backs-russia-no-sanctions-046>. Acesso em 20 de março de 2014.

The BRICS Post. "BRICS meet discusses urbanization challenges". *The BRICS Post*. Disponível em <http://thebricspost.com/brics-meet-discusses-urbanization-challenges/#.U5TNhC9hsXx>. Acesso em 30 de novembro de 2013.

_____. "South Africa – a vital brick within BRICS". *The BRICS Post*. Disponível em <http://thebricspost.com/south-africa-a-vital-brick-within-brics/#.UTtIUjdhDnc>. Acesso em 19 de fevereiro de 2013.

_____. "BRICS announce joint cybersecurity group". *The BRICS Post*. Disponível em <http://thebricspost.com/brics-announce-joint-cyber-group/#.U5Smsi9hsXx>. Acesso em 7 de dezembro de 2013.

The Economist. "America and China: the summit". *The Economist*. Disponível em <http://www.economist.com/news/leaders/21579003-barack-obama-and-xi-jinping-have-chance-recast-centurys-most-important-bilateral>. Acesso em 8 de junho de 2013.

_____. "An acronym with capital". *The Economist*. Disponível em <http://www.economist.com/news/finance-and-economics/21607851-setting-up-rivals-imf-and-world-bank-easier-running-them-acronym>. Acesso em 17 de julho de 2014.

_____. "China's evolving foreign policy: the Libyan dilemma". *The Economist*. Disponível em <http://www.economist.com/node/21528664>. Acesso em 10 de setembro de 2011.

_____. "Not just straw men: the biggest emerging economies are rebounding, even without recovery in the West". *The Economist*. Disponível em <http://www.economist.com/node/13871969>. Acesso em 18 de junho de 2009.

_____. "Reality check at the IMF". *The Economist*. Disponível em <http://www.economist.com/node/6826176>. Acesso em 20 de abril, 2006.

_____. "The backlash against the BRICs backlash". *The Economist*. Disponível em <http://www.economist.com/blogs/freeexchange/2013/12/brics>. Acesso em 20 de dezembro de 2013.

The Guardian. "China overtakes Japan as world's second-largest economy". *The Guardian*. Disponível em <http://www.theguardian.com/business/2010/aug/16/china-overtakes-japan-second-largest-economy>. Acesso em 1º de agosto de 2010.

The Hindu. "Joint statement issued at the conclusion of the second meeting of ministers of BRICS group". *The Hindu*. Disponível em <http://www.hindu.com/nic/2010draft.htm>. Acesso em 24 de janeiro de 2010.

The Indian Express. "Brazil says BRICS to back single WB pick". *The Indian Express*. Disponível em <http://archive.indianexpress.com/news/brazil-says-brics-to-back-single-wb-pick/936716/>. Acesso em 14 de abril de 2012.

The International Co-operative Alliance. "Co-operators met in Brazil to examine the potential of co-operative economies in BRICS countries". *International Co-operative Alliance*. Disponível em <http://ica.coop/en/media/news/co-operators-met-brazil-examine-potential-co-operative-economies-brics-countries>. Acesso em 23 de maio de 2014.

The People's Bank of China. "G20 finance ministers and central bank governors held meeting in Washington, D.C.". *The People's Bank of China*. Disponível em <http://wwwpbcgocpublishenglish/955/2012/20120426100519312450951/20120426100519312450951_.html>. Acesso em 21 de abril de 2012.

The Times of India. "As Russia squares off against the West in Ukraine, New Delhi should not get involved". *The Times of India*. Disponível em <http://timesofindia.indiatimes.com/home/opinion/edit-page/As-Russia-squares-off-against-the-West-in-Ukraine-New-Delhi-should-not-get-involved/articleshow/32315575.cms>. Acesso em 20 de março de 2014.

_____. "Navies of India, Brazil, SA to conduct wargames". *The Times of India*. Disponível em <http://timesofindia.indiatimes.com/india/Navies-of-India-Brazil-SA-to-conduct-wargames/articleshow/6294812.cms>. Acesso em 12 de agosto de 2010.

Third BRICS Summit. *Sanya Declaration*. Sanya: Third BRICS Summit, 2011. Disponível em <http://www.itamaraty.gov.br/temas-mais-informacoes/

saiba-mais-bric/documentos-emitidos-pelos-chefes-de-estado-e-de-governo-
-pelos-chanceleres/iii-brics-summit-sanya-declaration-1>.

Tiewa, Liu. "China and Responsibility to Protect: maintenance and change of its policy for intervention". The Pacific Review 25, no. 1 (2012): 153-173. doi: 10.1080/09512748.2011.632978.

Tiezzi, Shannon. "China backs Russia on Ukraine". *The Diplomat*. Disponível em <http://thediplomat.com/2014/03/china-backs-russia-on-ukraine/>. Acesso em 4 de março de 2014.

Tisdall, Simon. "Can the BRICS create a new world order?" *The Guardian*. Disponível em <http://www.theguardian.com/commentisfree/2012/mar/29/brics-new-world-order>. Acesso em 29 de março de 2012.

Tourinho, Marcos. "Devil in the details: Brazil and the global implementation of RtoP". *Working Paper*. São Paulo: FGV, 2013.

_____. "For liberalism without hegemony: Brazil and the rule of non-intervention". In: Stuenkel, Oliver & Taylor, Matthew (eds.). *Brazil on the Global Stage: Power, Ideas and the Liberal International Order*. Basingstoke: Palgrave Macmillan, 2015.

Tran, Mark. "Brics bank raises critical development questions, says OECD". *The Guardian*. Disponível em <http://www.guardian.co.uk/global-development/2013/apr/09/brics-bank-critical-questions-oecd>. Acesso em 9 de abril de 2013.

UN General Assembly. *UN General Assembly Draft Resolution A/66/L.57*. Nova York: UN General Assembly, 2012.

_____. *United Nations Security Council Draft Resolution S/2011/612*. Nova York: UN General Assembly, 2011.

UN Security Council. *UN Security Council Report S/PV.6491*. Nova York: UN Security Council, 2011.

_____. *UN Security Council Report S/PV.6498*. Nova York: UN Security Council, 2011.

_____. *UN Security Council Report S/PV.6627*. Nova York: UN Security Council, 2011.

_____. *UN Security Council Report S/PV.6711*. Nova York: UN Security Council, 2012.

_____. *United Nations Security Council Resolution S/RES/1970*. Nova York: UN Security Council, 2011.

_____. *United Nations Security Council Resolution S/RES/1973*. Nova York: UN Security Council, 2011.

_____. *United Nations Security Council Resolution S/RES/1975*. Nova York: UN Security Council, 2011.

_____. *United Nations Security Council Resolution S/RES/1991*. Nova York: UN Security Council, 2011.

_____. *United Nations Security Council Resolution S/RES/1996*. Nova York: UN Security Council, 2011.

_____. *United Nations Security Council Resolution S/RES/2000*. Nova York: UN Security Council, 2011.

_____. *United Nations Security Council Resolution S/RES/2011*. Nova York: UN Security Council, 2011.

_____. *United Nations Security Council Resolution S/RES/2014*. Nova York: UN Security Council, 2011.

_____. *United Nations Security Council Resolution S/RES/2016*. Nova York: UN Security Council, 2011.

_____. *United Nations Security Council Resolution S/RES/2021*. Nova York: UN Security Council, 2011.

_____. *United Nations Security Council Resolution S/RES/2030*. Nova York: UN Security Council, 2011.

UNAIDS. "BRICS ministers of health call for renewed efforts to face HIV and global health challenges". Disponível em <http://www.unaids.org/en/resources/presscentre/featurestories/2013/january/20130111brics/>. Acesso em 11 de janeiro de 2013.

University of California. "The Responsibility to Protect: moving the campaign forward". *University of California, Berkeley – Human Rights Center*, outubro, 2007. Disponível em <http://www.law.berkeley.edu/files/HRC/Publications_R2P_10-2007.pdf>.

US National Intelligence Council. *Global trends 2025: a transformed world*. Washington DC: US Government Printing Office, 2008. Disponível em <http://www.aicpa.org/research/cpahorizons2025/globalforces/downloadabledocuments/globaltrends.pdf>.

_____. *Mapping the global future: report of the National Intelligence Council's 2020 Project*. Washington DC: US Government Printing Office, 2014. Disponível em <http://www.dni.gov/files/documents/Global%20Trends_Mapping%20the%20Global%20Future%202020%20Project.pdf>.

US Office of the Press Secretary. "Results from G8 Summit in Deauville, France". *IIP Digital*. Disponível em <http://iipdigital.usembassy.gov/st/english/texttrans/2011/05/20110527095325su0>.5706097.html. Acesso em 27 de maio de 2011.

Varadarajan, Siddharth. "BRIC declares 2010 deadline for World Bank, IMF reform". *The Hindu*. Disponível em <http://www.thehindu.com/opinion/columns/siddharth-varadarajan/bric-declares-2010-deadline-for-world-bank--imf-reform/article398865.ece>. Acesso em 11 de junho de 2010.

VN, Sreeja. "BRICS 2012: nations sign pacts to promote trade in local currency, refuse to follow US sanctions on Iran". *International Business Times*. <http://www.ibtimes.com/brics-2012-nations-sign-pacts-promote-trade--local-currency-refuse-follow-us-sanctions-iran-431562>. Acesso em 29 de março de 2012.

Vnesheconom Bank. "The BRICS interbank cooperation mechanism". *Vnesheconom Bank*. Disponível em <http://www.veb.ru/en/strategy/iu/BRICS/>.

Vreeland, James R. "The IMF: lender of last resort or scapegoat". *Leitner Program* 3 (1999).

Wade, Robert. "The art of power maintenance: how Western states keep the lead in global organizations". *Challenge* 56, no. 1 (2013): 5-39. doi: 10.2753/0577-5132560101.

Wallander, Celeste A. *Mortal friends, best enemies: German-Russian cooperation after the Cold War*. Ithaca: Cornell University Press, 1998.

Wallerstein, Immanuel. "Whose interests are served by the BRICS?" *Middle East Online*. Disponível em <http://www.middle-east-online.com/english/?id=58493>. Acesso em 2 de maio de 2013.

Warah, Rasna. "Africa rises as BRICS countries set up a different development aid model". *Daily Nation*. Disponível em <http://www.nation.co.ke/oped/Opinion/-/440808/1760878/-/k2cwt4z/-/index.html>. Acesso em 28 de abril de 2013.

Watson, Noshua et al. "What next for the BRICS bank?" *Institute of Development Studies* 3 (2013): 1-4.

Weart, Spencer R. *Never at war: Why democracies will not fight one another*. New Heaven: Yale University Press, 1998.

Weiss, Thomas G. and Rama Mani, "R2P's missing link, culture". *Global Responsibility to Protect* 3, no. 4 (2011): 451-472.

Weitz, Richard. "Is BRICS a real bloc?" *The Diplomat*. Disponível em <http://thediplomat.com/2011/04/is-brics-a-real-bloc/>. Acesso em 22 de abril de 2011.

Wenping, He. "When BRIC becomes BRICS: the tightening relations between South Africa and China". *East Asia Forum*, março, 2011. Disponível em <http://www.eastasiaforum.org/2011/03/03/when-bric-becomes-brics-the-tightening-relations-between-south-africa-and-china/>.

Wilson, Dominic & Purushothaman, Roopa. "Dreaming with BRICs: the path to 2050". *Goldman Sachs Global Economics* 99 (2003): 1-24. Disponível em <http://www.goldmansachs.com/our-thinking/archive/archive-pdfs/brics-dream.pdf>.

Wilson, Dominic et al. "Is this the BRICS decade?" *Goldman Sachs Global Economics* 10 (2010): 1-4. Disponível em <http://www.goldmansachs.com/our-thinking/archive/archive-pdfs/brics-decade-pdf.pdf>.

Wohlforth, William C. "The stability of a unipolar world". *International Security* 24, no. 1 (1999): 5-41.

Wolf, Martin. Alessi, Christopher. "Does the BRICS group matter? Interview with Martin Wolf". *Council on Foreign Relations*. Disponível em <http://www.cfr.org/emerging-markets/does-brics-group-matter/p27802>. Acesso em 30 de março de 2012.

World Bank. "China's rapid urbanization: benefits, challenges & strategies". *Research at the World Bank*. Disponível em <http://econ.worldbank.org/WBSITE/EXTERNAL/EXTDEC/EXTRESEARCH/0,,contentMDK:21812803~pagePK:64165401~piPK:64165026~theSitePK:469382,00.html>.

Xing, Li & Xing, Zhang. "Building mutual trust, brick by BRIC". *China Daily*. Disponível em <http://www.chinadaily.com.cn/china/2009-06/16/content_8286566.htm>. Acesso em 16 de junho de 2009.

Xinhua News Agency. "First summit meeting of BRIC leaders begin in Yekaterinburg". *Xinhua News*. Disponível em <http://www.china.org.cn/international/2009-06/16/content_17961106.htm>. Acesso em 16 de junho de 2009.

Xu, Wang. "BRIC summit may focus on reducing dollar dependence". *China Daily*. Disponível em <http://www.chinadaily.com.cn/business/2009-06/16/content_8287812.htm>. Acesso em 16 de junho de 2009.

Yardley, Jim. "For group of 5 nations, acronym is easy, but common ground is hard". *The New York Times*. Disponível em <http://www.nytimes.com/2012/03/29/world/asia/plan-of-action-proves-elusive-for-emerging-economies-in-brics.html>. Acesso em 28 de março de 2012.

Yinan, Gao. "BRICS countries to enhance scientific cooperation". *English.people.cn*. Disponível em <http://english.peopledaily.com.cn/202936/8532053.html>. Acesso em 10 de fevereiro de 2014.

Yu, Lu. "Commentary: West should work with, not against, Russia in handling Ukraine crisis". *Xinhuanet*. Disponível em <http://news.xinhuanet.com/english/indepth/2014-03/03/c_133154966.htm>. Acesso em 3 de março de 2014.

Zakaria, Fareed. *The post-American world*. Nova York: W. W. Norton & Company, 2008.

Notas

Introdução

1. "A history of Brics without mortar" (literalmente, "uma história dos Brics sem argamassa"), também fazem trocadilhos entre BRIC e brick].
2. Richard Weitz, "Is BRICS a Real Bloc?" The Diplomat, 22 de abril de 2011, 2014, http://thediplomat.com/2011/04/is-brics-a-real-bloc/.
3. Andrew Hurrell, "Hegemony, Liberalism and Global Order: What space for would-be great powers?" International Affairs 82, n. 1 (2006): 1-19, 2.
4. Ruchir Sharma, "Broken BRICs: Why the Rest Stopped Rising", Foreign Affairs, 22 de outubro, 2012, <http://www.foreignaffairs.com/articles/138219/ruchir-sharma/broken-brics>.
5. Philip Stephens, "A story of Brics without mortar," Financial Times, 24 de novembro, 2011, http://www.ft.com/intl/cms/s/0/352e96e8-15f2-11e1-a691-00144feabdc0.html.
6. Christopher Alessi, "Does the BRICS Group Matter?" 30 de março de 2012, http://www.cfr.org/emerging-markets/does-brics-group-matter/p27802.
7. Arvind Subramanian, "The Inevitable Superpower Why China's Dominance Is a Sure Thing," Foreign Affairs, setembro/outubro 2011, http://www.foreignaffairs.com/articles/68205/arvind-subramanian/the-inevitable-superpower.
8. Jim Yardley, "For Group of 5 Nations, Acronym Is Easy, but Common Ground Is Hard", 28 de março de 2012, http://www.nytimes.com/2012/03/29/world/asia/plan-of-action-proves-elusive-for-emerging-economies-in-brics.html.
9. Alessi, "Does the BRICS Group Matter?"
10. "Not just straw men: The biggest emerging economies are rebounding, even without recovery in the West", The Economist, 18 de junho de 2009, 2012, http://www.economist.com/node/13871969.

11. Samir Saran & Vivan Sharan, "Banking on BRICS to deliver", The Hindu, 27 de março, 2012, 2012, http://www.thehindu.com/opinion/lead/article3248200.ece.
12. Eman El-Shenawi, "The BRIC. The BRICS. The who?", *Al Arabia News*, 13 de junho de 2011, http://english.alarabiya.net/articles/2011/06/13/153140.html.
13. Philip Stephens escreve que "colocar a China e a Índia, o Brasil e a Rússia num mesmo pacote é alimentar a narrativa de que a nova ordem global é mais bem definida como uma disputa entre o Ocidente e o resto". In: Stephens, "A story of Brics without mortar".
14. Celso Amorim, "Os Brics e a reorganização do mundo", *Folha de S.Paulo*, 8 de junho de 2008, http://www1.folha.uol.com.br/fsp/opiniao/fz0806200807.htm.
15. Departamento de Relações Internacionais e Cooperação da República da África do Sul, "Chairperson's Statement on the BRICS Foreign Ministers Meeting held on 24 March 2014 in The Hague, Netherlands", 24 de março de 2014, www.dfa.gov.za/docs/2014/brics0324.html.
16. Ao longo dos últimos quatro anos, vim conduzindo entrevistas com mais de cem autoridades do governo, diplomatas, analistas políticos e acadêmicos de países do BRICS. Fui beneficiário de um acesso excepcional aos principais diplomatas, em parte no contexto da minha participação nas Cúpulas de Faixa II do BRICS em Brasília (Brasil), Nova Déli (Índia) e Chongqing (China). Porém, deve-se reconhecer que a parcela de fontes brasileiras utilizadas neste livro é levemente maior do que de fontes indianas, chinesas, sul-africanas e russas.
17. Randall Schweller, "Emerging Powers in an Age of Disorder", *Global Governance* 17, n. 3 (2011): 285-297.
18. Simon Serfaty, "Moving into a Post-Western World", *The Washington Quarterly* 34 (2011): 7-23.
19. Não há consenso sobre o que constitui uma potência emergente ou em ascensão. Apesar de a China por vezes ser chamada de potência em ascensão (cf., por exemplo, G. John Ikenberry, "The Future of the Liberal World Order", *Foreign Affairs* 90, n. 3 (2011): 56-68, e Ann Florini, "Rising Asian Powers and Changing Global Governance", *International Studies Review* 13, n. 1 [2011]: 24-33), há outros autores que defendem que ela já está bem estabelecida dentro das instituições atuais como o Conselho de Segurança da ONU (Alastair Iain Johnston, "Is China a Status Quo Power?," *International Security* 27, n. 4

[2003]: 5-56); o Brasil e a Índia por vezes são chamados de "potências médias" (Chris Alden & Marco Antonio Vieira, "The new diplomacy of the South: South Africa, Brazil, India and trilateralism", *Third World Quarterly* 26, n. 7, [2005]: 1077-1095), "potências em ascensão" (cf., por exemplo, Andrew Hurrell, "Lula's Brazil: a rising power, but going where?", Current History, fevereiro de 2008) ou "potências emergentes" (Stephen Philip Cohen, India: Emerging Power [Washington, D.C.: Brookings Institution Press, 2002]), dentre os quais os últimos dois termos serão utilizados aqui de forma intercambiável, como é o costume. Cf., por exemplo: Schweller, "Emerging Powers in an Age of Disorder".
20. Randall Schweller & Xiaoyu Pu, "After Unipolarity: China's Visions of International Order in an Era of U.S. Decline", International Security 36, n. 1 (2011): 41-72.
21. Cf., por exemplo: Deborah Brautigam, The Dragon's Gift: The Real Story of China in Africa (Oxford: Oxford University Press, 2010).

1. Capturando o espírito de uma década (2001-2006)

1. Males Johnson & Justin Baer, "O'Neill heads Goldman division", *Financial Times*, 11 de setembro de 2010, http://www.ft.com/cms/s/30e3de30-bcdf-11df-89ef-00144feab49a.
2. Jim O'Neill, "Building Better Global Economic BRICs", *Goldman Sachs Global Economics* 66 (2001): 1.
3 Erich Follath, "Goldman Sachs' Jim O'Neill: BRICS 'Have Exceeded all Expectations'", *Spiegel Online*, 21 de março de 2013, http://www.spiegel.de/international/business/departing-goldman-sachs-exec-still-sees-bright-future-for-bric-nations-a-890194.html.
4. Gillian Tett, "The Story of the Brics", The Financial Times, 15 de janeiro de 2010, http://www.ft.com/intl/cms/s/0/112ca932-00ab-11df-ae8d-00144feabdc0.html#axzz2VH1be1XY.
5. Michael E. O'Hanlon, "A Flawed Masterpiece", Foreign Affairs, maio/junho de 2002, http://www.foreignaffairs.com/articles/58022/michael-e-ohanlon/a-flawed-masterpiece.
6. William C. Wohlforth, "The Stability of a Unipolar World", *International Security* 24, n. 1 (verão 1999): 5-41.

7. *Ibid.*
8. Samuel Huntingon "The Lonely Superpower", *Foreign Affairs*, março/abril 1999, http://www.foreignaffairs.com/articles/54797/samuel-p-huntington/the-lonely-superpower.
9. Stephen G. Brooks & William C. Wohlforth, "American Primacy in Perspective", Foreign Affairs, (julho/agosto de 2002): 20-33, 21.
10. *Ibid.*, 21.
11. *Ibid.*, 22.
12. *Ibid.*, 26.
13. Dominic Wilson & Roopa Purushothaman, "Dreaming with BRICs: The path to 2050", *Goldman Sachs Global Economics* 99 (2003): 1.
14. Hui Fang Cheng *et al.*, "A future global economy to be built by BRICs", *Global Finance Journal* 18, n. 2, (2007): 143-157. Cf. também: Tett, "The Story of the Brics".
15. Cf. por exemplo, "First summit meeting of BRIC leaders begin in Yekaterinburg", *Xinhua News*, 16 de junho, 2009, http://www.china.org.cn/international/2009-06/16/content_17961106.htm.
16. "How Solid are the BRICs?", *GS Global Economics Paper* 134, (2005): 3.
17. "Not just straw men: The biggest emerging economies are rebounding, even without recovery in the West".
18. Dominic Wilson *et al.*, "Is this the BRICS decade?", *Goldman Sachs Global Economics* 10 (2010): 2.
19. Na verdade, Jim O'Neill descreve os atentados terroristas do 11 de setembro de 2011 como o evento chave que o levou a desenvolver um grupo que simbolizasse que "globalização não é americanização". In: Beth Kowitt, "For Mr. BRIC, nations meeting a milestone", *CNN Money*, 17 de junho, 2009, http://money.cnn.com/2009/06/17/news/economy/goldman_sachs_jim_oneill_interview.fortune/index.htm.
20. Amitav Acharya, The End of American World Order (Cambridge: Polity, 2014): 22.
21. *Ibid.*, 107.
22. Schweller & Pu, "After Unipolarity", 41.
23. Gideon Rachman, "America must manage its decline", *Financial Times*, 17 de outubro de 2011, acesso em 30 de junho, 2014, http://www.ft.com/intl/cms/s/0c73f10e-f8aa-11e0-ad8f-00144feab49a. Essa nova consciência dos limites do poder norte-americano encontrou reflexo num número cada

vez maior de livros e artigos, como *The Post-American World*, de Fareed Zakaria, *The Limits of Power*, de Andrew Bacevich, *After America: Get Ready For Armageddon*, de Mark Steyn, e *Eclipse: Living In The Shadow of China's Economic Dominance*, de Arvind Subramanian.

24. Philip Stephens, "Summits that cap the wests decline", *Financial Times*, 24 de maio de 2012, http://www.ft.com/intl/cms/s/0/1cb22ba8-a368-11e1-988e-00144feabdc0.html#axzz2VH1be1XY.
25. Hurrell, "Hegemony, Liberalism and Global Order", 3.
26. Jorge G. Castañeda, "Not Ready for Prime Time", *Foreign Affairs*, setembro/outubro 2010, acesso em 20 de junho de 2014, http://www.foreignaffairs.com/articles/66577/jorge-g-castaneda/not-ready-for-prime-time. Cf. também: Thomas Fues, "Global Governance Beyond the G8: Reform Prospects for the Summit Architecture" IPG 2/2007, 11-24.
27. Wilson et al., "BRICS decade?", 3.
28. Em "Around the Cragged Hill", Kennan identifica os Estados Unidos, a ex-União Soviética, a China, a Índia e o Brasil como "países-monstro", incluindo todos os membros do grupo BRIC que Jim O'Neill criaria uma década mais tarde. George F. Kennan, *Around the Cragged Hill: A Personal and Political Philosophy* (Nova York: W. W. Norton & Company, 1994).
29. Ignacy Sachs, "Brazil and India: Two 'Whales' in the Global Ocean", in Globalisation and Developing Countries, ed. Kamala Sinha and Patrim K. Dutra (Nova Déli: New Age International Pub., 1999), 3-19.
30. Jeffrey E. Garten, *The Big Ten: the big emerging markets and how they will change our lives* (Nova York: Basic Books, 1997), 25.
31. Robert Chase et al., *The pivotal states: a new framework for US policy in the developing world* (Nova York: Norton, 1999), 165-94.
32. Maria Edileuza Fontenele Reis, "BRICS: surgimento e evolução", in: *O Brasil, os BRICS e a agenda internacional* (Brasília: Fundação Alexandre de Gusmão, 2012), 33.
33. Charles Krauthammer, "The Unipolar Moment", *Foreign Affairs* 70, n.1 (1990): 23-33.
34. Schweller, "Emerging Powers in an Age of Disorder", 285.
35. Stephens, "A story of Brics without mortar".
36. Fareed Zakaria, *The Post-American World* (Nova York: W. W. Norton & Company, 2008).
37. Serfaty, "Moving into a Post-Western World".

38. Acharya, *The end of American world order*.
39. Reis, "BRICS: surgimento e evolução", 34.
40. "Reality check at the IMF", *The Economist*, 20 de abril de 2006, <http://www.economist.com/node/6826176>.
41. Daniel Kurtz, "Guest post: Defending the IBSA model", *Financial Times*, 29 April 2013, http://blogs.ft.com/beyond-brics/2013/04/29/guest-post-defending-the-ibsa-model/?Authorised=true#axzz2hho4pJ6d. Também: Daniel Kurtz-Phelan, "What is IBSA Anyway?" *Americas Quarterly*, primavera de 2013, http://www.americasquarterly.org/content/what-ibsa-anyway.
42. India-Brazil-South Africa Dialogue Forum (IBSA), "Brasília Declaration", 6 de junho de 2003, http://www.ibsa-trilateral.org/index.php?option=com_content&task=view&id=48&Itemid=27.
43. Celso Amorim, "Os BRICs e a reorganização do mundo", *Folha de S.Paulo*, 8 de junho, 2008, http://www1.folha.uol.com.br/fsp/opiniao/fz0806200807.htm. In: Oliver Stuenkel, *India-Brazil-South Africa Dialogue Forum (IBSA): The rise of the global South?* (Londres: Routledge, 2014).

2. A crise financeira, a constatação da legitimidade e a gênese da cooperação intra-BRICs (2006-2008)

1. Apesar de a Primeira Reunião de Ministros das Relações Exteriores do BRIC ter ocorrido em 2006, este capítulo defende que ele só se tornou um grupo mais institucionalizado por conta da crise financeira que teria início dois anos depois.
2. Celeste A. Wallander, *Mortal Friends, Best Enemies: German-Russian Cooperation after the Cold War* (Ithaca, N.Y.: Cornell University Press, 1998), 19-34.
3. Eric Walberg, "Russia-India-China: The Bush Curse", *Global Research*, 11 de novembro de 2009. Acesso em 12 de junho de 2013, http://www.globalresearch.ca/russia-india-china-the-bush-curse/16033. Cf. também Nivedita Das Kundu, "Russia-India-China: trilateral cooperation and prospects", Valdai Discussion Club, 14 de maio de 2012, http://valdaiclub.com/asia/42620.html.
4. Conversas com diplomatas russos e indianos, Moscou e Nova Déli, 2012--2013.
5. As reuniões trilaterais do RIC continuam a ocorrer anualmente, mas não há nenhum processo de institucionalização.
6. Kundu, "Russia-India-China: trilateral cooperation and prospects".

7. Ananth Krishnan, "After RIC meeting, China backs Pak on terror", *The Hindu*, 12 de novembro de 2013, http://www.thehindu.com/news/international/after-ric-meeting-china-backs-pak-on-terror/article5342608.ece.
8. Conversas com diplomatas indianos, Nova Déli, 2012-2013.
9. John Lloyd & Alex Turkeltaub, "India and China are the only real Brics in the wall", *Financial Times*, 4 de dezembro de 2006, http://www.ft.com/intl/cms/s/0/6fd3b4c6-833b-11db-a38a-0000779e2340.html#axzz35USA1sYT.
10. Lloyd & Turkeltaub, "India and China are the only real Brics in the wall".
11. "BRICS", Indian Ministry of External Affairs, http://www.mea.gov.in/Portal/ForeignRelation/BRICS_for_XP_April_2013.pdf.
12. Reis, "BRICS: surgimento e evolução", 36.
13. *Ibid.*
14. Lesley Masters, "The G8 and the Heiligendamm Dialogue Process: Institutionalising the 'Outreach 5'", *Global Insight* 85 (2008): 1-7.
15. Conversas com diplomatas indianos e brasileiros, 2011-2013.
16. "Results from G8 Summit in Deauville, France", *Casa Branca*, 27 de maio, 2011, http://iipdigital.usembassy.gov/st/english/texttrans/2011/05/20110527095325su0.5706097.html.
17. Geoff Dyer, "China becomes third largest economy", *Financial Times*, 14 de janeiro, 2009, http://www.ft.com/intl/cms/s/0/8d9337be-e245-11dd-b1dd-0000779fd2ac.html.
18. Associated Press, "China overtakes Japan as world's second-largest economy", *The Guardian*, 1º de agosto de 2010, http://www.theguardian.com/business/2010/aug/16/china-overtakes-japan-second-largest-economy.
19. Harold James, "The rise of the BRICs", *Project Syndicate*, 16 de abril de 2008, http://www.project-syndicate.org/commentary/the-rise-of-the-brics.
20. "BRICS".
21. Amorim, "Os Brics e a reorganização do mundo".
22. "BRICs Foreign Ministers Meeting Joint Communiqué" (artigo apresentado na Reunião dos Ministros das Relações Exteriores, Ecaterinburgo, 16 de maio de 2008), art. 4.
23. *Ibid.*, art. 13.
24. Dmitri Medvedev, "Cooperation within BRIC", Kremlin, 2013, archive.kremlin.ru/eng/articles/bric_1.shtml
25. "Not just straw men: The biggest emerging economies are rebounding, even without recovery in the West".

26. "Brazil, Russia, India and China First Meeting of BRIC Finance Ministers Joint Communiqué" (artigo apresentado na Primeira Reunião dos Ministros das Finanças, São Paulo, 7 de novembro de 2008), par. 4.
27. Dante Mendes Aldrighi, "Cooperation and coordination among BRIC countries: potential and constraints", Fundação Instituto de Pesquisas Econômicas, 2009, http://www.fipe.org.br/publicacoes/downloads/bif/2009/6_13-18-dante.pdf
28. "Brazil, Russia, India and China First Meeting of BRIC Finance Ministers Joint Communiqué", par. 7.
29. Entrevista com um legislador brasileiro, Brasília, 1º de abril de 2013.
30. Amorim, "Os Brics e a reorganização do mundo".
31. "Russia may switch to rouble in trade with BRIC countries — experts", *Russia Beyond The Headlines*, 24 de novembro de 2008, http://rbth.ru/articles/2008/11/24/241108_rouble.html.
32. "Brazil, Russia, India and China First Meeting of BRIC Finance Ministers Joint Communiqué".
33. "Emerging countries: World crisis imposes new financial regulation", Ministério da Fazenda, http://www.fazenda.gov.br/divulgacao/noticias/2008/novembro/a071108c.
34. Stuart Grudgings, "Russia, Brazil call first BRIC summit for 2009", Reuters, 26 de novembro de 2008, http://www.reuters.com/article/2008/11/26/us-brazil-russia-idUSTRE4AP5H220081126.
35. "Crise econômica pode fortalecer países do Bric, afirma Lula", *Agência Brasil*, 26 de novembro de 2008, <http://economia.uol.com.br/ultnot/2008/11/26/ult4294u1943.jhtm>.
36. Entrevista com diplomata brasileiro em Brasília, abril de 2013.
37. "World Bank Group International Monetary Fund 2009 Spring Meetings", FMI, http://www.imf.org/external/spring/2009/.
38. Lin Liyu, "G20 ministers tackle economic crisis", China View, 15 de março de 2009, http://news.xinhuanet.com/english/2009-03/15/content_11014440.htm.
39. "BRICS Finance Communiqué" (artigo apresentado na Reunião de Ministros das Finanças do Brasil, da Rússia, Índia e China e seus representantes, Horsham, 14 de março de 2009), par. 9, http://www.brics.utoronto.ca/docs/090314-finance.html.

40. *Ibid.*
41. *Ibid.*
42. Aldrighi. "Cooperation and coordination", 1.
43. "Leaders' Statement" (artigo apresentado na Cúpula do G20, Londres, 3 de abril, 2009), http://www.canadainternational.gc.ca/g20/summit-sommet/g20/declaration_010209.aspx.
44. "The Case for IMF Quota Reform", Council on Foreign Relations, 11 de outubro de 2012, http://www.cfr.org/international-organizations-and--alliances/case-imf-quota-reform/p29248.
45. Isto não implica, é claro, uma abrangência excessiva da influência dos BRICs sobre o G20. Algumas de suas posições eram heterogêneas demais para que fossem proclamadas unanimemente. Para uma análise mais detalhada, cf.: Oliver Stuenkel, "Can the BRICS Co-operate in the G-20? A View from Brazil", South African Institute of International Affairs, *Ocasional Paper* 123, dezembro de 2012.
46. Thomas Murcha, "Throwing BRICs. Emerging countries want a bigger say in running the world. Can you blame them?", *Global Post*, 25 de março de 2009, http://www.globalpost.com/dispatch/commerce/090325/throwing--brics.
47. Daniel Gallas, "BRICs condicionam dinheiro extra para o FMI à reforma da instituição", *BBC Brasil*, 13 de março de 2009, http://www.bbc.co.uk/portuguese/noticias/2009/03/090313_uk_g20_fmi_rc.shtml.
48. "BRICS Finance Communiqué".
49. "IMF Quota Reform".
50. Rajeev Sharma, "BRICS NSAs thrash out security agenda for Durban Summit", Russia & India Report, 14 de janeiro de 2013, http://in.rbth.com/articles/2013/01/14/brics_nsas_thrash_out_security_agenda_for_durban_summit_21597.html.
51. Luiz Inácio Lula da Silva, "Building on the B in BRIC", *The Economist*, 19 de novembro de 2008, 4 de julho de 2014, http://www.economist.com/node/12494572.
52. Entrevistas com legisladores russos, chineses e indianos, 2012 e 2013.
53. Maurício Savarese, "Brics têm pouco em comum uns com os outros, dizem analistas", *Opera Mundi*, 22 de outubro de 2009, acesso em 3 de julho de 2014, http://operamundi.uol.com.br/conteudo/noticias/1688/conteudo+opera.shtml. Alguns analistas, porém, argumentam que o Brasil poderia ganhar

muito em ser membro de um grupo mais formalizado do BRIC. Américo Martins, "Brasil é o que tem mais a ganhar com formalização dos BRICs", *Estado de S. Paulo*, 1º de abril de 2009, http://economia.estadao.com.br/noticias/geral,brasil-e-o-que-tem-mais-a-ganhar-com-formalizacao-dos-brics,348205.

54. O BRICS, deve-se dizer aqui, não é um exemplo de integração política, porque não há um mecanismo que limite a soberania ou imponha decisões vinculativas. Haas define a integração política como "o processo pelo qual agentes políticos de várias configurações nacionais distintas são persuadidos a deslocar sua lealdade, suas expectativas e atividades políticas para um novo centro, cujas instituições possuem ou exigem a jurisdição sobre Estados nacionais preexistentes". Cf.: Carsten Stroby-Jensen, "Neo-functionalism", in: European Union Politics, org. Michelle Cini (Nova York: Oxford University Press, 2007), 89.

55. Leon N. Lindberg, The Political Dynamics of European Economic Integration (California: Stanford University Press, 1963). Schmitter comenta que "o *spillover* aponta outro setor relacionado (ao expandir o escopo do compromisso mútuo) ou intensifica seu compromisso com o setor original (aumentando o nível de compromisso mútuo), ou ambas as coisas". (Philippe... no processo pelo qual os membros de um esquema de integração concordam com alguns objetivos coletivos por uma variedade de razões, mas se sentem igualmente insatisfeitos com a realização desses objetivos – eles tentam resolver sua insatisfação ao recorrendo à colaboração, in: C. Schmitter, "Three Neofunctional Hypotheses about international integration", *International Organization* 23, n. 1 (1969): 161-66).

56. Cf, por exemplo: Oliver Stuenkel, "Will Brazil follow India's Rafale bet?" *The Hindu*, 13 de fevereiro de 2012, acesso em 3 de julho de 2014, http://www.thehindu.com/opinion/op-ed/will-brazil-follow-indias-rafale-bet/article2886306.ece.

57. Stroby-Jensen, "Neo-functionalism", 91-92.

58. Oliver Stuenkel, "Global Insider: Intra-BRIC Relations", *World Politics Review*, 30 de junho de 2010, http://www.worldpoliticsreview.com/trend-lines/5927/global-insider-intra-bric-relations.

59. Matias Spektor, "Sem Conselho", *Folha de S.Paulo*, 30 de janeiro de 2014, acesso em 4 de julho, 2014, http://www1.folha.uol.com.br/colunas/matiasspektor/1041039-sem-conselho.shtml.

3. De Ecaterimburgo a Brasília: o novo epicentro da política mundial? (2009-2010)

1. Reis, "BRICS: surgimento e evolução".
2. Dmitri Medvedev, "Opening Address at Restricted Format Meeting of BRIC Leaders", *Kremlin*, 16 de junho de 2009, acesso em 12 de junho de 2013, archive.kremlin.ru/eng/speeches/2009/06/16/2230_type82914_217934.shtml.
3. Guy Faulconbridge, "Developing world leaders show new power at summits", *Reuters*, 16 de junho de 2009, acesso em 2 de julho de 2014, http://www.reuters.com/article/2009/06/16/us-summit-idUSTRE55F02F20090616?feedType=RSS&feedName=topNews.
4. A Rússia e a China são membros do OCX, enquanto a Índia está na condição de observadora.
5. "Russia hosts first BRIC summit", *China Daily*, 16 de junho de 2009, acesso em 2 de julho de 2014, http://www.chinadaily.com.cn/world/2009-06/16/content_8290334.htm.
6. Dmitri Medvedev, "Beginning of Meeting with Prime Minister of India Manmohan Singh", *Kremlin*, 16 de junho de 2009, archive.kremlin.ru/eng/speeches/2009/06/16/2340_type82914_217958.shtml.
7. Medvedev, "Opening Address at Restricted Format Meeting of BRIC Leaders".
8. "Joint Statement of the BRIC Countries' Leaders" (artigo apresentado na Reunião em Ecaterimburgo, Rússia, 16 de junho de 2009), acesso em 2 de julho de 2014, http://archive.kremlin.ru/eng/text/docs/2009/06/217963.shtml.
9. Medvedev, "Cooperation within BRIC".
10. "Joint Statement of the BRIC Countries' Leaders".
11. Dmitri Medvedev, "Press Statement following BRIC Group Summit", *Kremlin*, 16 de junho de 2009, archive.kremlin.ru/eng/speeches/2009/06/16/2300_type82915type84779_217967.shtml.
12. "Joint Statement of the BRIC Countries' Leaders", art. 3.
13. Luiz Inácio Lula da Silva, "At Yekaterinburg, BRIC comes of age", *Global Times*, 15 de junho de 2009, http://www.globaltimes.cn/content/437122.shtml.
14. Li Xing & Zhang Xing, "Building mutual trust, brick by BRIC", *China Daily*, 16 de junho de 2009, http://www.chinadaily.com.cn/china/2009-06/16/content_8286566.htm.

15. *Ibid.*
16. "BRIC's get down to business in Yekaterinburg", *RT*, 15 de junho de 2009, http://rt.com/business/bric-s-get-down-to-business-in-yekaterinburg/.
17. Andrew E. Kramer, "Emerging Economies Meet in Russia", *The New York Times*, 16 de junho de 2009.
18. "Vídeo: Embaixador Roberto Jaguaribe Conversa sobre IBAS e BRIC", *Política Externa Brasileira*, 8 de abril de 2010, http://www.politicaexterna.com/9606/vdeo-embaixador-roberto-jaguaribe-conversa-sobre-ibas-e--bric.
19. Susan Houlton, "First BRIC summit concludes", *DW*, 16 de junho de 2009, http://www.dw.de/first-bric-summit-concludes/a-4335954.
20. Wang Xu, "BRIC summit may focus on reducing dollar dependence", *China Daily*, 16 de junho de 2009, http://www.chinadaily.com.cn/business/2009-06/16/content_8287812.htm.
21. *Ibid.*
22. "Russia hosts first BRIC summit".
23. As obrigações do FMI são denominadas Direitos Especiais de Saque, ou DES, que é uma moeda artificial utilizada pelo FMI.
24. Hurrell, "Hegemony, Liberalism and Global Order", 2. Cf. também: Houlton, "First BRIC summit concludes".
25. Kramer, "Emerging Economies Meet in Russia".
26. El-Shenawi, "The BRIC. The BRICS. The who?".
27. "Not just straw men: The biggest emerging economies are rebounding, even without recovery in the West".
28. A criação do Banco de Desenvolvimento do BRICS, que foi mencionada pela primeira vez na 4ª Cúpula do BRICS em Nova Déli, em 2012, pode ser vista como um meio de deslegitimar as instituições financeiras internacionais que são uma parte crucial da ordem global.
29. "Joint Statement of the BRIC Countries' Leaders", art. 6.
30. *Ibid.*, art. 10.
31. *Ibid.*, art. 11.
32. *Ibid.*, art. 15.
33. Schweller, "Emerging Powers in an Age of Disorder", 285.
34. Stephen Foley, "How Goldman Sachs took over the world", *The Independent*, 2 de julho de 2008, http://www.independent.co.uk/news/business/analysis--and-features/how-goldman-sachs-took-over-the-world-873869.html.

35. David J. Rothkopf, introdução a Superclass: The Global Power Elite and the World They Are Making (Washington D.C: Superintendent of Documents, 2008).
36. "Mapping the Global Future", Report of the National Intelligence Council's 2020 Project (2004): 8, http://www.dni.gov/files/documents/Global%20Trends_Mapping%20the%20Global%20Future%202020%20Project.pdf.
37. "Global Trends 2025: A Transformed World", The National Intelligence Council (2008): 2, http://www.aicpa.org/research/cpahorizons2025/globalforces/downloadabledocuments/globaltrends.pdf. Gideon Rachman faz um argumento parecido em "Is America's new declinism for real?", Financial Times, 24 de novembro de 2008, http://www.ft.com/intl/cms/s/0/ddbc80d0-ba43-11dd-92c9-0000779fd18c.html.
38. Gideon Rachman, "American nightmare", Financial Times Magazine, 16 de março de 2012, http://www.ft.com/intl/cms/s/2/941a0132-6d37-11e1-ab1a-00144feab49a.html.
39. Gideon Rachman, "Think Again: American Decline", Foreign Policy, 2 de janeiro de 2011, http://www.foreignpolicy.com/articles/2011/01/02/think_again_american_decline.
40. Gideon Rachman, "America must manage its decline", Financial Times Magazine, 17 de outubro de 2011, http://www.ft.com/intl/cms/s/0/0c73f10e--f8aa-11e0-ad8f-00144feab49a.html.
41. Amitav Acharya, "The end of American world order", The Hindu, 29 de maio de 2014, http://www.thehindu.com/opinion/op-ed/the-end-of-american--world-order/article6058148.ece.
42. Zbigniew Brzezinski, "After America", Foreign Policy, 3 de janeiro de 2012, http://www.foreignpolicy.com/articles/2012/01/03/after_america.
43. Rachman, "Think Again".
44. Entrevista com um legislador brasileiro de relações exteriores, Brasília, 2012.
45. "IMF Quota Reform".
46. Nicholas Eberstadt, "The Dying Bear: Russia's Demographic Disaster", Foreign Affairs, 2 de novembro de 2011, http://www.aei.org/article/foreign-and-defense-policy/regional/europe/the-dying-bear-russias-demographic-disaster/.
47. S. Neil Macfarlane, "The 'R' in BRICs: is Russia an emerging power?" International Affairs 82, n. 1 (2006): 41-57.
48. Eberstadt, "The Dying Bear".
49. Macfarlane, "The 'R' in BRICs", 43.

50. *Ibid.*, 42.
51. Medvedev, "Cooperation within BRIC".
52. Entrevista com diplomatas em missões da ONU em Nova York, fevereiro de 2013.
53. Matias Spektor, "A place at the top of the tree", *Financial Times Magazine*, 22 de fevereiro de 2013, acesso em 2 de julho de 2014, http://www.ft.com/intl/cms/s/2/9c7b7a22-7bb9-11e2-95b9-00144feabdc0.html.
54. *Ibid.*
55. Entrevistas com diplomatas de países BRIC, 2012.
56. Medvedev, "Cooperation within BRIC".
57. Celso Amorim, "Ser radical é tomar as coisas", *Carta Capital*, 25 de abril de 2011, http://www.cartacapital.com.br/economia/ser-radical-e-tomar-as-coisas.
58. "IMF Quota Reform".
59. Entrevistas com diplomatas brasileiros, Brasília, 2011, 2012 e 2013.
60. Joshua Schneyer, "The BRICs: The trillion-dollar club", *The Economist*, 15 de abril de 2010, http://www.economist.com/node/15912964.
61. "Second Summit", Fifth BRICS Summit, http://www.brics5.co.za/about-brics/summit-declaration/second-summit/.
62. "Main areas and topics of dialogue between the BRICS", VI BRICS Summit, http://brics6.itamaraty.gov.br/about-brics/main-areas-and-topics-of-dialogue-between-the-brics.
63. *Ibid.*
64. "President Zuma concludes working visit to Brazil", The Presidency — Republic of South Africa, 17 de abril de 2010, http://www.thepresidency.gov.za/pebble.asp?relid=716.
65. Reis, "BRICS: surgimento e evolução", 40.
66. "BRIC Summit Joint Statement, April 2010", Council on Foreign Relations, 15 de abril de 2010, http://www.cfr.org/brazil/bric-summit-joint-statement-april-2010/p21927.
67. *Ibid.*
68. *Ibid.*
69. Siddharth Varadarajan, "BRIC declares 2010 deadline for World Bank, IMF reform", *The Hindu*, 11 de junho de 2010, http://www.thehindu.com/opinion/columns/siddharth-varadarajan/bric-declares-2010-deadline-for-world-bank-imf-reform/article398865.ece.
70. Entrevista com legisladores brasileiros, indianos e sul-africanos, 2012, 2013.

4. A chegada da África do Sul: dos BRICs ao BRICS (2011)

1. Conversas com diplomatas brasileiros e indianos, Brasília e Nova Déli, 2012-2013. Cf. também: "BRICS Prod China's Hu to Import Value-Added Goods as Well as Raw Materials", *Bloomberg*, 13 de abril de 2011, http://www.bloomberg.com/news/2011-04-13/countries-at-brics-summit-push--china-to-import-more-airliners-medicines.html.
2. Eiichi Sekine, "The Impact of the Third BRICS Summit", *Nomura Journal of Capital Markets 3*, no. 1 (2011): 1-6.
3. "III BRICS Summit – Sanya Declaration", Ministério Brasileiro de Relações Exteriores, 14 de abril de 2011, http://www.itamaraty.gov.br/temas-mais--informacoes/saiba-mais-bric/documentos-emitidos-pelos-chefes-de-estado--e-de-governo-pelos-chanceleres/iii-brics-summit-sanya-declaration-1.
4. "News Analysis: What can world learn from BRICS summit in Sanya?", *People's Daily Online*, 15 de abril de 2011, http://english.people.com.cn/90001/90776/90883/7351134.html.
5. Kenneth Rapoza, "BRICS Summit: A Gathering of Strange (But Strong) Bedfellows", *Forbes*, 13 de abril de 2014, http://www.forbes.com/sites/kenrapoza/2011/04/13/brics-summit-a-gathering-of-strange-but-strong--bedfellows/.
6. Jo Ling Kent, "Leaders at BRICS Summit speak out against airstrikes in Libya", *CNN*, 15 de abril, 2011, http://edition.cnn.com/2011/WORLD/asiapcf/04/14/china.brics.summit/.
7. Rajeev Sharma, "Why BRICS 2011 is Important", *The Diplomat*, 14 de abril de 2011, http://thediplomat.com/2011/04/why-brics-2011-is-important/.
8. Sébastien Hervieu, "South Africa gains entry to Bric club", *The Guardian*, 19 de abril de 2011, http://www.guardian.co.uk/world/2011/apr/19/south--africa-joins-bric-club.
9. Oliver Stuenkel, "Keep BRICS and IBSA Separate", The Diplomat, 13 de agosto de 2012, thediplomat.com/2012/08/keep-the-brics-and-ibsa--seperate/.
10. Sharda Naidoo, "South Africa's presence 'drags down Brics'", *Mail & Guardian*, 23 de março de 2012, http://mg.co.za/article/2012-03-23-sa-presence--drags-down-brics.
11. James H. Mittelman, "Global Bricolage: emerging market powers and polycentric governance", *Third World Quarterly* 34, no. 1 (2013): 23-37, 32.

12. Xinran Qi, "The rise of BASIC in UN climate change negotiations", *South African Journal of International Affairs* 18, no. 3 (2011): 295-318.
13. Refilwe Mokoena, "South-South co-operation: The case for IBSA", *South African Journal of International Affairs* 14, no. 2 (2007): 125-145.
14. Candice Moore, "BRICS partnership: A case of South-South Cooperation? Exploring the roles of South Africa and Africa", In *Focus*, 9 de julho, 2012, http://www.igd.org.za/home/206-brics-partnership-a-case-of-south-south--cooperation-exploring-the-roles-of-south-africa-and-africa.
15. "South African Minister on South Africa Joining BRIC for Better Africa," Forum on China-Africa Cooperation, 23 de março de 2011, http://www.focac.org/eng/zfgx/t808932.htm.
16. "President Zuma concludes working visit to Brazil", *South African Government News Agency*, 17 de abril de 2010, http://www.sanews.gov.za/world/president-zuma-concludes-working-visit-brazil
17. "Zuma seeks to boost trade links with India", Mail & Guardian, 3 de junho de 2010, http://mg.co.za/article/2010-06-03-zuma-seeks-to-boost-trade--links-with-india.
18. "Zuma visit strengthens SA, Russia ties", *South African Government News Agency*, 6 de agosto de 2010, http://www.southafrica.info/news/international/russia-060810.htm#.UTtTHjdhDnc.
19. Guangjin Cheng & Jiao Wu, "Zuma praises China's Africa role", *China Daily*, 26 de agosto de 2010, http://www.chinadaily.com.cn/world/2010-08/26/content_11203802.htm.
20. "Zuma rejects criticism on China's African policy", *China Daily*, 25 de agosto de 2010, http://www.chinadaily.com.cn/china/2010-08/25/content_11203429.htm.
21. Khadija Patel, "Analysis: Scrutinising South Africa's inclusion in Brics", *Daily Maverick*, 16 de maio de 2012, http://www.dailymaverick.co.za/article/2012-04-03-analysis-scrutinising-south-africas-inclusion-in-brics.
22. Martyn Davies, "South Africa, the BRICS and New Models of Development", *Boao Review*, 25 de novembro de 2012, http://www.boaoreview.com/perspective/2012/1121/10.html
23. Patel, "Analysis: Scrutinising South Africa's inclusion in Brics".
24. Indian Ministry of External Affairs, "BRICS [Brazil, Russia, India, China and South Africa] – A snapshot", agosto de 2011, http://meaindia.nic.in/staticfile/BRICaugust2011.pdf. Cf. também: Indian Ministry of External Affairs,

"BRICS [Brazil, Russia, India, China and South Africa]," abril 2013, http://www.mea.gov.in/Portal/ForeignRelation/BRICS_for_XP_April_2013.pdf.
25. Hervieu, "South Africa gains entry to Bric club".
26. "South Africa – a vital brick within BRICS", *The BRICS Post*, 19 de fevereiro de 2013, http://thebricspost.com/south-africa-a-vital-brick-within-brics/#.UTtIUjdhDnc.
27. Patel, "Analysis: Scrutinising South Africa's inclusion in Brics".
28. Jim O'Neill, "Leading a continent to a place in Brics and beyond", *Times Live*, 1 de abril, 2012, http://www.timeslive.co.za/local/2012/04/01/leading-a-continent-to-a-place-in-brics-and-beyond.
29. Alguns entrevistados sugeriram que a África do Sul também merecia ser incluída, devido ao seu sofisticado sistema bancário. Conversas com diplomatas sul-africanos, agosto de 2012.
30. Mittelman, "Global Bricolage: emerging market powers and polycentric governance".
31. Adam Habib, "South Africa's foreign policy: hegemonic aspirations, neoliberal orientations and global transformation", *South African Journal of International Affairs* 16, no. 2 (2009): 144.
32. Hervieu, "South Africa gains entry to Bric club".
33. Conversa pessoal com diplomata sul-africano, agosto, 2012.
34. Do mesmo modo, a África do Sul tentou representar a voz coletiva da África no Conselho de Segurança da ONU de 2011 e 2012, em coordenação com a Nigéria e o Gabão, como um "G3" africano. Cf.: Oliver Serrão, "South Africa in the UN Security Council", *Perspective – Friedrich Ebert Stiftung*, junho de 2011, http://library.fes.de/pdf-files/iez/08166.pdf.
35. Ibid.
36. Chris Landsberg, "Pax South Africana and the Responsibility to Protect", *Global Responsibiliy to Protect* 2, no. 4 (2010): 436-457.
37. O'Neill, "Leading a continent to a place in Brics and beyond".
38. Suzanne Graham, "South Africa's UN General Assembly Voting Record from 2003 to 2008: Comparing India, Brazil and South Africa", *Politikon: South African Journal of Political Studies* 38, no. 3, (2011): 417.
39. Mokoena, "South-South co-operation: The case for IBSA", 126. Cf. também: Alisha Pinto, "India and the BRICS: Summit 2012", *Fair Observer*, 29 de março de 2012, http://www.fairobserver.com/article/why-south-africa-brics.
40. Qi, "The rise of BASIC in UN climate change negotiations", 300.

41. *Ibid.*, 302.
42. "Joint statement issued at the conclusion of the second meeting of ministers of BASIC group", *The Hindu*, 24 de janeiro de 2010, http://www.hindu.com/nic/2010draft.htm. Cf. também: Qi, "The rise of BASIC in UN climate change negotiations", 302.
43. Conversas pessoais com diplomatas indianos e brasileiros, maio e junho de 2012.
44. Mokoena, "South-South co-operation: The case for IBSA", 125.
45. Susanne Gratius & Sarah-Lea John de Sousa, "IBSA: An International Actor and Partner for the EU? Activity Brief", FRIDE, 2007. In: Graham, "South Africa's UN General Assembly Voting Record from 2003 to 2008: Comparing India, Brazil and South Africa", 409.
46. Graham, "South Africa's UN General Assembly Voting Record from 2003 to 2008: Comparing India, Brazil and South Africa", 426.
47. Pinto, "India and the BRICS: Summit 2012".
48. Patel, "Analysis: Scrutinising South Africa's inclusion in Brics".
49. "South Africa – a vital brick within BRICS".
50. Além da China e da Rússia como membros permanentes, o Brasil, a Índia e a África do Sul já tiveram um assento rotativo.
51. Wu Jiao, "China, Russia vow to boost relations", *China Daily*, 14 de abril, 2011, http://www.chinadaily.com.cn/china/brics2011/2011-04/14/content_12322482.htm.
52. Conversa pessoal com um diplomata brasileiro, fevereiro de 2012.
53. Conversas pessoais com diplomatas da Rússia, Índia e Brasil, 2012.
54. "Sanya Declaration of the BRICS Leaders Meeting" (trabalho apresentado na Reunião dos Líderes do BRICS, Sanya, Hainan, 14 de abril de 2011), art. 9.
55. "Lybia, May 2011 Monthly Forecast", *Security Council Report*, 29 de abril de 2011, http://www.securitycouncilreport.org/monthly-forecast/2011-05/lookup_c_glKWLeMTIsG_b_6747647.php.
56. Emily O'Brien & Andrew Sinclair, "The Libyan War: A Diplomatic History", NYU Center of International Cooperation, agosto de 2011, http://cic.es.its.nyu.edu/sites/default/files/libya_diplomatic_history.pdf, 12.
57. Simon Adams, "Emergent Powers: India, Brazil, South Africa and the Responsibility to Protect", *The Blog*, 20 de setembro de 2012, http://www.huffingtonpost.com/simon-adams/un-india-brazil-south-africa_b_1896975.html. Duas semanas após a Cúpula do BRICS, Gaddafi sobreviveu a um

ataque aéreo da OTAN em Trípoli. A Rússia afirmou no 1º de maio que o ataque da OTAN trazia à tona "sérias dúvidas sobre a declaração dos membros da coalizão de que os ataques na Líbia não tinham como objetivo aniquilar fisicamente Gaddafi e os membros de sua família". Cf: O'Brien & Sinclair, "The Libyan War", 16.

58. Ivo H. Daalder & James Stavridis, "NATO's Victory in Libya: The Right Way to Run an Intervention", *Foreign Affairs*, março/abril 2012, http://www.foreignaffairs.com/articles/137073/ivo-h-daalder-and-james-g-stavridis/natos-victory-in-libya.
59. "Sanya Declaration", art. 8.
60. *Ibid.*, art. 14 & 15.
61. *Ibid.*, Action Plan.
62. M. Jinwei, "News Analysis: What can world learn from BRICS summit in Sanya?", Xinhua, 15 de abril de 2011, http://news.xinhuanet.com/english2010/china/2011-04/15/c_13829493.htm.
63. Michael Forsythe, "BRICS Prod China's Hu to Import Value-Added Goods as Well as Raw Materials", *Bloomberg News*, 13 de abril, 2011, http://www.bloomberg.com/news/2011-04-13/countries-at-brics-summit-push-china-to-import-more-airliners-medicines.html.
64. Stephens, "A history of Brics without mortar".
65. Kent, "Leaders at BRICS Summit speak out against airstrikes in Libya".
66. "2011 Sanya BRICS Compliance Report," BRICS Research Group, 27 de março, 2012, http://www.brics.utoronto.ca/compliance/2011-sanya.html.
67. *Ibid.*
68. H. Wenping, "When BRIC becomes BRICS: The tightening relations between South Africa and China", *East Asia Forum*, março de 2011, http://www.eastasiaforum.org/2011/03/03/when-bric-becomes-brics-the-tightening-relations-between-south-africa-and-china.
69. É claro que este aspecto não teve qualquer papel para os *policy makers* envolvidos no processo.
70. Elizabeth Sidiropoulos, "Africa in a new world", *South African Journal of International Affairs* 16, no. 3 (2009): 276.
71. "South Africa – a vital brick within BRICS".
72. Candice Moore comenta, com razão, que "há um risco de se ignorarem algumas noções cruciais sobre a cooperação Sul-Sul quando esse rótulo é usado com relação ao BRICS, incluindo a crença de que o comércio entre

os Estados do sul seria menos exploradora do que entre os Estados do sul e do norte (ou seja, as balanças comerciais tenderiam a favorecer os países em desenvolvimento, e não os países mais ricos); e a crença de que as interações econômicas entre os Estados do sul responderiam melhor às necessidades de desenvolvimento do sul". Ela argumenta que "a pergunta certamente ainda fica em aberto sobre se essa última encarnação da cooperação Sul-Sul será menos exploradora e mais relevante às necessidades de desenvolvimento". In: Moore, "BRICS partnership".

73. Maite Nkoana Mashabane, "The 'S' in BRICS: an African perspective", *South Africa in BRICS*, 22 de janeiro de 2013, http://www.southafrica.info/global/brics/mashabane-220113.htm#.UTeJVDcTTh4.
74. "Sanya Declaration".
75. Davies, "New Models of Development".
76. "Sanya Declaration", art. 8.
77. Mittelman, "Global Bricolage", 30.
78. S.Naidu, "South Africa joins BRIC with China's support", *East Asia Forum*, 11 de abril de 2011, http://www.eastasiaforum.org/2011/04/01/south-africa-joins-bric-with-china-s-support.
79. "Mokoena, "South-South co-operation: The case for IBSA", 126.
80. Patel, "Analysis: Scrutinising South Africa's inclusion in Brics".
81. Khulekani Magubane, "Civil society groups plan parallel summits as Brics countries meet in Durban", *Business Day*, 4 de março de 2013, http://www.bdlive.co.za/national/2013/03/04/civil-society-groups-plan-parallel-summits-as-brics-countries-meet-in-durban. Cf. também: Pinto, "India and the BRICS".
82. Magubane, "Civil society groups".
83. Qi, "The rise of BASIC".
84. Mashabane, "The 'S' in BRICS".
85. Moore, "BRICS partnership".
86. Mittelman, "Global Bricolage", 33.
87. Davies, "New Models of Development".
88. Conversas pessoais com diplomatas e ex-diplomatas sul-africanos, agosto de 2012.
89. Taylor, "Has the BRICS Killed IBSA?"
90. Flemes, "Emerging Middle Powers' Soft Balancing Strategy", 7.

5. O mundo oculto da cooperação intra-BRICS: qual a importância do tipo do regime político?

1. Stephens, "A story of Brics without mortar".
2. Entrevista com diplomatas dos países do BRICS, em Brasília, Nova Déli, Pequim, Moscou, Pretória, 2012 e 2013.
3. Ministério Indiano de Relações Exteriores, "BRICS [Brazil, Russia, India, China and South Africa]", abril 2013, http://www.mea.gov.in/Portal/ForeignRelation/BRICS_for_XP_April_2013.pdf
4. Hurrell, "Hegemony, Liberalism and Global Order", 2.
5. Stephens, "A story of Brics without mortar".
6. A presença de eleições regulares e competitivas é vista, em geral, como o melhor indicador de um sistema democrático em funcionamento. In: Mansfield, Edward D., Helen V. Milner, B. Peter Rosendorff, "Why Democracies Cooperate More: Electoral Control and International Trade Agreements", International Organization 56, no. 3 (2002): 477-513. Cf. também Cardoso, Fernando Henrique, "An Age of Citizenship", Foreign Policy 119 (verão 2000): 40-43.
7. Isso não significa que as democracias sejam mais pacíficas em geral. In: Russett, Bruce & William Antholis, "Do Democracies Fight Each Other? Evidence from the Peloponnesian War", Journal of Peace Research 29, no. 4 (novembro de 1992): 415-434.
8. Mansfield, Edward D., Helen V. Milner & B. Peter Rosendorff, "Why Democracies Cooperate More: Electoral Control and International Trade Agreements", International Organization 56, no. 3 (2002): 477-513.
9. Ibid.
10. Refletindo por linhas parecidas, vários pensadores, inclusive Kant, apontaram que as democracias liberais são pacíficas por natureza, porque cidadãos politicamente autonomizados, ao contrário de monarcas autocráticos, não estão dispostos a arcar com os custos da guerra. Montesquieu, Paine e Schumpeter propuseram o argumento de que o capitalismo e o comércio levam à racionalidade e diminuem as chances de guerras. Além disso, Doyle aponta que eleições regulares em democracias liberais causam mudanças frequentes de liderança, o que reduz a chance de que animosidades pessoais entre chefes de Estado causem tensões no longo prazo (Doyle Michael W, "Liberalism and World Politics", The American Political Science

Review 80, no. 4 (1986): 1151-1169). Weart propõe o argumento de que a tolerância e o compromisso são aspectos centrais da cultura democrática, razão pela qual os diplomatas de países democráticos procuram negociar acordos em vez de se engajarem em conflitos (Weart, Spencer R, Never at war: Why democracies will not fight one another. New Heaven: Yale University Press, 1998).
11. Immanuel Kant, To Perpetual Peace. A philosophical sketch, trad. Ted Humphrey (Indianapolis: Hackett Publishing Company, 2003).
12. Michael W. Doyle, "Kant, Liberal Legacies, and Foreign Affairs", *Philosophy and Public Affairs* 12, no. 4 (1983): 323-353.
13. G. John Ikenberry, "The Intertwining of Domestic and International Politics", *Polity* 29, no. 2 (1996), 293-298. Cf. também: Ikenberry, G. John, After Victory: Institutions, Strategic Restraint, and the Rebuilding of order after major wars (Princeton, NJ: Princeton University Press, 2001).
14. Ikenberry, G. John (2001). After Victory. Institutions, Strategic Restraint, and the Rebuilding of order after major wars. Princeton, NJ: Princeton University Press, 2001.
15. *Ibid.*
16. Alessi, "Does the BRICS Group Matter?"
17. Rajeev Sharma, "BRICS NSAs thrash out security agenda for Durban Summit", Russia & India Report, 14 de janeiro, 2013, http://in.rbth.com/articles/2013/01/14/brics_nsas_thrash_out_security_agenda_for_durban_summit_21597.html.
18. "BRICS Heads of Revenue meeting: communiqué", SAFPI, http://www.safpi.org/news/article/2013/brics-heads-revenue-meeting-communiqu.
19. Oliver Stuenkel, "BRICS Academic Forum supports Development Bank, stays silent on Syria", *Post-Western World*, 19 de março de 2013, http://www.postwesternworld.com/2013/03/19/brics-academic-forum-supports--development-bank-stays-silent-on-syria/.
20. "Declaration on the establishment of the BRICS Think Tanks Council", SAFPI, http://www.safpi.org/sites/default/files/publications/brics_think_tanks_council_declaration_201303.pdf.
21. Khadija Patel, "Africa: Reporter's Notebook – All Systems Go for Brics Summit in SA", *AllAfrica*, 10 de outubro de 2012, http://allafrica.com/stories/201210100709.html.

22. "First Meeting of Finance Ministers", V Cúpula do BRICS, acesso em 3 de julho, 2014, http://www.brics5.co.za/about-brics/sectorial-declaration/financial-ministers-meeting/first-meeting-of-finance-ministers/.
23. "Crise econômica pode fortalecer países do Bric, afirma Lula," UOL, 26 de novembro de 2008, http://economia.uol.com.br/ultnot/2008/11/26/ult4294u1943.jhtm.
24. Entrevista com diplomata brasileiro, Brasília, abril de 2013.
25. "BRICS Finance Communiqué".
26. Dante Mendes Aldrighi, "Cooperation and coordination among BRIC countries: potential and constraints", FIPE (2009): 1, http://www.fipe.org.br/publicacoes/downloads/bif/2009/6_13-18-dante.pdf.
27. A importância dessas reuniões não deveria ser superestimada, porque, independentemente do grupo do BRICS, os ministros das Finanças e presidentes do Banco Central do G20 (que inclui todos os países do BRICS) já fazem reuniões regulares também.
28. "BRICS Inter-bank Cooperation Mechanism Annual Meeting and Financial", AIWAN Investment Corporation, 13 de abril de 2011, http://www.sjaw.com.cn/English/P1.asp?id=554.
29. "The BRICS interbank cooperation mechanism", Vnesheconom Bank, http://www.veb.ru/en/strategy/iu/BRICS/.
30. Indrani Bagchi, "BRICS summit: Member nations criticizes the West for financial mismanagement", *The Times of India*, 30 de março de 2012, http://timesofindia.indiatimes.com/india/BRICS-summit-Member-nations-criticizes-the-West-for-financial-mismanagement/articleshow/12462502.cms.
31. "Interbank Cooperation Mechanism", Tesouraria Nacional da República da África do Sul, http://www.treasury.gov.za/brics/icm.aspx.
32. "BRICS Inter-Bank Cooperation Mechanism Annual Meeting Held in Sanya", CRI English.com, 13 de abril, 2011, http://english.cri.cn/6909/2011/04/13/2743s631886.htm.
33. Coutinho, Presidente do BNDES (Banco Nacional de Desenvolvimento Econômico e Social), Dmitriev, presidente do Vnesheconobank da Rússia, Ranganathan, presidente do Exim Bank of India, Moleketi, presidente do Banco de Desenvolvimento da África do Sul, Jiang Dingzhi, vice-governador da Província de Hainan, Ai Ping, diretor executivo do Centro de Pesquisa do Mundo Contemporâneo, e a delegação do People's Bank of China, Petrobras, Sistema Corporation, da Rússia, Essar Global Limited, da Índia, Sinosteel

Corporation, o Standard Bank of South Africa Investment Consulting Company, todos discursaram no fórum. Gao Jian, vice-presidente do CDB, foi quem presidiu o fórum. "BRICS Inter-bank Cooperation Mechanism".

34. "2nd BRICS Economic and Financial Forum: update", SAFPI, http://www.safpi.org/news/article/2013/2nd-brics-economic-and-financial-forum--update.
35. "Main areas and topics of dialogue between the BRICS", VI Cúpula do BRICS, brics6.itamaraty.gov.br/about-brics/main-areas-and-topics-of-dialogue-between-the-brics.
36. Conversas com diplomatas brasileiros, Brasília, 2014.
37. Moises Naim, "In the IMF succession battle, a stench of colonialism", The Washington Post, 20 de maio, 2011, http://www.washingtonpost.com/pb/opinions/in-the-imf-succession-battle-a-stench-of-colonialism/2011/05/19/AF5e6n7G_story.html.
38. "Brazil says BRICS to back single WB pick", The Indian Express, 14 de abril, 2012, http://archive.indianexpress.com/news/brazil-says-brics-to--back-single-wb-pick/936716/.
39. Armijo & Roberts, "The Emerging Powers and Global Governance", 23.
40. Entrevistas com diplomatas em Brasília, Nova Déli, Moscou, Pretória e Pequim, 2012 e 2013.
41. Nicholas Eberstadt, "The Dying Bear", Foreign Affairs, 02 novembro, 2011, http://www.foreignaffairs.com/articles/136511/nicholas-eberstadt/the--dying-bear. Cf. também: Eduardo J. Gómez, "Smart Development", Foreign Affairs, 5 de fevereiro, 2014, http://www.foreignaffairs.com/articles/140713/eduardo-j-gomez/smart-development.
42. "The BRICS countries can combat HIV/AIDS epidemic together", Civil Russia 2014, 14 de maio de 2014, http://www.g20civil.com/newsg20/4225/.
43. Jarbas Barbosa da Silva *et al.*, "BRICS cooperation in strategic health projects" World Health Organization, junho, 2014, http://www.who.int/bulletin/volumes/92/6/14-141051/en/.
44. Flemes, "Emerging Middle Powers' Soft Balancing Strategy".
45. Cf. também: Stuenkel, India-Brazil-South Africa Dialogue Forum (IBSA): The rise of the global South?, 74.
46. "'BRICS Health Ministers' Meeting: Beijing Declaration", Council on Foreign Relations, 11 de julho, 2011, http://www.cfr.org/emerging-markets/brics-health-ministers-meeting-beijing-declaration/p25620.

47. "Fourth BRICS Summit – Delhi Declaration", Ministério das Relações Exteriores do Governo da Índia, http://mea.gov.in/bilateral-documents.htm?dtl/19158/Fourth+BRICS+Summit++Delhi+Declaration.
48. Entrevistas com oficiais de saúde pública, Brasília, Nova Déli, 2013.
49. "Joint Communiqué of the BRICS Member States on Health Tuesday 22 May, 2012", Missão Permanente da Federação Russa, http://www.geneva.mid.ru/speeches/71.html.
50. "The Second Brics Health Ministers' meet began in New Delhi Today", http://pib.nic.in/newsite/PrintRelease.aspx?relid=91480.
51. "BRICS Ministers of Health call for renewed efforts to face HIV and global health challenges," UNAIDS, 11 de janeiro, 2013, http://www.unaids.org/en/resources/presscentre/featurestories/2013/january/20130111brics/.
52. "3rd Health Ministers Meeting, South Africa 7th November 2013, Cape Town Communiqué", V Cúpula do BRICS, http://www.brics5.co.za/3rd--health-ministers-meeting-south-africa-7th-november-2013-cape-town--communique/.
53. Em 2014, durante a reunião dos ministros do BRICS à margem da 67ª Assembleia Mundial da Saúde (AMS), os países do BRICS sediaram um evento paralelo intitulado "Acesso a Medicamentos: desafios e oportunidades para países em desenvolvimento", a fim de ajudar a avançar o BRICS como uma potência na governança global, com forte capacidade para inovação. Amy Chen, "BRICS Ministers To Tackle Access to Medicines", *American University Intellectual Property Brief*, 26 de maio de 2014, http://www.ipbrief.net/2014/05/26/brics-ministers-to-tackle-access-to-medicines/.
54. Entrevista com um membro da equipe da Organização Mundial de Saúde, Geneva, 2013
55. Barbosa da Silva *et al.*, "BRICS cooperation in strategic health projects".
56. Andrew Harmer *et al.*, "'BRICS without straw'? A systematic literature review of newly emerging economies' influence in global health", *Globalization and Health* (2013), http://www.biomedcentral.com/content/pdf/1744-8603-9-15.pdf.
57. *Ibid.*
58. "G20 Finance Ministers and Central Bank Governors Held Meeting in Washington, D.C.", The People's Bank of China, 21 de abril de 2012, http://www.pbc.gov.cn/publish/english/955/2012/20120426100519312450951/20120426100519312450951_.html.

59. "BRICS group pledges to check abuse of tax treaties", NDTV Profit, 19 de janeiro de 2013, http://profit.ndtv.com/news/economy/article-brics-group--pledges-to-check-abuse-of-tax-treaties-316489.
60. *Ibid.*
61. "Heads of the Revenue of Brics Countries Identifies Seven areas of tax policy and tax Administration for Extending their Mutual Cooperation; joint Communique issued after Two Day meeting of the heads of Revenue of Brics Countries", *Press Information Bureau*, Government of India, 18 de janeiro, 2013, http://pib.nic.in/newsite/erelease.aspx?relid=91684.
62. Mattew Gilleard, "BRICS's tax authorities to exchange information", TP Week, 23 de janeiro de 2013, http://www.tpweek.com/article/3145138/BRICSs-tax-authorities-to-exchange-information.html.
63. "Main areas and topics of dialogue between the BRICS", VI Cúpula do BRICS, brics6.itamaraty.gov.br/about-brics/main-areas-and-topics-of-dialogue-between-the-brics.
64. "BRICS [Brazil, Russia, India, China and South Africa]".
65. "BRICS Joint Statistical Publication 2013", Statistics South Africa, http://www.statssa.gov.za/news_archive/Docs/FINAL_BRICS%20PUBLICATION_PRINT_23%20MARCH%202013_Reworked.pdf.
66. As tentativas do BRICS de harmonizar suas estatísticas nacionais são parte de um processo global de harmonização liderado pela ONU, por isso o grupo de potências emergentes está longe de ser único nesse quesito. O Brasil, por exemplo, procura alinhar suas estatísticas tanto com as Américas quanto com o MERCOSUL, que é o caso mais avançado disso.
67. Rajeev Sharma, "BRICS NSAs thrash out security agenda for Durban Summit", *Russia & India Report*, 14 de janeiro de 2013, http://in.rbth.com/articles/2013/01/14/brics_nsas_thrash_out_security_agenda_for_durban_summit_21597.html.
68. "BRICS officials meet on national security", China Daily, 6 de dezembro de 2013, http://usa.chinadaily.com.cn/world/2013-12/06/content_17158710.htm.
69. "BRICS announce joint cybersecurity group," The BRICS Post, 7 de dezembro de 2013, http://thebricspost.com/brics-announce-joint-cyber-group/#.U5Smsi9hsXx.
70. "BRICS officials meet on national security".
71. Amrita Narlikar, New Powers: How to become one and how to manage them (Nova York: Columbia University Press, 2010).

72. "BRIC's Joint Statement on Global Food Security", Kremlin, http://archive.kremlin.ru/eng/text/docs/2009/06/217964.shtml.
73. "Cúpula dos Chefes de Estado e de Governo dos BRICs – Ecaterimburgo, 16 de junho de 2009 – Declaração Conjunta", http://www.itamaraty.gov.br/sala-de-imprensa/notas-a-imprensa/2009/06/17/cupula-dos-chefes-de--estado-e-de-governo-dos-brics.
74. "Moscow Declaration of BRIC Agriculture and Agrarian Development Ministers", http://www.brics.mid.ru/brics.nsf/WEBmitBric/F6203B-C7DD5FE0DDC32578DC002DFCDA.
75. *Ibid.*
76. "BRICS nations agricultural ministers conference held", *China Daily*, 9 de novembro de 2011, http://www.chinadaily.com.cn/regional/2011-11/09/content_14065867.htm.
77. "BRICS Agricultural Action", V Cúpula do BRICS, http://www.brics5.co.za/about-brics/sectorial-declaration/agriculture-ministers-meeting/brics-agricultural-action/.
78. O Plano de Ação 2012-2016 tem cinco áreas de prioridade: a criação de um sistema de troca de informações agrícolas em países do BRICS (coordenada pela China); o desenvolvimento de uma estratégia geral para garantir acesso à alimentação para as parcelas mais vulneráveis da população (coordenada pelo Brasil); medidas para reduzir o impacto negativo da mudança climática sobre a segurança alimentar (coordenada pela África do Sul); adaptação da agricultura à mudança climática (coordenada pela Índia); aperfeiçoamento da cooperação e inovação na área da tecnologia agrícola, bem como promoção do comércio e investimento na agricultura (coordenada pela Rússia). "BRICS ministers tackle agricultural issues", SA News, 31 de outubro de 2011, http://www.sanews.gov.za/world/brics-ministers-tackle--agricultural-issues.
79. "Action Plan 2012-2016 for Agricultural Cooperation of BRICS Countries", BRICS Information Centre, http://www.brics.utoronto.ca/docs/111030--agriculture-plan.html.
80. "Water and food security – Experiences in India and China", Global Water Partnership, http://www.gwp.org/Global/ToolBox/Publications/Technical%20Focus%20Papers/03%20Water%20and%20Food%20Security%20-%20Experiences%20in%20India%20and%20China%20%282013%29.pdf.

81. "Brazil challenges South Africa over poultry at WTO", Reuters, 22 de junho, 2012, http://www.reuters.com/article/2012/06/22/us-trade-brazil-safrica-poultry-idUSBRE85L0I920120622.

82. "Third Meeting of The BRICS Ministers of Agriculture and Agrarian Development, Pretoria, South Africa: 29 October 2013", V Cúpula do BRICS, atualizado pela última vez em 29 de outubro de 2013, http://www.brics5.co.za/third-meeting-of-the-brics-ministers-of-agriculture-and-agrarian-development-pretoria-south-africa-29-october-2013/.

83. "Third Meeting of The BRICS Ministers of Agriculture and Agrarian Development, Pretoria, South Africa: 29 October 2013", V Cúpula do BRICS, atualizado pela última vez em 29 de outubro, 2013, http://www.brics5.co.za/third-meeting-of-the-brics-ministers-of-agriculture-and-agrarian-development-pretoria-south-africa-29-october-2013/.

84. "I Exchange Program for Judges", Cooperação Internacional do Supremo Tribunal Federal, http://www2.stf.jus.br/portalStfInternacional/cms/verConteudo.php?sigla=portalStfCooperacao_en_us&idConteudo=160011.

85. Entrevista com diplomatas brasileiros e oficiais do governo, Brasília, 2013.

86. "BRICS meet discusses urbanization challenges", *The BRICS Post*, 30 de novembro de 2013, http://thebricspost.com/brics-meet-discusses-urbanization-challenges/#.U5TNhC9hsXx.

87. "China's Rapid Urbanization: Benefits, Challenges & Strategies", Pesquisa do World Bank, http://econ.worldbank.org/WBSITE/EXTERNAL/EXTDEC/EXTRESEARCH/0,,contentMDK:21812803~pagePK:64165401~piPK:64165026~theSitePK:469382,00.html.

88. Qiu Quanlin, "BRICS nations powwow in Sanya", English.people.cn, 4 de dezembro, 2011, http://english.peopledaily.com.cn/90883/7664597.html. O fórum, que, como acordado, seria organizado anualmente pelo país que estivesse sediando a Cúpula dos Líderes do BRICS, deu atenção especial à cooperação e à colaboração de experiências e práticas compartilhadas, a fim de enfrentar os desafios da urbanização nas cidades do BRICS. O fórum se encerrou com o estabelecimento do mecanismo da Primeira Declaração da Cooperação de Governos Locais e Cidades Amigas do BRICS. "First BRICS Friendship Cities and Local Governments Cooperation Forum", *The Chinese People's Association for Friendship with Foreign Countries*, 6 de dezembro de 2011, http://en.cpaffc.org.cn/content/details19-22382.html.

89. "BRICS [Brazil, Russia, India, China and South Africa]".

90. "City hosts 2nd BRICS Urbanisation Forum", eThekiwini Municipality, http://www.durban.gov.za/Resource_Centre/new2/Pages/City-hosts-2nd-BRICS-Urbanisation-Forum.aspx. Cf. também: "BRICS meet discusses urbanization challenges".
91. "Declaration Friendship Cities and Local Government Cooperation Forum", V Cúpula do BRICS, http://www.brics5.co.za/assets/Declaration-Friendship-Cities-and-Local-Government-Cooperation-Forum-November-28th-2013-The-Durban-Declaration-II-KwaZulu-Natal-South-Africa.pdf.
92. "BRICS [Brazil, Russia, India, China and South Africa]".
93. "The Forum", BRICS 6º Fórum Acadêmico, http://www.ipea.gov.br/forumbrics/en/the-forum.html.
94. "BRICS [Brazil, Russia, India, China and South Africa]".
95. Saroj Mohanty, "India to Develop People-centred Technology With BRICS Partners", *The New Indian Express*, 16 de fevereiro de 2014, http://www.newindianexpress.com/business/news/India-to-Develop-People-centred-Technology-With-BRICS-Partners/2014/02/16/article2060038.ece.
96. "First BRICS Science, Technology and Innovation Ministerial Meeting: Cape Town Declaration", V Cúpula do BRICS, http://www.brics5.co.za/assets/BRICS-STI-CAPE-TOWN-COMMUNIQUE-OF-10-FEBRUARY-2014.pdf.
97. "BRICS countries to enhance scientific cooperation", English.people.cn, February 10, 2014, http://english.peopledaily.com.cn/202936/8532053.html. The declaration is available here: "First BRICS Science, Technology and Innovation Ministerial Meeting".
98. "Main areas and topics of dialogue between the BRICS".
99. "Does the BRICS Group Matter?"
100. Em 2012, o comércio com a Índia foi de 11,8bn e com a China, de 74,5bn. "Trade Report: BRICS trade performance, focusing on South Africa", IDC, http://www.idc.co.za/images/Content/IDC_research_report_BRICS_trade_performance_focusing_on_South_Africa.pdf.
101. *Ibid.*
102. Em 2012, o comércio do Brasil e da Índia com a África do Sul diminuiu. Fonte: South Africa's trade with the BRICS. http://tradestats.thedti.gov.za/ReportFolders/reportFolders.aspx
103. Li Shen, "2nd BRICS Economic and Financial Forum: update", *SAFPI*, 6 de novembro, 2014, http://www.safpi.org/news/article/2013/2nd-brics-economic-and-financial-forum-update

104. *Ibid.*
105. Entrevista com um empresário indiano, São Paulo, 2013.
106. "Joint Statement of the BRICS Business Forum 2012", *BrazilIndia*, acesso em 4 de julho de 2014, http://www.brazilindia.com/bricsstatement.pdf.
107. "Main areas and topics of dialogue between the BRICS".
108. Em maio de 2014, a quarta reunião das Cooperativas do BRICS aconteceu em Curitiba (Brasil). "Co-operators met in Brazil to examine the potential of co-operative economies in BRICS countries", International Co-operative Alliance, 23 de maio, 2014, http://ica.coop/en/media/news/co-operators-met-brazil-examine-potential-co-operative-economies-brics-countries.
109. A segunda reunião foi sediada na China, em Pequim, em 20-22 de setembro de 2011, e a Índia sediou a última reunião em Nova Déli em 20-22 de novembro de 2013. "The Second BRICS International Competition Conference Concluded Successfully", BRICS International Competition Conference, http://www.brics2011.org.cn/english/.
110. Entrevista com legisladores de política externa do BRICS em Brasília, Moscou, Déli, Pequim e África do Sul, 2012-2014.
111. Para uma descrição detalhada do grupo do IBAS, cf. Stuenkel, India-Brazil-South Africa Dialogue Forum (IBSA): The rise of the global South?
112. "IBSA Trust Fund Receives MDG Award", Ministério das Relações Exteriores do Governo da Índia, http://mea.gov.in/press-releases.htm?dtl/861/IBSA+Trust+Fund+Receives+MDG+Award.
113. "Análise COMDEFESA: Integração SUL-AMERICANA em Defesa: Perspectivas e Desafios", Federação das Indústrias do Estado de São Paulo, http://www.fiesp.com.br/indices-pesquisas-e-publicacoes/integracao-sul-americana-em-defesa-perspectivas-e-desafios/.
114. Navies of India, Brazil, SA to conduct wargames. In: "Navies of India, Brazil, SA to conduct wargames", *The Times of India*, 12 de agosto de 2010, http://timesofindia.indiatimes.com/india/Navies-of-India-Brazil-SA-to-conduct-wargames/articleshow/6294812.cms.
115. Conversa com diplomatas em Déli, Brasília e Pretória, 2012 e 2013.
116. "Vídeo: Embaixador Roberto Jaguaribe Conversa sobre IBAS e BRIC".

6. Déli, Durban, Fortaleza, Ufá, e Goa: o Banco de Desenvolvimento do BRICS e o Arranjo Contingente de Reservas (2012-2016)

1. Barry Eichengreen. "Banking on the BRICS" Project Syndicate, 13 de agosto, 2014, <https://www.project-syndicate.org/commentary/barry-eichengreen-is-bullish-on-the-group-s-new-development-bank--but-not-on-its-contingent-reserve-arrangement>
2. "Transcript of Prime Minister's Interview with Russian journalists", Ministério Indiano de Relações Exteriores, última atualização em 15 de dezembro de 2011, <http://mea.gov.in/outoging-visit-detail.htm?16754/Transcript+of+Prime+Ministers+Interview+with+Russian+journalist.
3. Priya Esselborn, "BRICS suchen gemeinsame Positionen", DW, 28 de março de 2012, http://www.dw.de/brics-suchen-gemeinsame-positionen/a-15843332.
4. Khadua Patel, "Africa: Reporter's Notebook – All Systems Go for Brics Summit in SA", allAfrica, 10 de outubro de 2012, http://allafrica.com/stories/201210100709.html.
5. Samir Saran & Vivan Sharan, "Giving BRICS a non-western vision", The Hindu, 14 de fevereiro de 2012, http://www.thehindu.com/opinion/op-ed/article2889838.ece.
6. *Ibid.*
7. *Ibid.*
8. "Fourth BRICS Summit – Delhi Declaration".
9. Ian Bache, Stephen George & Simon Bulmer, Politics in the European Union (Oxford: Oxford University Press, 2011), 9.
10. Bagchi, "BRICS summit".
11. Yardley, "For Group of 5 Nations, Acronym Is Easy, but Common Ground Is Hard".
12. Bagchi, "BRICS summit".
13. "Brics summit of emerging nations to explore bank plan", BBC, 29 de março, 2012, http://www.bbc.com/news/world-asia-17545347.
14. Sreeja VN, "BRICS 2012: Nations Sign Pacts To Promote Trade In Local Currency, Refuse To Follow US Sanctions On Iran", International Business Times, 29 de março de 2012, http://www.ibtimes.com/brics-2012-nations-sign-pacts-promote-trade-local-currency-refuse-follow-us-sanctions-iran-431562.

15. Simon Tisdall, "Can the Brics create a new world order?", *The Guardian*, 29 de março de 2012, http://www.theguardian.com/commentisfree/2012/mar/29/brics-new-world-order.
16. *Ibid.*
17. "BRICS Summit: Delhi Declaration", Council on Foreign Relations, 29 de março de 2012, http://www.cfr.org/brazil/brics-summit-delhi-declaration/p27805.
18. Oliver Stuenkel, "BRICS nations warn against a possible Iran strike", *Post-Western World*, 30 de março de 2012, http://www.postwesternworld.com/2012/03/30/brics-nations-warn-against-a-possible-iran-strike/.
19. Graham Allison, "China Doesn't Belong in the BRICS", *The Atlantic*, 26 de março de 2013, http://www.theatlantic.com/china/archive/2013/03/china--doesnt-belong-in-the-brics/274363/.
20. Conversa com um diplomata indiano, Nova Déli, 2013.
21. Ludger Schadomsky, "BRICS summit stalls", DW, 27 de março de 2013, http://www.dw.de/brics-summit-stalls/a-16703056.
22. "V Cúpula: Declaração e Plano de Ação de eThekwini", 5ª Cúpula do BRICS, 27 de março de 2013, http://brics.itamaraty.gov.br/pt_br/categoria--portugues/20-documentos/77-quinta-declaracao-conjunta.
23. *Ibid.*
24. *Ibid.*
25. *Ibid.*
26. "BRICS [Brazil, Russia, India, China and South Africa]".
27. The Economist. An Acronym with Capital. 17 de julho de 2014. http://www.economist.com/news/finance-and-economics/21607851-setting-up-rivals--imf-and-world-bank-easier-running-them-acronym. Robin Harding, Joseph Leahy & Lucy Hornby. Taking a stand. Financial Times, 16 de julho de 2014 http://www.ft.com/intl/cms/s/0/875d6570-0cc6-11e4-bf1e-00144feabdc0.html#axzz37xAfTvM5
28. Alan Alexandroff, "The BRICS start a Second Cycle" Blog Rising BRICSAM. 16 de julho de 2014 http://blog.risingbricsam.com/?p=2233
29. Lydia Polgreen, "Group of Emerging Nations Plans to Form Development Bank", The New York Times, 26 de março de 2013, http://www.nytimes.com/2013/03/27/world/africa/brics-to-form-development-bank.html?_r=1&.

30. Radhika Desai, "The Brics are building a challenge to western economic supremacy", *The Guardian*, 2 de abril de 2013, http://www.guardian.co.uk/commentisfree/2013/apr/02/brics-challenge-western-supremacy.
31. Rasna Warah, "Africa rises as BRICS countries set up a different development aid model", *Daily Nation*, 28 de abril de 2013, http://www.nation.co.ke/oped/Opinion/-/440808/1760878/-/k2cwt4z/-/index.html.
32. David Smith, "Brics eye infrastructure funding through new development bank", *The Guardian*, 28 de março de 2013, http://www.guardian.co.uk/global-development/2013/mar/28/brics-countries-infrastructure-spending--development-bank.
33. Henry Mance, "Global shift: A bank of and for the Brics is in the air", *Financial Times*, 23 de setembro de 2012, http://www.ft.com/intl/cms/s/0/63400496-024f-11e2-8cf8-00144feabdc0.html#axzz2TV0h9qg4.
34. "Conference Report of Southern Providers South-South Cooperation: Issues and Emerging Challenges", RIS, última atualização em abril, 2013, http://ris.org.in/publications/reportsbooks/662.
35. Paul Ladd, "Between a rock and a hard place", in: "Poverty in Focus – South-South Cooperation: The Same Old Game or a New Paradigm?", International Policy Centre for Inclusive Growth 20 (2010): 5, http://www.ipc-undp.org/pub/IPCPovertyInFocus20.pdf.
36. Kevin Gray and Craig N. Murphy, "Introduction: rising powers and the future of global governance", *Third World Quarterly* 34, no. 2 (2013): doi:10.1080/01436597.2013.775778.
37. Rathin Roy, introdução a "South-South Cooperation: The Same Old Game or a New Paradigm?", *International Policy Centre for Inclusive Growth* 20 (2012), http://www.ipc-undp.org/pub/IPCPovertyInFocus20.pdf.
38. "BNDES signs agreement with BRICS development Banks", BNDS, 14 de abril de 2011, http://www.bndes.gov.br/SiteBNDES/bndes/bndes_en/Institucional/Press/Noticias/2011/20110414_BNDES_BRICS.html.
39. "BRICS and Africa: Partnership for Development, Integration and Industrialisation, eThekwini Declaration" (trabalho apresentado na V Cúpula do BRICS, Durban, 27 de março de 2013), art. 9.
40. Eduardo de Proft Cardoso, "BNDES and other development banks in the BRICS sign cooperation agreements", XING, última atualização em 25 de abril de 2013, http://www.xing.com/net/brasilienpv/finanzierung-

-finance-767971/bndes-and-other-development-banks-in-the-brics-sign-
-cooperation-agreements-44033015/44033015/#44033015.
41. "BRICS and Africa: Partnership for Development, Integration and Industrialisation, eThekwini Declaration", art. 9.
42. Declaração de 2014 do BRICS em Fortaleza; http://brics.itamaraty.gov.br/pt_br/categoria-portugues/20-documentos/224-vi-cupula-declaracao-
-e-plano-de-acao-de-fortaleza
43. Oliver Stuenkel, "China Development Bank: A model for the BRICS", *Post-Western World*, 21 de maio de 2013, http://www.postwesternworld.com/2013/05/21/china-development-bank-a-model-for-the-brics-bank/.
44. Amar Bhattacharya, Mattia Romani e Nicholas Stern, "Infrastructure for development: meeting the Challenge", Centre for Climate Change Economics and Policy (2012), http://www.cccep.ac.uk/Publications/Policy/docs/PP-infrastructure-for-development-meeting-the-challenge.pdf.
45. Vivien Foster & Cecilia Briceño-Garmendia, "Africa's Infrastructure: A Time for Transformation", *The World Bank*, 12 de novembro de 2009, http://siteresources.worldbank.org/INTAFRICA/Resources/aicd_overview_english_no-embargo.pdf.
46. Stuenkel, "China Development Bank".
47. Mattia Romani *et al.*, "Brics bank is a fine idea whose time has come", *Financial Times*, 5 de abril de 2012, http://www.ft.com/intl/cms/s/0/1770f242-7d88-11e1-81a5-00144feab49a.html.
48. 97% dos ativos do CAF são fornecidos pelos 16 países latino-americanos e caribenhos que compõem seu quadro de membros, com o restante vindo da Espanha e de Portugal.
49. Benedict Mander, "Multinational lending: Mutual aid works for Latin America", *Financial Times*, 23 de setembro de 2012, http://www.ft.com/intl/cms/s/0/05e0b6e0-017f-11e2-83bb-00144feabdc0.html.
50. Nkunde Mwase & Yongzheng Yang, "BRICs' Philosophies for Development Financing and Their Implications for LICs", *IMF Working Paper* 74, no. 12 (2012): 3.
51. *Ibid.*, 21.
52. Dani Rodrik, "What the World Needs from the BRICS", *Social Europe Journal*, 11 de abril de 2013, acesso em 8 de julho de 2014, http://www.social-
-europe.eu/2013/04/what-the-world-needs-from-the-brics/. Rodrik não está sozinho em criticar a abordagem do banco do BRICS. Cf., por exemplo:

Jens F. Laurson & George Pieler, "A 'BRICs' Bank? No Thanks, The IMF And World Bank Are Bad Enough", *Forbes*, 22 de abril de 2013, http://www.forbes.com/sites/laursonpieler/2013/04/22/a-brics-bank-no-thanks-the-imf-and-world-bank-are-bad-enough/.

53. Cornel Ban & Mark Blyth, "The BRICs and the Washington Consensus: An introduction", *Review of International Political Economy* 20, no. 2 (2013): 241-255.
54. Oliver Stuenkel, "In Durban, BRICS seek stronger ties with Africa", *The BRICS Post*, 27 de março de 2013, http://thebricspost.com/in-durban-brics--seek-stronger-ties-with-africa.
55. Entrevista com diplomatas dos países do BRICS, Brasília, Déli, Pequim, Moscou, Pretória, 2012-2014.
56. Tran, "Brics Bank".
57. Russell Green, Elizabeth Kalomeris. Advice for the BRICS Summit: Designing the New Development Bank. *Baker Institute Issue Brief*, 9 de julho de 2015.
58. New Brics bank in Shanghai to challenge major institutions. *Financial Times*, 21 de julho de 2015.
59. New Brics bank in Shanghai to challenge major institutions. *Financial Times*, 21 de julho de 2015.
60. Varun Sahni. Brazil. Fellow Traveler on the Road to Grandeza, p. 533. Oxford Handbook of Indian Foreign Policy. Raja Mohan, David Malone, Srinath Raghavan (eds.), 2015
61. Noshua Watson et al., "What next for the BRICS bank?" *Institute of Development Studies* 3 (2013): 1-4.
62. Mwase & Yang, "BRICs' Philosophies for Development Financing and Their Implications for LICs", 3.
63. *Ibid.*
64. "Statement by BRICS Leaders on the establishment of the BRICS-LED Development Bank" (trabalho apresentado na V Cúpula do BRICS, eThekwini, 27 de março de 2013).
65. "Achievements lauded as BRICS Summit ends", *The BRICS Post*, 27 de março de 2013, http://thebricspost.com/achievements-lauded-as-brics-summit--ends/#.UZbisEq-gqd.
66. "BRICS and Africa: Partnership for Development, Integration and Industrialisation, eThekwini Declaration", art. 10.

67. "Achievements lauded as BRICS Summit ends".
68. *Ibid*.
69. Os membros da ASEAN são Brunei Darussalam, Camboja, Indonésia, Laos, Malásia, Myanmar, Filipinas, Cingapura, Tailândia e Vietnã. O grupo formado por China, Japão e Coreia do Sul, ao lado dos dez membros da ASEAN, é conhecido como "ASEAN+3". Já em setembro de 1997, no começo da última crise financeira global, o Ministério das Finanças do Japão propôs a criação do Fundo Monetário Asiático. Apesar da rejeição a essa proposta em particular, a ideia de um fundo regional comum do qual os governos do leste da Ásia pudessem depender em épocas de instabilidade financeira sobreviveu. In: C. Randall Henning, "The future of the Chiang Mai Initiative: An Asian Monetary Fund?", Peterson Institute for International Economics, fevereiro, 2009, acesso em 12 de junho de 2013, http://jfedcmi.piie.com/publications/pb/pb09-5.pdf.
70. A Iniciativa Chiang Mai (ICM) tem dois componentes: (i) um acordo ASEAN de *swap* que abrange os dez países da ASEAN; e (ii) uma rede de acordos de *swaps* bilaterais e acordos de reaquisição abrangendo os países da ASEAN+3. Esses dois aspectos constituem o que representa, de longe, os componentes mais avançados do regionalismo financeiro do leste da Ásia.
71. Yung Chul Park & Yunjong Wang, "The Chiang Mai Initiative and beyond", *The World Economy* 28, no. 1 (2005): 91-101, 91.
72. Mark Landler, "Healthy Countries to Receive I.M.F. Loans", *The New York Times*, 29 de outubro de 2008, http://www.nytimes.com/2008/10/30/business/worldbusiness/30global.html.
73. Robert Wade, "The Art of Power Maintenance: How Western States Keep the Lead in Global Organizations", Challenge 56, no. 1 (2013): 5-39.
74. Desai, "The Brics are building a challenge to western economic supremacy".
75. Henning, "The future of the Chiang Mai Initiative".
76. Park & Wang, "The Chiangmai Initiative", 94.
77. Mashiro Kawai, "From the Chiang Mai Initiative to an Asian Monetary Fund", in: "The Future Global Reserve System – an Asian Perspective", Asian Development Bank Institute, http://aric.adb.org/grs/report.php?p=Kawai%205.
78. William W. Grimes, "The Asian Monetary Fund Reborn?: Implications of Chiang Mai Initiative Multilateralization", *Asia Policy*, no. 11 (2011): 79-

-104, http://muse.jhu.edu/login?auth=0&type=summary&url=/journals/asia_policy/v011/11.grimes.html.
79. Park, "The Chiangmai Initiative", 91.
80. Barry Eichengreen. Banking on the BRICS. Project Syndicate, 13 de agosto de 2014. https://www.project-syndicate.org/commentary/barry-eichengreen-is-bullish-on-the-group-s-new-development-bank--but-not-on-its--contingent-reserve-arrangement#77Zy7Wl1ah9mUtqy.99
81. Axel Dreher, "IMF Conditionality: Theory and Evidence", *Public Choice* 141 (2009): 233.
82. *Ibid.*, 235.
83. James R. Vreeland, "The IMF: lender of last resort or scapegoat", Leitner Program no. 3 (1999), in: Dreher, "IMF Conditionality", 236.
84. Dreher, "IMF Conditionality", 251.
85. Henning, "The future of the Chiang Mai Initiative".
86. Kawai, "Asian Monetary Fund".
87. Stephens, "A story of Brics without mortar".
88. "The Mint countries: Next economic giants?", BBC, 6 de janeiro de 2014, acesso em 8 de julho de 2014, http://www.bbc.co.uk/news/magazine-25548060.
89. Eduardo J. Gómez, "Smart Development: How Colombia, Mexico, and Singapore Beat the BRICS", *Smart Affairs*, 5 de fevereiro de 2014, acesso em 10 de julho de 2014, http://www.foreignaffairs.com/articles/140713/eduardo-j-gomez/smart-development.
90. "The backlash against the BRICs backlash", *The Economist*, 20 de dezembro de 2013, http://www.economist.com/blogs/freeexchange/2013/12/brics.
91. Peter Hall, "Are the BRICS' Economies Slowing Permanently?", *Huffington Post*, 18 de setembro de 2013, http://www.huffingtonpost.ca/peter-hall/birc-economies_b_3949741.html.
92. Zachary Karabell, "Our imperial disdain for the emerging world", *Reuters*, 23 de agosto de 2013, http://blogs.reuters.com/edgy-optimist/2013/08/23/our-imperial-disdain-for-the-emerging-world/.
93. Relatório de Cumprimento (Compliance Report) da Cúpula do BRICS de 2014 em Fortaleza; disponível em http://www.brics.utoronto.ca/compliance/2014-fortaleza.html.

7. O grupo BRICS no Conselho de Segurança da ONU: o Caso da Responsabilidade de Proteger

1. Thomas G. Weiss & Rama Mani, "R2P's Missing Link, Culture", *Global Responsibility to Protect* 3, no. 4 (2011): 451-472. Ao mesmo tempo, há pensadores não ocidentais que deram contribuições seminais e importantes ao conceito da R2P, como Francis Deng e o secretário-geral da ONU, Kofi Annan.
2. Cf., por exemplo, Rahul Rao, Third World Protest: Between Home and the World (Nova York: Oxford University Press, 2010), 86. Cf. também: Zach Paikin, "Responsibility to Protect and the new calculus of genocide", *iPolitics*, 18 de dezembro de 2012, http://www.ipolitics.ca/2012/12/18/responsibility-to-protect-and-the-new-calculus-of-genocide. Ignatieff, "How Syria Divided the World".
3. Serfaty, "Moving into a Post-Western World".
4. A África do Sul foi convidada a participar do clube dos BRICs em 2011. As tentativas dos BRICs de se institucionalizar criou uma confusão fundamental em relação ao termo. Apesar de "BRICs", para alguns, representar principalmente a categoria da Goldman Sachs de economias emergentes, para outros o termo significa uma estrutura institucional que emergiu a partir disso, representada pela Cúpula Anual dos Líderes do BRICS.
5. David Bosco, "Abstention games on the Security Council", *Foreign Policy*, 17 de março de 2011, http://bosco.foreignpolicy.com/posts/2011/03/17/abstention_games_on_the_security_council.
6. Isso não significa que a ascensão do BRICS como agentes individuais seja irreversível, mas o termo simboliza uma transição global de poder em termos mais gerais.
7. Krauthammer, "The Unipolar Moment", 23-33.
8. Cheng et al., "A future global economy", 143-157. Cf. também: Tett, "The Story of the Brics".
9. Wilson et al., "Is this the BRICS decade?".
10. Gareth Evans, "The Responsibility to Protect in Action", *The Stanley Foundation Courier* 74 (2012): 4-5, 4.
11. Alex Bellamy, "R2P – Dead or Alive", in: The Responsibility to Protect – From Evasive to Reluctant Action? The Role of Global Middle Powers, ed. Malte Brosig (Pretória: Institute for Security Studies, 2012): 11.

12. Keith Porter, "Marking ten years of the Responsibility to Protect", *The Stanley Foundation Courier* 74, (2012): 2.
13. Hurrell, "Hegemony, Liberalism and Global Order".
14. Ignatieff, "How Syria Divided the World".
15. "BRICS Summit: Delhi Declaration" (trabalho apresentado na Quarta Cúpula do BRICS, Nova Déli, 29 de março de 2012), art. 21.
16. Matias Spektor, "Humanitarian Interventionism Brazilian Style?", *Americas Quarterly*, verão de 2012, www.americasquarterly.org/humanitarian-interventionism-brazilian-style.
17. Alex J. Bellamy, Global Politics and the Responsibility to Protect: From Words to deeds (Londres: Routledge, 2011), 12.
18. Barbara Plett, "UN Security Council middle powers' Arab Spring dilemma", *BBC News*, 8 de novembro de 2011, http://www.bbc.co.uk/news/world-middle-east-15628006.
19. "The Responsibility to Protect: Moving the Campaign Forward", Universidade da California, Berkeley – Human Rights Center, outubro de 2007, http://www.law.berkeley.edu/files/HRC/Publications_R2P_10-2007.pdf,13.
20. Spektor, "Humanitarian Interventionism Brazilian Style?".
21. "Süddeutsche Zeitung Special Supplement", Munich Security Conference, 3 de fevereiro de 2012.
22. Stewart Patrick, "The role of the US Government in Humanitarian Intervention", 5 de abril de 2004. In: Stuart Elden, "Contingent Sovereignty, Territorial Integrity and the Sanctity of Borders", SAIS review 26, no. 1 (2006): 15. In: Bellamy, Global Politics and the Responsibility to Protect, 13.
23. Bellamy, Global Politics and the Responsibility to Protect, 13.
24. *Ibid.*, 23.
25. "The Responsibility to Protect: Moving the Campaign Forward", Intro.
26. *Ibid.*, 12.
27. Bellamy, Global Politics, 43.
28. Ignatieff, "How Syria Divided the World".
29. Mohamed Sahnoun propôs o argumento de que a R2P é uma contribuição distintamente africana aos direitos humanos. In: Mohamed Sahnoun, "Africa: Uphold Continent's Contribution to Human Rights, Urges Top Diplomat", *All Africa*, 21 de julho de 2009, http://allafrica.com/stories/200907210549.html.

30. Serena K. Sharma, "RtoP at Ten Years", Global Responsibility to Protect 3 (2011): 386.
31. Weiss & Mani, "R2P's Missing Link, Culture", 453.
32. "Responses of Government and Agencies to the Report of the UN Special Representative for Internally Displaced Persons", UN Commission on Human Rights, 1993.
33. Chris Keeler, "The End of the Responsibility to Protect?", 12 de outubro de 2011, http://www.foreignpolicyjournal.com/2011/10/12/the-end-of-the--responsibility-to-protect.
34. Anne Orford, "From Promise to Practice? The Legal Significance of the Responsibility to Protect Concept", Global Responsibility to Protect 3, no. 4 (2011): 400-424, 401.
35. Landsberg, "Pax South Africana and the Responsibility to Protect", 443.
36. Edward Luck, "The Responsibility to Protect: The First Decade", Global Responsibility to Protect 3, no. 4 (2011): 397. Cf. também Ramesh Thakur, "Emerging Powers and the Responsibility to Protect after Lybia", NUPI Policy Brief, 2012, 2.
37. Elena Jurado, "A Responsibility to Protect?", New Statesman, 15 de agosto de 2008, http://www.newstatesman.com/asia/2008/08/russia-international-georgia-2.
38. Kai Michael Kenkel, "Brazil and R2P: Does Taking Responsibility Mean Using Force?", Global Responsibility to Protect 4, no. 1 (2012): 5-32(28).
39. Spektor, "Humanitarian Interventionism Brazilian Style?"
40. Landsberg, "Pax South Africana and the Responsibility to Protect", resumo.
41. Bellamy, "R2P – Dead or Alive", 11.
42. Alex Bellamy, "Libya and the Responsibility to Protect: The Exception and the Norm", Ethics and International Relations 25, no. 3, (2011): 265.
43. Liu Tiewa, "China and Responsibility to Protect: Maintenance and Change of Its Policy for Intervention", The Pacific Review 25, no. 1 (2012): 166.
44. "China's evolving foreign policy: The Libyan dilemma", The Economist, 10 de setembro de 2011, http://www.economist.com/node/21528664
45. "UN Security Council Report" (trabalho apresentado na reunião do Conselho de Segurança da ONU, S/PV.6711, provisório, Nova York, 4 de fevereiro de 2012).
46. Matias Spektor, "Intervenções no Brasil", Folha de S.Paulo, 19 de março de 2012, http://www1.folha.uol.com.br/colunas/matiasspektor/1063756--intervencoes-do-brasil.shtml.

47. Kenkel, "Brazil and R2P".
48. Entrevista com diplomatas russos, 17 de junho de 2012.
49. Alex J. Bellamy & Paul D. Williams, "The new politics of protection? Côte d'Ivoire, Libya and the responsibility to protect", *International Affairs* 87, no. 4 (2011): 825-850, e Luck, "The Responsibility to Protect: The First Decade".
50. "Resolução 1.973 do Conselho de Segurança das Nações Unidas", 7 de março de 2011, e "Resolução 1.975 do Conselho de Segurança das Nações Unidas", 30 de março de 2011.
51. "UN Security Council Report" (trabalho apresentado na reunião do Conselho de Segurança da ONU, S/PV.6491, provisório, Nova York, 26 de fevereiro de 2011).
52. "Resolução 1.970 do Conselho de Segurança das Nações Unidas", 26 de fevereiro de 2011.
53. "UN Security Council Report" (trabalho apresentado na reunião do Conselho de Segurança da ONU, S/PV.6498, provisório, Nova York, 17 de março de 2011).
54. *Ibid.*
55. Bellamy, "Libya and the Responsibility to Protect", 266.
56. "UN Security Council Report" (trabalho apresentado na reunião do Conselho de Segurança da ONU, S/PV.6498).
57. Luck, "The Responsibility to Protect: The First Decade".
58. Bellamy & Williams, "The new politics of protection?".
59. Adams, "Emergent Powers".
60. Daalder & Stavridis, "NATO's Victory in Libya".
61. Stewart Patrick, "Libya and the Future of Humanitarian Intervention: How Qaddafi's Fall Vindicated Obama and RtoP", *Foreign Affairs*, 26 de agosto de 2011, http://www.foreignaffairs.com/articles/68233/stewart-patrick/libya-and-the-future-of-humanitarian-intervention.
62. "Carta datada de 9 de novembro de 2011, do Representante Permanente do Brasil às Nações Unidas endereçada ao Secretário-Geral". O artigo conceito foi visto por muitos, erroneamente, como tendo sido escrito em oposição à R2P.
63. "Resolução 1.975".
64. "Resolução 1.991 do Conselho de Segurança das Nações Unidas", 28 de junho de 2011.

65. "Resolução 1.996 do Conselho de Segurança das Nações Unidas", 8 de julho de 2011.
66. "Resolução 2.000 do Conselho de Segurança das Nações Unidas", 27 de julho de 2011.
67. Zhao Shengnan, "BRICS nations to vote against Syria resolution", *China Daily*, 2 de agosto de 2012, http://www.chinadaily.com.cn/world/2012-08/02/content_15639447.htm.
68. "United Nations General Assembly doc. A/66/L.57", 31 de julho de 2012.
69. "United Nations Security Council Draft Resolution S/2011/612", 4 de outubro de 2011.
70. Stewart Patrick, "No Profile in Courage: Syria, BRICS, and the UNSC", 5 de outubro de 2011, http://blogs.cfr.org/patrick/2011/10/05/no-profile-in--courage-syria-brics-and-the-unsc/.
71. Spektor, "Humanitarian Interventionism Brazilian Style?".
72. "Draft Resolution S/2011/612".
73. Conversas com diplomatas sul-africanos e indianos, 2012.
74. "UN Security Council Report" (trabalho apresentado na reunião do Conselho de Segurança da ONU, S/PV.6627, provisório, Nova York, 4 de outubro de 2011).
75. *Ibid.*
76. "Draft Resolution S/2011/612".
77. Adams, "Emergent Powers".
78. Ignatieff, "How Syria Divided the World".
79. "Resolução 2.014 do Conselho de Segurança das Nações Unidas", 21 de outubro de 2011.
80. "Resolução 2.016 do Conselho de Segurança das Nações Unidas", 27 de outubro de 2011.
81. "Resolução 2.021 do Conselho de Segurança das Nações Unidas", 29 de novembro de 2011.
82. "Resolução 2.030 do Conselho de Segurança das Nações Unidas", 21 de dezembro de 2011.
83. "Resolução 2.011 do Conselho de Segurança das Nações Unidas", 21 de dezembro de 2011.
84. Xenia Avezov, "Responsibility while protecting: are we asking the wrong questions?", Stockholm International Peace Research Institute, 13 de janeiro de 2013, http://www.sipri.org/media/newsletter/essay/Avezov_Jan13.

85. Os Estados têm a responsabilidade primária de proteger suas populações contra genocídio, crimes de guerra, limpeza étnica e crimes contra a humanidade.
86. Tiewa, "China and Responsibility to Protect", 166.
87. Aborda o comprometimento da comunidade internacional em fornecer assistência aos Estados para a construção de capacidade para proteger suas populações contra atos de genocídio, crimes de guerra, limpeza étnica e crimes contra a humanidade, bem como para assistir aos vulneráveis antes que irrompam crises e conflitos.
88. Tiewa, "China and Responsibility to Protect", 166.
89. Kenkel, "Brazil and R2P".
90. Tem como enfoque a responsabilidade da comunidade internacional em realizar "ações rápidas e decisivas", assim como evitar e combater atos de genocídio, crimes de guerra, limpeza étnica e crimes contra a humanidade quando um Estado falhar "manifestamente" em proteger sua população.
91. Tiewa, "China and Responsibility to Protect", 153-173.
92. Bellamy, Global Politics and the Responsibility to Protect, 86.
93. "General Assembly Security Council, doc. A/66/551", 11 de novembro de 2011, art.8.
94. Landsberg, "Pax South Africana and the Responsibility to Protect," 443.
95. Kenkel, "Brazil and R2P."
96. "General Assembly Security Council, doc. A/66/551", 11 de novembro de 2011, art.7.
97. Além disso, ainda não está claro, nem de longe, se a França, o Reino Unido e os Estados Unidos fariam pressão a favor de intervenções se não fosse pela obstrução russa, que bloqueia resoluções mais críticas do Conselho de Segurança.
98. Bellamy, Global Politics and the Responsibility to Protect, 71.
99. Tiewa, "China and Responsibility to Protect", 153-173.
100. Stewart Patrick, "Irresponsible Stakeholders? The Difficulty of Integrating Rising Powers", *Foreign Affairs*, novembro/dezembro 2010, http://www.foreignaffairs.com/articles/66793/stewart-patrick/irresponsible-stakeholders.
101. Schweller, "'Emerging Powers in an Age of Disorder".
102. Mónica Serrano, "The Responsibility to Protect: True Consensus, False Controversy", *Development Dialogue* 55 (2010): 101-111, 110.
103. Weiss, "R2P's Missing Link, Culture", 451-472.
104. O'Brien & Sinclair, "The Libyan War".

8. O grupo BRICS e o futuro da ordem global

1. Cf., por exemplo: Stuenkel & Tourinho (2014). Regulating Intervention. *Conflict, Security & Development*, 14 (4), pp. 379-402.
2. Alan Alexandroff, "It's Not the G8 – But the BRICS and even the G20", *Rising BRICSAM*, 4 de março de 2014, <http://blog.risingbricsam.com/?p=2126>.
3. "Chairperson's Statement on the BRICS Foreign Ministers Meeting held on 24 March 2014 in The Hague, Netherlands", International Relations & Cooperation Republic of South Africa, <http://www.dfa.gov.za/docs/2014/brics0324.html>.
4. Oliver Stuenkel, "Why Brazil has not criticised Russia over Crimea", NOREF, 27 de maio de 2014, <http://www.peacebuilding.no/Themes/Emerging-powers/Publications/Why-Brazil-has-not-criticised-Russia-over-Crimea/(language)/eng-US>.
5. "Chairperson's Statement on the BRICS Foreign Ministers Meeting".
6. Zachary Keck, "Why Did BRICS Back Russia on Crimea?", *The Diplomat*, 31 de março de 2014, <http://thediplomat.com/2014/03/why-did-brics-back-russia-on-crimea/>.
7. *Ibid.*
8. Stuenkel, "Why Brazil has not criticised Russia over Crimea".
9. Um argumento semelhante foi proposto na mídia indiana: Charu Sudan Kasturi, "India bats for Russia interests", *The Telegraph*, 6 de março de 2014, <http://www.telegraphindia.com/1140307/jsp/frontpage/story_18054272.jsp#.U6D4Pi9hsXw>.
10. "From Mexico to Brazil, how is the Ukraine crisis playing in Latin America?", *The Christian Science Monitor*, 17 de março de 2014, <http://www.csmonitor.com/World/Americas/Latin-America-Monitor/2014/0317/From-Mexico-to-Brazil-how-is-the-Ukraine-crisis-playing-in-Latin-America>.
11. Varun Sahni, "Indian perspectives on the Ukrainian crisis and Russia's annexation of Crimea", NOREF, 11 de junho de 2014 <http://www.peacebuilding.no/var/ezflow_site/storage/original/application/94b5e66db412bc9babce1d7ce447f876.pdf>.
12. Tanvi Madan, "India's Reaction to the Situation in Ukraine: Looking Beyond a Phrase", *Brookings*, 14 de março de 2014, <http://www.brookings.edu/blogs/up-front/posts/2014/03/14-ukraine-india-madan>.

13. Ankit Panda, "India Will Not Support Western Sanctions Against Russia", *The Diplomat*, 20 de março de 2014, <http://thediplomat.com/2014/03/india-will-not-support-western-sanctions-against-russia/>.
14. "As Russia squares off against the West in Ukraine, New Delhi should not get involved", *The Times of India*, 20 de março de 2014, <http://timesofindia.indiatimes.com/home/opinion/edit-page/As-Russia-squares-off-against-the-West-in-Ukraine-New-Delhi-should-not-get-involved/articleshow/32315575.cms>.
15. *Ibid.*
16. "India backs Russia, no to sanctions", *The Asian Age*, 20 de março de 2014, <http://www.asianage.com/india/india-backs-russia-no-sanctions-046>.
17. Sahni, "Indian perspectives on the Ukrainian crisis".
18. Chris Alden, "Assessing the responses of the Chinese media and research community to the Ukrainian crisis", *NOREF*, 17 de junho de 2014, <http://www.peacebuilding.no/var/ezflow_site/storage/original/application/3624caa382c1dbd659c407446c418819.pdf>.
19. Lu Yu, "Commentary: West should work with, not against, Russia in handling Ukraine crisis", *Xinhuanet*, 3 de março de 2014, <http://news.xinhuanet.com/english/indepth/2014-03/03/c_133154966.htm>.
20. Hannah Beech, "Russian Intervention in Crimea Puts China in Awkward Spot", *Time*, 4 de março de 2014, <http://world.time.com/2014/03/04/russia-crimea-ukraine-china/>.
21. Shannon Tiezzi, "China Backs Russia on Ukraine", *The Diplomat*, 4 de março de 2014, <http://thediplomat.com/2014/03/china-backs-russia-on-ukraine/>.
22. "Raw power on display in Ukraine crisis", *Global Times*, 3 de março de 2014, <http://www.globaltimes.cn/content/845722.shtml?_ga=1.147760628.210059388.1393966851#.UxZJWF6U0oZ>.
23. "Assessing the responses of the Chinese media".
24. Nicholas Kotch, "Russia thanks SA for 'balance' on Ukraine", *Business Day*, 4 de abril de 2014, <http://www.bdlive.co.za/world/europe/2014/04/04/russia-thanks-sa-for-balance-on-ukraine>.
25. *Ibid.*
26. Keck, "Why Did BRICS Back Russia on Crimea?".
27. Acharya, "The end of American world order".
28. *Ibid.*

29. Robert Gilpin foi o primeiro a elaborar sobre essa ideia. Robert Gilpin, "War and Change in World Politics" (Cambridge: Cambridge University Press, 1981).
30. Schweller and Pu, "After Unipolarity", 44.
31. Ibid.
32. Ibid.
33. Pu, "Socialization as a Two-Way Process".
34. Ibid.
35. Cf., por exemplo: Zakaria, *The Post-American World*.
36. "Emerging BRIC powers and the new world order", *Reuters*, 7 de julho de 2010, <http://in.reuters.com/article/2010/07/07/idINIndia-49935720100707>. A Rússia e a China são membros permanentes do CSNU, para muitos a mais importante instituição internacional. Mas a Rússia não faz parte da OMC, a China não é parte do G8, o Brasil e a Índia não são parte nem do CSNU nem do G8, e a Índia não faz parte do TNP. Nenhum dos quatro integra a OCDE ou a OTAN.
37. Affonso Celso de Ouro-Preto, "Nova confirmação de poder", in: O Brasil, os BRICS e a Agenda Internacional, 67.
38. Valdemar Carneiro Leão, "BRICS: Identidade e agenda Econômica", in: O Brasil, os BRICS e a Agenda Internacional, 50. Por exemplo, Carlos Márcio Cozendey, diplomata brasileiro, observa que a Rússia no momento está solicitando sua participação na OCDE e se preocupa com a possibilidade de isso trazer o país para mais perto da Europa e corroer sua "identidade como BRICS" – o que mostra que a OCDE é vista como uma instituição do *status quo* e que é irreconciliável pertencer à OCDE e ao BRICS ao mesmo tempo. Carlos Márcio Cozendey, "BRIC a BRICS em um mundo em transformação", in: O Brasil, os BRICS e a Agenda Internacional, 108.
39. Hurrell, "Hegemony, Liberalism and Global Order", 19.
40. Cf., por exemplo: Oliver Stuenkel and Marcos Tourinho, "Regulating intervention: Brazil and the responsibility to protect", *Conflict, Security & Development* (2014), doi:10.1080/14678802.2014.930593.
41. Americo Martins, "Brazil's Lula blames rich for crisis", BBC, 13 de setembro de 2009, <http://news.bbc.co.uk/2/hi/business/8253318.stm>.
42. A expressão foi criada originalmente por Matias Spektor para descrever a política externa do Brasil. Cf., por exemplo: "A place on top of the tree".
43. Armijo and Roberts, "The Emerging Powers and Global Governance", 25.

44. Indrani Bagchi, "BRICS summit: Member nations criticize the West for financial mismanagement", *The Times of India*, 30 de março de 2012, <http://timesofindia.indiatimes.com/india/BRICS-summit-Member-nations-criticizes-the-West-for-financial-mismanagement/articleshow/12462502.cms>.
45. Pu, "Socialization as a Two-Way Process".
46. G. John Ikenberry, "The rise of China and the future of the West. Can the liberal system survive?", *Foreign Affairs*, janeiro/fevereiro de 2008, <http://www.foreignaffairs.com/articles/63042/g-john-ikenberry/the-rise-of-china-and-the-future-of-the-west>.
47. Hurrell, "Hegemony, Liberalism and Global Order", 2.
48. Macfarlane, "The 'R' in BRICs".
49. Schweller and Pu, "After Unipolarity", 63.
50. Bruce W. Jentleson & Steven Weber, "America's Hard Sell", *Foreign Policy*, 15 de outubro de 2008, <http://www.foreignpolicy.com/articles/2008/10/15/america_s_hard_sell>.
51. Stuenkel, *et al.*, "IMF Quota Reform".
52. *Ibid.*
53. Financial Times Editoral. World calls time on Western Rules. 1º de agosto de 2014; <http://www.ft.com/cms/s/0/9205153a-196f-11e4-8730-00144feabdc0.html#ixzz3B7K5RBlE>.
54. Richard K. Betts, "Institutional Imperialism", The National Interest, maio/junho de 2011, <http://nationalinterest.org/bookreview/institutional-imperialism-5176?page=5>.
55. Sharma, "Broken BRICs".
56. Eric Martin, "Goldman Sachs MIST Topping BRICS as Smaller Markets Outperform", Bloomberg, 7 de agosto de 2012, <http://www.bloomberg.com/news/2012-08-07/goldman-sachs-s-mist-topping-brics-as-smaller-markets-outperform.html>.

Conclusão

1. "Policy challenges for the next 50 years", OCDE, <http://www.oecd.org/economy/lookingto2060.htm>.
2. Cf., por exemplo: Acharya. The end of American World Order, 19.
3. Philip Stephens, "Rising Powers do not want to play by the west's rules", *Financial Times*, 20 de maio de 2010, <http://www.ft.com/intl/cms/s/0/f9f1a54e-6458-11df-8cba-00144feab49a.html>.

4. Amrita Narlikar, "Bargaining for a Raise? New Powers in the International System", *Internationale Politik*, setembro de 2008.
5. Rajiv Sikri, "India's Foreign Policy Priorities over the Coming Decade", ISAS Working Paper 25 (2007): 1-50. Guimarães distingue entre Estados "normais" e "confrontativos", categorizando o Brasil entre os do segundo tipo. (Samuel Pinheiro Guimarães, Desafios brasileiros na era dos gigantes – (Rio de Janeiro: Contraponto, 2006).
6. Nazneen Barma, Ely Ratner and Steve Weber, "A World Without the West", *National Interest*, 1º de julho de 2007, <http://www.highbeam.com/doc/1G1-166934087.html>. Os autores identificam uma "terceira via" entre alinhamento e confronto, porém seu cenário contém muitos elementos de confronto, visto que não é possível simplesmente "ignorar" o sistema dominado pelo Ocidente sem provocar uma fricção considerável.
7. Stephen D. Krasner, Structural Conflict: The Third World Against Global Liberalism (Berkeley: University of California Press, 1985).
8. Dirk Messner & John Humphrey, "China and India in the Global Governance Arena" (trabalho apresentado na Sétima Conferência Anual sobre o Desenvolvimento Global: No Nexo da Oportunidade Global. Workshop Pré-Conferência sobre Ásia e outros Agentes de Mudança Global, 18-19 de janeiro de 2006).
9. Castañeda, "Not Ready for Prime Time".
10. Stewart Patrick, "Irresponsible Stakeholders?".
11. Acharya, The End of American World Order, 48.
12. *Ibid.*
13. Marcos Tourinho. The Devil in the Details. Brazil and the Global Implementation of RtoP.
14. Betts, "Institutional Imperialism".
15. Armijo and Roberts, "The Emerging Powers and Global Governance", 10.
16. G. John Ikenberry, Liberal Leviathan: The Origins, Crisis, and Transformation of the American World Order (Princeton: Princeton University Press, 2012).
17. Marcos Tourinho, "For Liberalism without Hegemony: Brazil and the Rule of Non-Intervention", in: Oliver Stuenkel & Matthew Taylor, Brazil on the Global Stage: Power, Ideas and the Liberal International Order (Basingstoke, UK: Palgrave Macmillan, a ser publicado em breve).

Apêndice – Cúpulas com Autoridades de Alto Nível

1. "Press Release On the Ministerial Meeting in the Brazil-Russia-India-China (BRIC) Format in New York", Ministério das Relações Exteriores da Federação Russa, <http://www.mid.ru/Brp_4.nsf/arh/61A6155BD3426932C32 574D0003345E3>.
2. John Chan, "BRICS summit denounces "use of force" against Libya", *World Socialist Web Site*, 18 de abril de 2011, <http://www.wsws.org/en/articles/2011/04/bric-a18.html>.

Este livro foi composto na tipografia
Dante MT Std, em corpo 12/15,5, e
impresso em papel off-white no Sistema
Digital Instant Duplex da Divisão Gráfica da
Distribuidora Record.